盧建榮主編
歷史與文化叢書21

晚近史學與兩岸思維

Historical Contemplations on Relations
between Taiwan and Chinese Mainland

林滿紅／著

（Man-houng Lin）

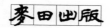

歷史與文化叢書 21

晚近史學與兩岸思維

作　　　者：林滿紅
主　　　編：盧建榮
責 任 編 輯：陳毓婷
發 　行 　人：凃玉雲

出　　　版：麥田出版
　　　　　　台北市信義路二段213號11樓
　　　　　　電話：02-23517776　傳眞：02-23519179
發　　　行：城邦文化事業股份有限公司
　　　　　　台北市愛國東路100號1樓
　　　　　　電話：02-23965698　傳眞：02-23570954
郵 撥 帳 號：18966004　城邦文化事業股份有限公司
　　　　　　網址：www.cite.com.tw　E-mail：service@cite.com.tw
香 港 發 行 所：城邦（香港）出版集團
　　　　　　香港北角英皇道310號雲華大廈4字樓504室
　　　　　　電話：25086231　傳眞：25789337
馬 新 發 行 所：城邦（馬、新）出版集團　Cite(M) Sdn. Bhd. (458372 U)
　　　　　　11, Jalan 30D/146, Desa Tasik, Sungai Besi,
　　　　　　57000 Kuala Lumpur, Malaysia
　　　　　　電話：603-9056 3833　傳眞：603-9056 2833
　　　　　　E-mail: citekl@cite.com.tw.
印　　　刷：凌晨企業有限公司
登 　記 　證：行政院新聞局局版北市業字第405號
初 版 一 刷：2002年10月15日

ISBN：986-7782-09-7　　　　　　　　　　售價：360元

▌作者簡介▐

林滿紅

　　1951年生，台大學士（1972）、碩士（1976），師大博士（1985）、哈佛博士（1989），現任中央研究院近代史研究所研究員及師大歷史系、所教授，專攻台灣史、清史、東亞經濟史，著作除《茶、糖、樟腦業與晚清臺灣之社會經濟變遷，1860-1895》（台北：聯經出版事業公司，2000）、《台灣海峽兩岸經濟交流史》（日文版）（東京：〔日本〕交流協會，1997）之外，另有《世界銀荒與嘉道思潮》、《土產鴉片與晚清中國》、《經貿與台商（1860-1961）——十九‧二十世紀的東亞與東南亞世界》、《世界經濟與近代中國》等書稿及本書相關中、日、英文學術論文約六十篇。

目 次

台灣的中國概念與國際概念　　　　　　　　許倬雲　　9
　　——《晚近史學與兩岸思維》書序

自序　　　　　　　　　　　　　　　　　　　　　　　15

時論篇

臺灣海峽兩岸歷史關係的誤解與紓解　　　　　　　　23

臺灣不是香港，也不是澳門　　　　　　　　　　　　45

界定台灣主權歸屬的國際條約　　　　　　　　　　　49
　　——簽訂於五十年前的《中日和約》

附一：《中日和約》學術座談會若干論述之商榷　　65

附二：從中日和約看台灣主權歸屬　　　　　　　　85

五二〇在兩岸進程的意義　　　　　　　　　　　　115
　　——「兩岸關係不等於國共關係」的宣示

兩岸因農業而分，請讓兩岸也因農業而合　　　　119
　　——兩岸「農業合作」規劃案

臺灣經濟發展源起於日治時期？　　　　　　　　125
　　——談有關日治時期臺灣經濟史的四種誤解

一八九五年，兩岸關係史上的重要年份　　　　133

史學篇

當代臺灣的史學與社會　　　　　　　　　　　　143
　　一、前言　　　　　　　　　　　　　　　　143

二、歷史學的社會功用——以兩岸關係史為例　　145

　（一）轉移當代人的時空座標，增加當代人的思考彈性　　145

　（二）提供了解人類行為整體的思考訓練　　146

　（三）指出社會表象的潛在構成因素　　147

　（四）協助當代社會了解現狀的淵源　　149

三、當代臺灣史學與社會的脫節——來自史學本身的因素　　151

　（一）脫節的現象　　151

　（二）著重古史，近代史研究又有不重視史學整體性的方法論問題　　153

　（三）忽略現在與過去的對話　　156

四、社會上習焉而不察的歷史觀　　159

　（一）戰後初期否定傳統的知識殘留　　159

　（二）為脫離中國而悖離事實的心理傾向　　161

　（三）要脫離中國又陷在中國空間框架的思想弔詭　　165

五、對未來的建議　　168

　（一）概念方面　　168

　（二）技術方面　　172

六、結論　　175

以世界框架寫中國人的近代史　　177

一、歷史記憶會影響歷史進程　　177

二、偏狹歷史記憶曾造成遺憾　　179

　事例一：李登輝先生曾為日本人之說　　179

　事例二：中國的土地不夠扶養人口之說　　180

　事例三：由郭嵩燾到尹仲容到鄧小平　　180

三、近代中國偏狹歷史記憶之形成　　182

四、中國框架與世界框架下的不同觀點　　185

　（一）清末的兩岸關係　　185

　（二）日治時期的兩岸關係　　186

五、以世界框架寫中國人近代史的必要性 191

與兩岸問題相關的幾個歷史觀 195
一、狹隘的民族主義史觀一時難以擺脫 195
二、現代化史觀模糊了臺灣的中國傳承 197
三、唯心史觀與經濟史觀不能偏廢 199
四、兩岸宜共同推動以世界為框架的歷史觀 201

傳承與蛻變篇

有等級區分的均富思想 205
——論中國文化的一個關鍵概念及其在臺灣歷史中的實現
一、導論 205
二、中國文化中的均富成分 206
  （一）扶持均富的經濟制度：小規模的生產和交易單位 206
  （二）促進等級區分的制度 211
  （三）社會具有寬廣基礎及相當活潑的上下流動 216
三、「均富」概念在臺灣歷史發展過程中的實現 219
  （一）漢人移民成為主要人口 219
  （二）臺灣歷史上對農業的重視是為關鍵 221
  （三）臺灣的貿易發展促進了等級區分 226
四、結論 233

「黑潮文明經濟圈」的歷史與文化：臺日關係篇 241
一、17世紀漢人開始大量拓殖臺灣深受臺日貿易影響 243
  （一）黑潮締造了豐富魚場 247
  （二）臺日貿易是17世紀漢人來臺之重要原因 247
二、清末臺日貿易再開影響日本領臺 249

三、臺灣與日本共同擴張大東亞商圈　　252

四、臺日關係強化了臺灣的農業與草根發展　　257

五、結論　　263

（一）商貿網絡　　265

（二）草根發展　　266

經貿與政治、文化認同　　271
——日本領臺為兩岸長程關係投下的變數

一、前言　　271

二、1895年前後兩岸經貿關係的轉變　　275

（一）臺灣由人口移入區轉而漸有人口移出　　275

（二）技術主要由中國大陸移入臺灣轉而頗多由臺灣移入
中國大陸　　284

（三）臺灣資本家在兩岸經貿活動中的崛起　　288

（四）臺灣的貿易對象由以中國為主轉而以美、日為主　　308

（五）臺灣與中國大陸生活方式由一致轉而分歧　　321

三、1895年前後兩岸經貿轉折的意含　　331

（一）日本強化了臺灣人民的跨國經貿能力　　332

（二）日本早已埋下兩岸政治文化認同問題的困難　　343

四、對兩岸關係長程發展的啓示　　347

（一）生活方式歧異後之突然結合曾帶來不幸　　347

（二）兩岸經貿結合的歷史源遠流長　　349

（三）當前的兩岸關係是國際問題，而不只是中國內部問題　　350

附錄：馬關、中日兩約有關台灣主權與國籍的界定　　355
索引　　361

台灣的中國概念與國際概念
——《晚近史學與兩岸思維》書序

許倬雲

《晚近史學與兩岸思維》一書,將由麥田出版社於民國91年10月出版。這是林滿紅教授的論文集。正如她在自序中申明,諸文大致都從經濟圈的角度陳述歷史,相對的突破了以民族與國家為框架的政治史傳統。這些論文著眼點有四個層次:世界經濟網絡、東亞經濟圈、中國經濟系統與台灣經濟體等,其中尤以台灣經濟體的特性是林教授瞻顧的核心,其他三個層次,毋寧都不外為其週邊議題。在今日台灣的時空背景,台灣何去?何從?的確是大家關注的重大議題,林滿紅教授多年來念茲在茲,不難理解,也事屬應當!

我研究歷史,早年以社會經濟史為主,後來漸漸也嘗試從文化角度治史。因此我對林滿紅教授的治史方法,深覺契合。我在台灣成長,數十年來,台灣的種種變化,無時不深切關注,也自覺較能體會林滿紅教授的視野與視角。

　　茲先從台灣經濟體的變化，陳述一些拙見。台灣進入歷史已有四百多年了，論地理位置，台灣密邇福建，在早期中國歷史及東亞歷史，均未有可見的角色。台灣一躍而爲亞太經濟活動的一分子，誠如林教授指出，應與西方世界開拓東方航道，有其不可分割的因果關係。因此，從那時開始，因爲亞太地區納入華勒斯坦的世界經濟體系，台灣既爲太平洋西岸南北航道的中點，也是大陸與海洋的相切點。台灣遂兼具中國經濟圈與世界經濟體系雙重身分的意義，迄於今日，台灣的自我定位，依然深受這一歷史現象的影響，以致日日橫梗我人胸臆的兩岸問題，有中國與國際雙重含義，糾結纏繞而不易疏解。

　　日本的歷史，其實也有相似之處。日本從彌生文化時代開始，即與亞洲大陸的文化，掛上不可分割的關係，而又因其西太平洋列島的地位，南北向海上生活長久爲日本的生命線。但是，日本長期以來，雖然輸入中國文化，卻未在中國爲中心的大陸經濟網絡中，佔有一席不可或缺的地位。亞太地區海洋經濟活動，也長久經由南中國海，延伸於東南亞，及印度洋，在這一海洋經濟圈內，日本也不是重要的角色。

　　15世紀爲下限，東方的海洋活動，當以沿海岸的近海航運爲主。因此，自從唐宋以來，中國與海洋的貿易，南向循洋流，北向仗季候風，其實不須遠離海岸，南洋航線的針路，經常以山峰島嶼爲航行標誌，並不全靠星辰定位。這一海洋航路網上，日本位置偏北，發揮不了重大作用；日本在東亞經濟網絡中，遂圍限於北部的一圈，其影響僅在朝鮮、琉球、中國東北、及東部沿

海。日本與中國的物產，基本上十分相同，彼此並無強烈的互補
性；於是中日之間的貿易關係，不能與文化交流相提並論。到了
15世紀後期，歐洲遠洋航行的商帆船，橫越大洋，日本始捲入亞
太地區的海洋活動，浸浸然被拖進由西方啓端的世界經濟體系之
中。西方世界主導的經濟體系，又因工業革命而更爲一面倒，西
方世界逐主宰全球，睥睨不可一世。日本既然早已捲入世界經濟
體系，先驅得點，其工業化也領先東亞諸國，在明治維新以後，
即迅速開展，日本終於成爲東方的西洋（An Occidental nation in
the Orient）。

　　台灣也正是在16世紀時，因爲西方航海東來，同時既捲入國
際海商活動，又開啓中國大陸移民活動。明鄭驅逐荷蘭人，據台
灣以中國移民北向爭中國正統，又南向攬取海商貿易的經濟資
源，其「中國」概念與國際經濟特色，雙重並存而不悖。自明鄭
以至19世紀，台灣存在的雙重意義，一直延續，只是清朝領台以
後，海峽兩岸關係密切，「中國」概念日益加強深化，台灣經濟
體融入中國經濟圈，再以此參與國際性經濟活動。日本依馬關條
約取得台灣，台灣又融入日本經濟圈。然而，由於日本的殖民帝
國政策，日本以台灣的資源挹注日本，日治五十年，台灣經濟滯
留在農業基礎，一些工業也只是日本工業化的尾閭，爲日本南進
戰略服務，台灣竟未眞正經歷工業革命帶來的相應變化。西歐、
北美爲主體的世界經濟網絡，第一波是16世紀海洋活動及其相應
的商業全球化，第二波高潮是相應於工業革命的帝國主義，全球
性的掠奪生產資源及商工市場，日本也加入這一波活動，宛如西

洋獅群中的豺狼，而中國首當其衝，台灣則是日本掠奪的一塊肥
肉！世界經濟網絡的第三波高潮是戰後以至最近的經濟全球化現
象，波濤壯闊，有席捲之勢。台灣以歷史的轉折，於大陸自閉於
竹幕的時期，即已參加全球經濟的長期整合之中，逐著先鞭；另
一方面，台灣五十年來的「中國」概念，又使台灣擺脫日本的經
濟圈，能逐漸發展其自主的主體性，台灣的工業化是最近五十年
來的現象，論其發展經驗，由中國大陸來台的政權，挾東南沿海
的發展經驗及人才，配合在地人才在日治時代從日本學到的經
驗，再加上美國龐大經濟的巨大影響，三者融合為一，逐能迅速
的走過工業化，進入第三波經濟全球化的潮流，而且因此西進，
捲入中國的大規模發展，「中國概念」與「國際概念」竟成同步
的開展，其勢已難逆轉——這是林滿紅教授宏觀視野的背景，高
瞻遠矚之處，不是民族史觀能夠見到的。

　　16世紀以前，亞歐大陸的經濟體系，本以中亞為通道。這一
過路財神的角色，養育了不同時期的內陸民族，最後整合內陸族
群的文化圈是伊斯蘭文化，其繁榮達八百年之久。西方世界成功
的開通了海道，內陸文化圈一蹶而不能復振，東亞與南亞兩個文
化涵蓋的經濟圈，也於西方工業革命之後，受制於人，至今二百
餘年不能擺脫西方的控制。然而，東亞／太平洋文化的經濟圈，
以其幅員、人口、資源、及文化傳承，也不會久居人下。一旦學
到了西方的經驗，亞太地區必有尋求自立自主的願望，也會有此
機會。日本曾有過「東亞共榮圈」的口號，但事實上是襲西方帝
國主義的故智，以宰割與掠奪為手段，建立東方帝國。日本這一

企圖終於未能實現，徒然在東亞諸地留下日本兇殘的惡劣形象。最近中國大陸發展迅速，儼然有成爲東亞發展火車頭之勢。中國能否汲取日本覆轍的教訓，與人爲善，得自爲此，不以大壓小，不與眾爲敵？則未來的全球化經濟網絡，將是多元的，不必只是西歐、北美的主導結構。反之，若是中國蹈日本覆轍，有東方帝國主義之想，則世界又將淪入對抗，非人類之福！

　　台灣以其歷史上「中國」與「國際」的雙重概念，如何找到最佳定位，而不自限困境，端賴朝野上下的遠見。林滿紅教授的這本論文集，頗有供我們咀嚼的智慧！

（作者爲中央研究院院士）

自 序

　　晚近歷史學者盛行引用後現代化理論來從事歷史研究，芝加哥大學的Prasenjit Duara教授就是其中之一。在其影響深遠的 *Rescuing History from the Nation: Questioning Narratives of Modern China* (Chicago: University of Chicago Press, 1995, 1996) 一書之中，Duara教授呼籲，考察近代中國歷史要擺脫民族主義史觀。2000年夏天，他的一位學生竟然對我說，我顛覆民族主義史觀，比後現代化論者還徹底。

　　我與Duara教授出於同一師門，都是Philip A. Kuhn教授的學生，但我對後現代化理論只有粗淺了解。我比較沿承Kuhn 教授乃至John K. Fairbank教授或是臺灣的史學傳統：理論可以幫助研究者分析史實，但若能掌握更多史實，也會有助於提出歷史解釋。此外，我多半由經貿問題切入歷史，又與後現代化論者多由文化思想問題切入不同。市場原有跳脫國家疆界而發展的可能，我因此觀察到很多現象，不受民族主義史觀的國家疆界所制限。譬如在我的研究裡，「愛國華僑」可以是頂著多重國籍，拓展跨

國貿易的後現代化商人。又如，由文化人的角度看日本統治臺灣
時期的臺灣人認同，可能還看得到仍然留著辮子的詩人墨客，彼
此酬酢應對；但從經貿的角度來看，日本領臺之前，臺灣人的食
衣住行育樂用品，大多由中國大陸供應，而在日本領臺之後，則
大多由日本供應，由生活方式所形塑的大眾文化，在臺灣確曾出
現顯著的變化。這種變化，有些固如後現代化論者或民族主義史
學論者所說，是在政治力或暴力威脅下所造成，但也有些是臺灣
人爭取的結果。我體察政治、經濟、文化交織現象的學術興趣，
雖與後現代化論者有些相似，而與現代化論者強調政治、經濟、
文化現象分別觀察有異；但在領略芸芸眾生的利益取向如何帶領
歷史脈動方面，又與現代化論者有較為相近的認識。

　　切入兩岸問題，與我的學術興趣有關。我在臺灣研究尚未受
到學界重視時，起步研究臺灣歷史，又在臺灣學界極想擺脫中國
關連時，投入不少心力於中國研究。我從事臺灣史或中國近代史
研究約二十年之後，兩岸歷史關係在臺灣內部，乃至國際社會，
掀起一股討論的熱潮。我常會感到這些討論與我的史實認知有所
差距，但早先我無法清楚說明這些差距所在，及造成這種差距的
學術理由。

　　過去十年間，我展開了涵蓋兩岸關係在內的「經貿與臺商
（1860-1961）——十九・二十世紀的東亞與東南亞世界」的長期
學術性研究。在這同時，特別在1995至2000年間，我有機會接
觸臺灣與中國大陸官方或相關意見領袖的論述，也在海內外多次
與臺灣社會人士或中國大陸學者談論兩岸關係史，由此更能體察

各方觀點。此一時期我所進行的另一個研究「世界銀荒與嘉道思潮」，不僅觸及17到19世紀東亞經濟史的深遠背景，也涉及政治經濟思想方面的意識形態之爭。基於這十年間自己的研究取向，以及與各界的接觸，加上自己對於史學理論的長年關懷，促使我從17到20世紀東亞經濟史、意識形態衝突或史學角度，來思考兩岸關係的歷史論爭。我以爲這些歷史論爭嚴重傷害了臺灣內部的是非判準，也誤導了臺灣的對外關係，甚至礙及東亞和平，於是我發表了一系列文章，希望能大略說明兩岸關係史實與一般認知間的差距所在，及造成這種差距的學術理由。

　　我把這些文章中的幾篇收錄在本書之中，爲了顧及全書的整體性，每篇文章大都經過刪減與修改。「時論篇」各文，多屬曾在報紙雜誌上刊登的短文，主要呈現社會上的一般認知，與我自己經由研究所了解史實之間的差距。「史學篇」和「傳承與蛻變篇」的幾篇文章，均在說明「時論篇」各文背後的研究基礎。「史學篇」兼收通俗性文章與學術性論文，旨在強調當代史學對前述認知差距應負的責任，但也指出當代史學之所以如此走向，有其屬於這個時代或歷史的一些因素。「傳承與蛻變篇」則是以學術論證方式，綜論：(1)臺灣如何是保存七千年中國社會經濟文明最完整的一個地方；(2)日本領臺如何顯著改變了臺灣的對外關係。

　　對外關係包括了臺灣的主權轄屬問題，因為我由經貿史的角度切入研究，必然直接碰觸到施展現代國家主權的關稅制度與貨幣本位制度，或直接界定主權的商人國籍問題，由此不難看出有

關台灣主權的歷史變化，也從而領略到一般的兩岸論述，常將「主權」與「文化」混爲一談。一派認爲台灣延續中國文化，其主權轄屬也與中國大陸不可分；另一派則力圖透過強調台灣與中國文化沒有關係，以確保台灣主權。透過此書所勾勒的史實，臺灣的國家定位與文化定位，應該會較目前的社會爭議來得清晰。這些多少也是 "Rescuing History from the Nation" 的求知心得，在各界批評指正下，如果可以有 "Rescuing the Nation from History" 的轉折發展，那將會是大家的一項福份。

　　感謝書中各文所註邀約或惠予發表的刊物和學術會議，這些鼓勵使我可以將1968年以來研習歷史學的一點心得，提出來與大家一起思考我們都得面對的兩岸問題。

　　特別感謝許倬雲老師爲本書賜序，許老師是我1968年進入台大歷史系時的系主任。當時他對新生講論研習歷史學的意義，其中包括深入了解與有效化解社會爭議。其後，在台大、師大、哈佛，很幸運地我都是在這些學校很認眞辦歷史學系所時研習歷史。過去十年間，我出席了約三十次的國際會議，有機會學習到更多國家的歷史學。但在長久以來摸索歷史學的過程中，自己一直有著很大的壓力，就是如何呈顯歷史學的意義。但返身自省，自己所能做的實在很有限。即使如此，這本書多少紀錄了自己長年以來，努力使歷史學可與其他學門一同爲社會化解爭議的誠摯心願。

晚近史學與兩岸思維

Historical Contemplations on Relations
between Taiwan and Chinese Mainland

時論篇

關於台灣島之移轉中國事，英國政府以為仍應按亞爾達1943年十二月一日之開羅宣言。同盟國談項宣言之意，不能自身將台灣主權由日本移轉中國，應俟對日本訂立和平條約或其他之正式外交手續而後可。因此台灣雖已為中國政府統治，英國政府歉難同意台灣人民業已恢復中國國籍。

臺灣海峽兩岸歷史關係
的誤解與紓解[*]

　　東亞世界能否建立像歐洲一樣的共同體？這是日本學界經常提出的問題。在思考這個問題時，東亞各國間的歷史關係常被認為是一大包袱。臺灣海峽兩岸間的關係，也就是臺灣與中國大陸的關係，就存在著種種歷史問題。身為一個歷史工作者，本文擬指出一般有關兩岸關係史的誤解及其可能的紓解之道，以就正於方家。

臺灣等同港澳？

　　在日本，常有人會問：為什麼臺灣不像香港和澳門一樣，接

---

*此文原為岩波書店而寫，經北海道大學鈴木賢教授日譯而發表為：〈臺灣海峽兩岸關係をめぐる誤解を糾す〉，《世界》（東京：岩波書店），第689號，2001年6月，頁305-316。原中文稿則發表於：《歷史月刊》，第166期，民國90年11月，頁52-59。註解為二文發表之後加上。

受中華人民共和國所提出的一國兩制？提出這個問題的人，心理上或許以爲臺灣、香港、澳門三者與中華人民共和國的關係是一樣的。

中華人民共和國的政治領導人的確如此想法，他們經常用「竊據」一詞來說明這三個地方由中國分出的過程。在此前提下，將這三個地方一一收回，便成爲這些政治領導人的重大歷史責任。

事實上，這三個地方由中國分出的過程截然不同。1557年葡萄牙取用澳門時並未經過條約的簽訂，可以用「竊據」一詞來描述。[1] 19世紀英國取用香港與日本取用臺灣時，都經過條約簽訂，香港主要是「租借」，臺灣則完全是「割讓」。

16世紀葡萄牙之所以「竊據」澳門，與17世紀起漢人開始大量移住臺灣，都與日本歷史有關。1550年前後的一百年，是日本白銀出產的黃金時代。當時日本出產白銀的主要地方，是以石見銀山（在今日本島根縣）爲首的日本海邊諸多銀山。中國也在此時開始大量用銀做爲財政收支的手段。由於中國本身所產銀數遠遠不足所需，雲南以外中國內地各省的白銀供應主要仰賴海外。[2] 這段期間，中國的海外來銀之中，日本銀占約60%。[3] 中國主要以絲易換日本銀。由於倭寇的緣故，明代中國實施海禁，日

---

[1] 栗田兵衛，《明治初年に於ける香港日本人》（臺北：臺灣總督府熱帶產業調查會，昭和12年，1937)，頁34-35。

[2] 林滿紅，〈與岸本教授論清乾隆年間的經濟〉，《近代史研究所集刊》，第二十八期（台北：中央研究院近代史研究所，民國86年12月），頁240。

本方面也有所限制，使中、日雙方和西方國家的走私船另尋第三
地易換絲銀，臺灣、澳門同爲進行此項貿易之第三地。[4]

　　17世紀前來東方的荷、西等國都曾利用臺灣進行此項中日貿
易，此項貿易亦爲鄭成功家族在臺灣建立政權以中興明室的重要
憑藉。當時荷蘭人取用臺灣曾得到明朝政府的鼓勵。因爲荷蘭原
本要取用介於臺灣與中國大陸間的澎湖列島，但是明朝政府認爲
澎湖列島曾經轄屬中國版圖，而臺灣不在此版圖之內，希望荷蘭
取用臺灣。

　　至於葡萄牙所取用的澳門則仍屬明朝版圖，但因爲是中國邊
境的一小塊不毛之地，中央政府並未留意。葡萄牙在給廣東地方
官一些報酬，包括協助剿平海盜及年給廣東地方政府500兩的情
況下，取用澳門。[5]

　　1974年葡國處理非洲殖民地時，其外交部長對外發表聲明：
「準確地說，不應將澳門看成葡萄牙的殖民地。」1979年葡國與
中華人民共和國建交，葡方向中方表示「澳門爲葡萄牙管理下的

[3] Richard Von Glahn, *Fountain of Fortunes-Money and Monetary Policy in China, 1000-1700* (Berkeley: California University Press, 1996), p. 233.

[4] Man-houng Lin, "The Shift from East Asia to the World: China's External Economic Involvement from the Seventeenth Century to the late Eighteenth Century," *International Workshop on Maritime China and Overseas Chinese Communities in Transition, 1750-1850*. Department of History, National University of Singapore 25-27 November, 1999 revised version to be published Franz Steiner Verlag Wiesbaden Gambt in Germany, 2001.

[5] 栗田兵衛，《明治初年に於ける香港日本人》，頁34-35。

中國領土」，並約定擇期將澳門返還中方。這一切均因葡萄牙約於1553年占用澳門以來，一直未與中國簽訂條約，一直到1887年才訂下葡人有在澳門「永居管理權」的商約，而永居管理權絕非主權。[6]

　　臺灣雖然在荷蘭東印度公司取用時並非中國版圖，但當鄭成功家族在臺建立政權時，聲稱是明朝的版圖。在清朝取代鄭成功家族統治臺灣之後，臺灣的大部分土地都在清朝的版圖之內。目前與中華民國總統府遙遙相對的臺北舊城門，正是存在幾千年的中國官僚體系曾擴展到臺灣的歷史證物。但是在《馬關條約》的規定下，臺灣本島與澎湖群島都於1895年割讓給日本。（參見圖一）

　　相對而言，香港雖有香港島及九龍司分由南京條約（1842）、北京條約（1860）界定割讓英國，但占目前香港最主要面積，而且是整個香港水電供應地的新界，是1898年英國以北京條約續約為基礎，向中國大陸的統治者以九十九年的租期租用的。到1997年租期屆滿，自然應該還給中國大陸的統治者。

　　再者，就臺灣與香港而言，貿易都非常重要。臺灣從1895年日本統治之後至1945年間，貿易對象由原來的中國大陸約占一半，轉而以日本為主。1950年之後，則以美國、日本為主。香港從1842到1997年之間，一直是中國大陸商品的重要集散地，與

---

6 鄧開頌、謝后如，《澳門歷史與社會發展》（珠海：珠海出版社，1999），頁94、163、178。

圖一　清國代表李經方訪問橫濱丸上即將赴任的臺灣總督樺山資紀
　　　（1895）

資料來源：井出季和太，《臺灣治績志》（臺北市：臺灣日日新報社，1937）頁
216，第十七圖。（原件典藏於國立臺灣大學圖書館）。

中國大陸的經濟關係極為緊密。至於香港與九龍司在條約上，原
為割讓的問題，因為兩個地點本身無法運作，加上長期以來英國
政府即由香港本身在財務方面自給自足，因而在不要求賠償的情
況下一起歸還。[7]

　　而就臺灣而言，除了金門、馬祖在1945年以前原為中華民國
的領土之外，臺澎地區是在1895年《馬關條約》的規定下完全割

_____

[7] 感謝廖光生先生提供這項資訊。

讓給日本，後來根據1943年的《開羅宣言》、1945年的《波茨坦宣言》，於1945年交給中華民國。1949年中華人民共和國繼承了中華民國在中國大陸的主權，但並未繼承中華民國在臺澎金馬的主權。1952年中華民國與日本的和平條約，更是日本和中華民國政府簽訂的，日本在條約上表明放棄其對臺灣的一切權利，自然包括《馬關條約》中由清朝取得的完全主權。中華人民共和國與臺灣的關係，因此與其和港澳的關係有明顯不同。（詳見附錄）

　　中國大陸的言論喜歡說，包括《馬關條約》在內的所有不平等條約已於1943年廢除。[8] 但法律方面有個處分原則。[9] 不平等條約廢除，是指由廢除之日開始，中國與外國間一些經常重複出現的事務，不再根據不平等條約處理。如外國人在中國犯法，原先要受不平等條約約束而接受領事裁判權，其後則不再接受領事裁判權，但這不意味著此前已根據舊約處理的所有領事裁判概不承認。關於領土關係的問題也是一樣，如果不平等條約廢除的意義為不承認以往任何有關中國版圖的承諾，那麼香港於1943年已經回歸中國大陸的統治者統治，而毋須等到1997年。

　　仔細閱讀有關香港談判過程的文獻，我們將會發現，香港於1997年回歸中華人民共和國統治的整個談判過程，並非由中方主動提出，因為中方認為這項談判等於承認不平等條約，是英方為

---

[8] 戴天昭，《台灣國際政治史研究》（東京：法政大學出版社，1971），彭明敏、黃昭堂，〈台灣の法的地位〉（東京：東京大學出版社，1976），頁100。

[9] 此一原則在國際法上的運用，參見：彭明敏、黃昭堂，〈台灣の法的地位〉，頁103-104。

了履行國際條約率先提出。[10] 這個過程使筆者回想起公元5世紀到11世紀之間，封建制度在盎格魯薩克森社會的萌芽，契約關係在英國社會的紮根過程。[11] 中國人一直到現在仍相當缺乏尊重法律所規範的契約關係之觀念，原因在於這套觀念原本是西方歷史社會下的產物。但建構這樣的觀念或遵守這樣的規範，卻是當前任何國際社會成員的基本條件。香港於1997年回歸中華人民共和國統治，即為中英雙方遵守這種國際規範的結果。

　　用「竊據」一詞來形容1895年臺灣的主權關係變化，是不願意回到《馬關條約》原文的想法。這種想法不只是來自今天中國大陸的政治領導人，還來自歷經抗日戰爭的歷史與歷史教育的大多數人，這樣的想法亦表達在《開羅宣言》中。[12] 但《開羅宣言》發表於美英法等國迫切希望蔣中正領導的中國與其密切合作，以對日德義三國展開決戰之際，對於日本之領有臺灣用「竊據」兩字，是對敵對政權的經常用語。[13] 就如同在臺灣的中華民國政府相當長一段時間說中共竊據中國大陸一樣。但在尊重歷史的原則底下，《馬關條約》究竟如何界定臺灣的主權關係變化，還是需要回到《馬關條約》原文中的「完全主權割讓」等字。

---

[10] 黃文娟，〈香港的憲制與政治〉（台北：財團法人國家發展研究文教基金會，86年2月1版）。

[11] 林滿紅，〈封建制度在盎格魯薩克森社會的萌芽，449-1066〉，《史繹》，第九期（民國61年9月），頁20。

[12] 彭明敏、黃昭堂，〈台灣の法的地位〉，頁311。

[13] 戴天昭，《台灣國際政治史研究》，頁307-309。

　　明治時期的日本已深悉現代國際規範，當其與中國簽訂《馬關條約》時，並趁德、法、俄三國干涉歸還遼東半島之際，與三國簽訂臺灣必由日本統治而不割讓其他列強的協定，而使《馬關條約》不只是中日之間的國際條約，並且是多國之間的國際條約。[14] 伊藤博文也明確指出：「臺灣係日本帝國根據國際法取得。」[15]

　　不能尊重既成事實，常是歷經抗日戰爭的歷史與歷史教育的大多數人，不能回到1895年臺灣的主權關係變化，來談兩岸問題的根源。但是，認為臺灣法律地位未定的主張，[16] 也有不能尊重既成事實的傾向。這派論點提出的幾個看法是準確的，例如，雖然清朝政府曾領有臺灣，1912年，中華民國政府成立時，清朝政府並未將臺灣交給中華民國政府；1945年用來支持中華民國政府的《開羅宣言》與《波茨坦宣言》，都只是片面的宣言，而非與當事國間的國際條約；與當事國間的國際條約──1951年的舊金山和約沒有任何中方政府參加。

　　但是，當事國的日本的確以《開羅宣言》與《波茨坦宣言》明白說臺灣要由日本「返還中華民國」的基礎上，在1945年10月25日於臺北中山堂前將臺灣移交給中華民國政府；1952年與日本簽訂日本聲明放棄其對臺灣一切權利的「中華民國與日本和平條

---

14 戴天昭，《台灣國際政治史研究》，頁263。
15 伊藤博文，《臺灣資料》（東京：原書房，1936原刻，1980復刻），頁71。
16 彭明敏、黃昭堂，〈台灣の法的地位〉，頁116-179。

約」的政府也是中華民國政府，如《中日貿易協定》等實際措施更在此約的基礎下進行。雖然這個政府後來與臺灣本土的百姓有過不少摩擦，但這個政府抵臺之際曾受到臺灣大多數人的熱烈歡迎，連臺灣一些領導菁英都在小國難以立國的理論基礎上，不顧美方若干人的策動獨立而主張改隸中華民國政府，[17] 而這個政府也與本土有過不少合作。今天中華民國政府雖然與很多國家無正式外交關係，但目前臺灣人民所拿的中華民國政府護照，除在中國大陸要改臺胞證之外，通行世界各地，也說明國際社會對中華民國在臺灣主權的認定。

臺灣飽受帝國主義的侵略？

　2000年5月20日中華民國總統的就職演說，因為其不宣布臺獨等聲明，而獲得國際社會的讚賞。但演說中的臺灣飽受帝國主義侵略論，與其後中國大陸國務院臺灣辦事處發表聲明中的帝國主義侵略論，如出一轍。中華民國總統的就職演說有關的一段說：「過去一百多年來，中國曾經遭受帝國主義的侵略，留下難以磨滅的歷史傷痕。臺灣的命運更加坎坷，曾經先後受到強權的

---

[17] 陳翠蓮，〈在日本與中國之間：台灣人的國家認同（1920-1945）〉，中華民國史料研究中心主辦，台灣與中國大陸關係史討論會，2000.11.3-4；及該文作者的其它相關研究；陳翠蓮，〈二二八事件與美國〉，《法政學報》（淡江大學），第五期，1996年1月。

欺凌和殖民政權的統治。」[18]

　　基本上，就過去五十年來臺灣與中國大陸的歷史教育看來，這兩篇文稿的執筆人，一則受國民黨的歷史教育，一則受共產黨的歷史教育，帝國主義侵略論是雙方的共同強調。對於近代以來東西文化接觸的利弊得失問題，或是殖民過程的悲哀與幸運問題，每個人、每個社會的感受不同。但在歷史評斷方面，我覺得日本的史學比較可以就事論事。遭到美國原子彈轟炸後的日本，在檢討戰後日本的高速經濟成長時，總不會忘記美國的協防日本，減少了日本很多的軍事支出，也是一個原因。

　　1895年《馬關條約》將臺灣由中國分出而納入日本的發展，使1895年之後的臺灣與中國大陸大不相同。1895年之後的中國財政因為賠款與戰爭造成長年赤字。[19] 相對的，臺灣因受日本統治，不但免於此項財政負荷，在日本領臺之初，甚至受日本財政補助。此時的臺灣財政相當豐富，歲入以官業收入為主，田賦次之，臺灣的財政收入多再用於臺灣，其中以事業費居多。[20]

　　相對於中國大陸，臺灣在免於戰禍的情況下，加上日本政府的政策，中國少有建樹的科學農業在臺灣有了顯著發展。日治時

---

[18] 中華民國行政院陸委會網址：www.mac.gov.tw. 中華民國第十任總統陳水扁宣誓就職演說全文，頁8。

[19] 卓遵宏，〈甲午戰爭與清季貨幣金融改革潮〉，《甲午戰爭一百週年紀念學術研討會》，師大歷史所主辦（民國83年6月），頁598-599。

[20] 〈日據時代臺灣經濟史研究之綜合評介〉，《史學評論》，期1（民國68年7月），頁180。

期草根型的地方領袖逐漸崛起，奠定戰後臺灣民主運動的初基。[21]
在生命態度方面，日治時期大爲改善的衛生條件，使臺灣人的生
命觀轉變得更爲積極，透過教育及種種制度安排所加強的紀律觀
念，對臺灣人的影響也極爲深遠。[22] 日本殖民政府在臺灣所建立
的統計制度，據戰後臺灣行政長官公署統計室主任胡元璋指出：
「要比日本本國強得多。」[23]

　　戰後在美國政府深刻影響下，臺灣大抵也順著以上方向發
展，而奠定臺灣工業化與民主化的基礎，使得臺灣的每人所得更
加超前發展。

臺灣人完全等於中國人？

　　在2000年5月20日臺灣的中華民國總統就職演說之前，中華
人民共和國頻頻告誡，臺灣的中華民國總統當選人一定要說他是
中國人。在這裡，要問的是：爲什麼中國人這麼怕中國人不說他
是中國人。

　　其實有關「中國人」一詞，一直有國籍上的中國人與文化上

---

[21] 參考：郭雲萍，〈國家與社會之間的嘉南大圳，1920-1945〉，國立中正大學碩
士論文（民國83年6月）；趙祐志，《日據時期台灣商工會的發展》（台北：
稻鄉出版社，1999）。

[22] 林滿紅，〈評介陳著「臺灣的人口變遷與社會變遷」〉，《臺灣風物》，卷29，
期4（1979年12月），頁92。

[23] 《福建時報》，民國三十六年四月十六日、三十日。

的中國人之區隔。這個區隔，事實上一直得到中國歷來國籍法的
認定。

　　在1909至1955年間中國的國籍法是容許多重國籍的，中國
國籍法的訂定曾受到荷蘭國籍法的影響，荷蘭政府於1907年修訂
國籍法時確立出生地主義原則，在該國及殖民地住滿十八個月以
上即自動歸該國國籍。當地華僑在驚恐的情況下，紛紛呈請清朝
政府速定中國國籍法以解決華僑的國籍問題。清朝政府因此在
1909年頒訂了中國第一部國籍法，並確立以血統為基礎的國籍認
定原則。1912年以後修改的《中華民國國籍法》仍採用血統主
義，即：父母之任一人為中國人者均屬中國國籍，「凡中國人願
入外國籍者應先呈請出籍」，並規定在未經中國官方批准許可，
或雖獲許可而未公布者不得喪失中國籍。一直到1955年中華人民
共和國與印尼共和國簽訂的海外華人雙重國籍條約才改為：「定
居外國之中國公民，自願加入或取得外國籍的，即自動喪失中國
國籍」，此一原則並延伸至中華人民共和國與其他國家之間。[24]
中華民國則至目前仍容許華僑持多重國籍。在中國所有這些國籍
法當中，事實上都容許文化上的中國人取得非中國國籍。

　　而就臺灣人的國籍而言，在日本領臺時，中國仍未有國籍
法，清代中國商人出國只能花錢取得「商照」而非「護照」。[25]

---

[24] 蔡仁龍，〈印度尼西亞華僑國籍問題的產生及其演變〉，《華僑歷史論叢》，第
　　二輯，福建華僑歷史學會，1985年6月。感謝廈門大學林金枝教授提供此文，
　　也感謝陳鴻瑜教授示知更多細節。

[25] 神戶商科大學陳來幸教授告知。

《馬關條約》簽訂之初，日本仿照國際慣例給予新被殖民者緩衝時間決定國籍。由於在割讓給殖民國時係完全主權割讓，就其權利關係而言，應該殖民地上的一切土地、人民、資源均歸新殖民統治者所有，但爲了人道考量，各殖民國在19世紀中葉以後都有給被殖民者緩衝時間決定國籍。各殖民國給的緩衝時間，三個月、六個月、一年半、三年不等，給三年者極少，日本給臺灣的緩衝時間是爲兩年。有些新殖民統治者未賦予決定離開者處置其私有財產的權利，日本則給予臺灣人民此項權利。[26] 由於《馬關條約》涉及臺灣人民的國籍認定，促使日本的國籍法加速於1899年3月頒布，[27] 其後，即使臺灣人民在臺灣境內未必與日本本國人享受完全相同的待遇，但在臺灣與日本之間屬國內往來，[28] 到日本以外的國家，與日本人享受同樣的日本籍待遇，[29] 日本籍便成臺灣人第一個國籍。

　　1895年以後，也有原來不想當日本人而由臺灣移住中國大陸

---

[26] 山下康雄，《領土割讓の主要問題》(東京：有斐閣，1949)，頁 1-3、46-51、169-175、182-183。

[27] 飯島涉教授告知。

[28] 柴岡彌（原佛印派遣西封部隊參謀部囑託），《最新南方渡航案內》(台北：三省堂，1941)，頁20。

[29] 參見：林滿紅，〈印尼華商、台商與日本政府之間：台茶東南亞貿易網絡的拓展（1895-1919）〉，收入湯熙勇主編，《中國海洋發展史論文集》，第七輯（台北：中央研究院中山人文社會科學研究所，民國88年3月），頁585-636，共52頁；Man-houng Lin, "The Multiple Nationality of Overseas Chinese Merchants: A Means for Reducing Commercial Risk," *Modern Asian Studies*, vol.35, part 4 (2001), pp. 985-1010。

的臺灣人，在1916年軍閥開始混戰之後，因為臺灣政府已由武人政府轉為文人政府，相對開明安定，紛紛歸依日籍，連原屬中國籍者，亦有設法取得日籍者。[30]

　　以往討論臺灣人在日本統治臺灣時期的日本認同，多側重日治後期的皇民化運動時期，且著重島內的發展，由1895至1919年間頗多福建人及內渡中國大陸的臺灣人歸化日籍。可知日本在治臺初期，尤其在日俄戰爭之後，憑藉其相對中國節節上升的國際地位，及在臺灣所締造相對中國的安定，即使不透過皇民化運動時期的高壓手段，已對臺灣人或若干中國大陸人產生號召力。[31]

　　2000年5月21日的中華人民共和國國臺辦聲明說：「臺灣同胞為反抗日本占領臺灣，犧牲了六十多萬人的寶貴生命。」[32] 不知這個數字的根據為何，但就上下文看來，應是日本統治臺灣五十年的累加值。臺灣的總人口數，1895年時，約為250萬，1945年時約為600萬。如果將這些數字，以五十年累加，一定是五十萬的很多很多倍，抗日史學也有未能寫出較大多數人歷史的部分。

　　1945年10月25日，臺灣人雖事實上（de facto）改隸中華民

---

[30]《日本外交史料》，台灣總督府警視總長湯地幸平，大正五年六月十三日、十九日。

[31] 參見：林滿紅，〈印尼華商、台商與日本政府之間：台茶東南亞貿易網絡的拓展（1895-1919）〉文。

[32] 陳紹馨，《臺灣的人口變遷與社會變遷》，頁18，29；*British Parliamentary Papers*: Embassy and Consular Commercial Reports,vol.6, p. 116.

國籍，但在法理上（de jure）一直到1952年中華民國與日本的和平條約，才正式改隸中華民國國籍。這是中日兩國針對《馬關條約》有關臺灣人國籍規範的另一規範。臺灣人與中國大陸人，除了1945至1949年間，事實上而非法理上都隸屬中華民國籍之外，在其他歷史階段都隸屬不同的國籍。臺灣人在1955年中華人民共和國改訂國籍法之前，還可以另外在中國大陸取得大清帝國、中華民國或中華人民共和國的國籍，而且的確有臺灣人這麼做，但在1955年之後，就法理而言已經不可能了。

不過就文化上的中國人而言，有很多方面，臺灣人比中國大陸人更像中國人。這裡講的文化，我所強調的並非琴棋書畫的文藝層面或是官僚文化方面，而是著重經濟社會制度的安排上，如財產私有制，活絡的市場經濟，活潑的民間信仰，慎終追遠的祭祖觀念，以家庭企業為中心的生產活動，傳統的人倫教育，以及與幾千年中國文獻相互銜接的繁體漢字等等。這些中國文化，其中除若干是來自1949年之後，由國民黨領導的中華民國政府的提倡之外，主要還是來自1895年日本統治臺灣之前的三百年，由中國大陸到臺灣的移民所大量引入。

由1600到2000年間臺灣的人口結構如表一所示，漢人主要在17世紀開始大量移入：17到18世紀之交，漢人與原住民由相對少數轉為相對多數，而且快速增加，並同化住在平地的原住民。1906年時山地原住民人口占臺灣總人口的3.6%，1961年之後，占約2.5%。1949年前後由中國大陸移入臺灣者，占臺灣漢人總人口的12.2%。其餘87.8%的臺灣漢人祖先，是在1895年日

表一　臺灣的人口結構（1600-2000）　　　　　　　　　　　單位：人

年代 ＼ 人口	漢人	平地原住民	山地原住民
1600	1,000	40,000-60,000 (1600-1920)	
1624-1661	1,000-3,000		
1683	200,000		
1800	2,000,000		
1895	2,550,000		113,163 (1906)
1945	6,000,000		88,755-116,465 (1945-1961)
2000	23,000,000		

資料來源：

　　1600-1661漢人：江樹生，〈荷據時期臺灣的漢人人口變遷〉，北港朝天宮董事會，媽祖信仰國際研討會，民國85年8月12-14日。

　　1683-1895漢人：陳紹馨，《臺灣的人口變遷與社會變遷》〈臺北：聯經出版事業公司，民國68年〉，頁18，29；*British Parliamentary Papers: Embassy and Consular Commercial Reports* (Irish University Press, 1971), vol.6, p.116.

　　2000漢人：參考：行政院經建會，*Taiwan Statistical Data Book*（台北：正中書局，民國87年），頁8。

　　1600平地原住民：詹素娟，〈清代臺灣平埔族與漢人關係之探討〉，《近代中國區域史研討會》（臺北：中央研究院近代史研究所，民國85年），頁218。

　　1906山地原住民：臺灣總督府，《臺灣在籍漢民族舊慣別調查》（臺北，民國17年）。

　　1945-1961山地原住民：臺灣省文獻委員會，《臺灣省通誌》，第二卷：人民誌，人口篇，第二冊，頁157；第四冊，頁351-352。

本占領臺灣之前由中國大陸移入或在本地自然增殖。

　　所謂漢人，其實在中國大陸上，也經過與各族群的混合，漢人到臺灣，亦與原住民再歷經融和過程。中國大陸移入漢人之占臺灣人口的大多數，族群上的意義不如文化上的意義大。

　　1895年之前，臺灣文化的發展有原住民的貢獻，如大甲蓆、大甲帽的編織技術，來自通霄一帶的原住民，也有荷蘭人、英國人等的貢獻，如荷蘭豆的引進，英國人引進的印刷機、電報機、鋸木機、石油與煤的鑽探技術等等。但大致說來，1895年以前，臺灣所累積的知識與制度，主要是由中國大陸引進。像臺灣現在所吃的蔬菜、水果，其品種有80%是1895年以前三百年間來自中國大陸。起源於中國大陸的犁與牛的使用，水車、早熟稻、私有土地制度等，也都提升了臺灣的農業生產力。

　　如以同受日本統治的朝鮮與臺灣互相比較，更能呈現中國的經濟社會文化為臺灣所奠定的根柢。很多同時看到日本統治下臺灣與朝鮮的人，都提到在日本統治下的臺灣人民，相對於日本殖民的朝鮮人民，具有較濃厚的市場取向，只要是利之所在，不必訴諸政治的驅迫，即願意嘗試新的技術或經濟發展機會。[33] 1911至1938年間，日資較少有機會介入台灣的米穀流通過程及九十九人以下之中小工廠；反之，日資則主導朝鮮的這些產銷部門。[34]

---

[33] 林滿紅，〈日治時代台灣經濟史研究之綜合評介〉，頁171。

[34] 趙祐志，〈評山本有造，《日本植民地經濟史研究》〉，《近代中國史研究通訊》，第十七期（台北：中央研究院近代史研究所，1994年3月），頁62。

　　同爲日本殖民地的臺灣與朝鮮之差異，實爲中國與朝鮮之不同。貨幣經濟在清代中國遠較日本殖民以前的朝鮮發達，當16至18世紀日本供銀給中國時，一部分即透過朝鮮轉運，朝鮮也有銀山供應中國的銀需，但朝鮮本身用銀甚少。[35] 同樣面臨日本殖民的貨幣改制，朝鮮主要由銅錢改制，臺灣則主要由價值約爲銅錢一兩百倍的銀幣改制。[36] 由此可見，臺灣在日本殖民時期較爲凸顯的市場取向，實爲幾千年中國經濟發展的結果，而非臺灣相對中國大陸的特有性格。

　　1895年時，臺灣的每人平均貿易額固較中國大陸爲高，[37] 但這只能說臺灣人較中國大陸人平均來說較有發展市場經濟的機會。在日本統治臺灣以前，臺灣社會本身原已厚實的經濟發展傳承，不可忽視。

　　所有這些在1895年以前大量由中國大陸搬遷臺灣的制度，日本政府與中華民國政府有些未加改變，有些以溫和的手段加以調整。在延續傳統或溫和修正傳統的基礎上，臺灣和日本每人所得的相對比例或是維持或是改善，中國大陸於1949年以後在實施共產制度之後則顯著退步。

---

35 申奭鎬，〈朝鮮中宗時代の禁銀問題〉，《稻葉博士還曆記念滿鮮史論叢》（京城府：稻葉博士還曆記念會，1938）。

36 韓國貨幣整理部編纂，*Report on Currency Adjustment in Korea*（東京：東京印刷株式會社，1911）。

37 林滿紅，〈清末台灣與我國大陸之貿易型態比較（1860-1894）〉，《國立台灣師範大學歷史學報》，第6期（1978年5月），頁210。

　　表二係經由諸多中國大陸學者協助完成，根據此表，1913
年，即清朝統治結束後不久，臺灣的每人所得雖較中國大陸略
高，但兩者均約日本的一半。1950年，即日本統治臺灣或中華民
國統治中國大陸結束不久，臺灣的每人所得約爲日本一半，中國
大陸只約爲三分之一。1973年，在日本快速成長之後，臺灣的每
人所得約日本三分之一，中國大陸只約十分之一。1992年，在臺
灣與中國大陸相對日本提高經濟成長率之後，臺灣的每人所得約
日本三分之二，中國大陸只約六分之一。1913至1950年間的中
國大陸，由日本的一半降爲三分之一，尚有外患頻仍的因素，但
1949年以後，此項不利因素已經去除，情況反而顯著惡化。

　　七千年文化在中國大陸再經過人民公社及文革的破壞，使臺
灣在中國文化傳承上的地位更加顯得重要。

　　在很多人所直接劃上等號的臺灣人與中國人之間，也因此有

表二　日、臺、陸每人所得比較　　　　　單位：1990年的美元1元

	1913	1950	1973	1992
日本	1,334	1,873	11,017	19,425
臺灣	794	922	3,669	11,590
中國大陸	688	614	1,186	3,098

資料來源：Kaoru Sugihara, "The East Asian Path of Economic Development: A Long-term Perspective," Discussion papers in Economics and Business, Graduate School of Economics and Osaka School of International Public Policy (OSIPP), Osaka University, Japan, p.4; cited from: Angus Maddison, *Monitoring the World Economy, 1820-1992* (Paris: Development Centre,OECD, 1995), pp. 23-24.

了實際上的弔詭落差。就國籍上的中國人而言，1895至1945年
間的臺灣人不是中國人，1945年以後是，但是中華民國國籍的中
國人，尤其在1955年以後，依法無從成為中華人民共和國的人。
就由經濟社會制度角度界定的文化上的中國人而言，臺灣人比中
華人民共和國底下的中國人更像中國人。

國民黨、民進黨與共產黨和兩岸關係

　　2000年5月21日的國臺辦聲明即說：「臺灣問題是中國內戰
遺留的問題，迄今兩岸敵對狀態並未結束。」最近在日本看到一
本討論中臺關係的書，談的也是國共關係。臺灣的政府，在國民
黨統治時期，也常說兩岸分隔五十年。所謂兩岸分隔五十年，係
指由1949年算起，臺灣與中國大陸分別由國民黨和共產黨所統
治。但是兩岸關係，如果不是正常的關係，而是問題，其主要癥
結乃臺灣人民與領土的主權轄屬問題。

　　針對這一點，江澤民、朱鎔基等先生經常說：「臺灣領導人
的選舉及其結果不能改變臺灣人民與領土的主權轄屬關係」，是
千真萬確的，因為臺灣人民與領土的主權轄屬關係是1895年的
《馬關條約》，1943年的《開羅宣言》，1945年的《波茨坦宣
言》，以及1952年的《中日和約》(《中華民國與日本的和平條約》)
等國際條約或國際宣言所界定的。在這些國際規範下，臺灣人民
與領土的主權轄屬有別於中國大陸已約百年，而不是國民黨和共
產黨分別統治臺灣的五十年。臺灣改由民進黨統治的這個過程，

至少可以作為「兩岸關係不等於國共關係的宣示」。

但民進黨與領導中華人民共和國的共產黨，或之前領導中華民國的國民黨，都有不願意接受歷史事實、不尊重法律的中國人傾向，或是說1895年的《馬關條約》已經作廢了，或是說1952年中華民國與日本的和平條約無效，或是將條約或宣言斷章取義。

2000年5月21日的中華人民共和國國務院臺灣辦事處就當前兩岸關係問題發表聲明，在引述《開羅宣言》時，只引「歸還中國」，再以國際只承認一個中國，而以中華人民共和國對臺灣的主權有完全的法理基礎，[38] 而不提《開羅宣言》宣布時的中國是中華民國，而中華人民共和國是在此宣言公布之後六年才成立。

而就國際只認知一個中國而言，並非當事國的中華民國有關臺灣人民、土地主權的另一條約。中華民國於1949年以後喪失中國大陸的主權是事實。但這有如一個人原有兩間房子，喪失其中一間房子的所有權時，不能說他已經喪失兩間房子的所有權。而就中華民國憲法的版圖，字面上「依其固有之疆域」意涵包括外蒙古與中華人民共和國的版圖而言，在後兩者抗議的情況下當然要修改。但如果後兩者不抗議，就如同房子換了所有權之後，新主人不要求舊主人簽定放棄原所有權的同意書，錯並不在舊主人。

---

[38] 《人民日報》，2000年5月21日第一版所載「中共中央台辦國務院台辦受權就當前兩岸關係問題發表聲明」。

　　不過就中華民國憲法的版圖仍包括外蒙古與中華人民共和國的版圖而言，就中華民國對兩個地方的有效統治而言，固然已全無基礎。但也許可以考慮這件事情所象徵的感情上的意義，並以此作爲這些地區成立中華國協的基礎。大英國協相對大法國協得以成立，在於英國較法國尊重相關各國的主權。而在尊重相關各國主權的情況下，英國相對法國可與相關各國簽訂諸多互惠條約。[39]

　　在臺灣海峽兩岸的主權關係，事實上比一般的主觀意識清楚的情況下；在雙方的主權區隔雖有百年，但臺灣保留更多中國的正面文化的情況下；在中國大陸政權未放棄以武力征服臺灣，但兩岸間的民間交流，過去一、二十年間快速發展的情況下，在中華民國舊版圖之上，建立中華國協，實爲促進東亞和平之一可行之道。

[39] 筆者在早稻田擔任客座教授期間，聽也是客座教授曾任職聯合國的法國高等研究院 Ng 教授示知。

臺灣不是香港，也不是澳門 *

　　由媒體上看到國人願意接受如港澳式一國兩制的比例高達16%，作為全國最高學術研究機關近代史研究所的研究員，深深感到：是不是我們的近代史沒有教好？

　　香港的九七或是澳門的九九，都是履行近代史上條約關係的結果。就條約關係而言，香港、澳門與中華人民共和國的關係和臺灣與中華人民共和國的關係明顯不同。

　　1995年在江西盧山適巧與國內統一聯盟的幾位領袖一起參加一個臺灣史學術研討會。對其中幾位曾在會場中請求中國大陸代表刪除他們文章所寫的「臺灣是中華人民共和國的一部分」，我一直心存敬意。

---

* 此文先以英文發表為："Taiwan is neither Hong Kong nor Macao: International Laws for the Cross-Strait Parity Relation," Presented in the Conference on "Rethinking the Cross-Strait Relationship," held by Council on Foreign Relations, at Pocantio Conference Center, New York, Feb.10-13, 2000. 中文發表於：《聯合報》，民國90年4月17日，第15版，末段為避免與前文重覆，曾略加改寫。

　　臺灣這塊土地上的人民究竟要與哪些土地上的人民在政治隸
屬關係上重作調整,與世界上很多享有主權的國家的人民一樣,
有著絕對的自主權。臺灣這塊土地上的人民與香港、澳門最大的
不同,在於港澳沒有中華民國政府在臺灣享有的國家主權。

　　香港於1997年回歸中國大陸的統治者統治,是因爲英國政府
於1898年與當時中國大陸的統治者──清朝政府就目前香港的大
部分土地簽下九十九年的租約。

　　有關澳門部分,1974年葡國在處理非洲殖民地時,其外交部
長對外發表聲明:「準確地說,不應將澳門看成葡萄牙的殖民
地」。1979年葡國與中華人民共和國建交,葡方向中方表示「澳
門爲葡萄牙管理下的中國領土」,並約定擇期將澳門返還中方。
這一切均因葡萄牙約於1553年佔用澳門以來,一直未與中國簽訂
條約。一直到1887年才訂下葡人有在澳門「永居管理權」的商
約,而永居管理權絕非主權。

　　主權是對某領土範圍內的人民與土地的最高支配權,享有這
個主權的政治實體是爲國家,執行國家主權的行政單位是爲政
府。有關臺灣與澎湖列島這個領土範圍內土地與人民的完全主
權,清朝政府於1895年的《馬關條約》割讓給日本,日本再於
1952年的日本與中華民國的和平條約中,向中華民國政府承認放
棄,並於約中聲明臺灣人民(包括自然人與法人)的國籍改爲中
華民國國籍。

　　國人對臺灣人民與土地的主權關係之所以不很清楚,表面上
看來是近代史從業者沒教好近代史。更深層來講,主權概念原爲

近代西方的政治思想。日本從明治時期以來就深刻了解這個思想，但中國人從西力東漸以來，一直到現在，都不是很清楚。這可由幾個例子來加以說明。《馬關條約》中有關臺灣的完全主權割讓，英文版有「完全主權」，日文版有「主權」，中文版只有「權」。簽訂《馬關條約》後，日本於1899年制訂國籍法。而中國一直到1909年才頒訂第一部國籍法。中國國籍法的訂定來自荷屬印尼統治下華人的要求。在中國原來沒有主權觀念衍生的國籍觀念底下，日本籍還是臺灣人第一個國籍。也因為中國人沒有主權觀念，我們才看到把聯合國代表權或和其他國家的外交關係與主權混為一談的種種言論。

國家的基本要素包括主權、人民與領土，是我們在接受中等教育時，就會獲得的基本概念。但很多脫口可以說出的概念，我們常常不曾加以細思。由台灣國家認同危機的發展，可以發現到國人殊少深切體會到國家、主權、人民、領土四者是環環相扣的。國家的範圍，係以其得以行使主權的人民與領土為限。一個國家的範圍，以較長的時間來看，是處於動態的、不斷在調整的狀態。例如美國在十三州時代，它的範圍不包括1849年才取得的加州，也不包括1898年才取得的夏威夷。相同的道理，清朝或是中華民國在1895到1945年期間，領土範圍也不包括台灣與澎湖群島，但是到了1952年時，中華民國雖然失去中國大陸，卻保有金門、馬祖，並從日本手中取得對台灣與澎湖群島的完全主權，這些即構成今天中華民國的有效領土範圍。

中華民國有效領土範圍的如此變化，並不完全是國共內戰造

成的結果。佔中華民國有效領土範圍面積較小部分的金門、馬祖兩地，是國共內戰中，國民黨領導的政府最後保有的地區；至於佔最大部分的台澎，其主權的轉移則是《馬關條約》及《中日和約》規範下的結果。《馬關條約》的簽訂是中日之間的國際戰爭所造成的。1952年《中日和約》之所以簽訂，則與韓戰爆發有關。韓戰之後，在美國的穿針引線下，日本與中華民國簽訂了這項和約，向中華民國政府放棄有關台澎的一切權利，而該一切權利在《馬關條約》中界定為完全主權。

　　嚴格說起來，中華民國與中華人民共和國的主權關係與兩韓、兩德也有所不同。這是因為1949年中華人民共和國所繼承的中華民國在中國大陸的主權，是中華民國由清朝繼承來的。在1912年進行此項主權轉移的過程中，台澎因為屬於日本，並不在這次轉移的對象之內。而中華民國雖在1949年喪失了中國大陸有效主權，但在1952年則由日本取得台澎的完全主權。

　　臺灣與中華人民共和國的主權關係也因此與香港、澳迥然有別。

界定台灣主權歸屬的國際條約
——簽訂於五十年前的《中日和約》*

　　到目前為止，《開羅宣言》仍為兩岸思考台灣主權歸屬的基本依據。2000年5月21日，中華人民共和國國務院台灣辦事處，就兩岸關係問題發表聲明時，引用《開羅宣言》，謂台灣於戰爭結束後「歸還中國」，再以國際只承認一個中國，而以中華人民共和國對台灣的主權有完全的法理基礎。[1] 這也是1993年8月31日中華人民共和國發表「台灣問題與中國統一白皮書」以來的一貫看法。《開羅宣言》及以之為根據的《波茨坦宣言》第八條所說日本要歸還的中國是中華民國（見中、日文版），英文原文為："that all the territories Japan has stolen from the Chinese, such as Manchuria, Formosa, and the Pescadores, shall be restored to the

---

* 本文原刊於《近代中國》，第一百四十八期，2002年4月25日；節縮版刊載於《自由時報》2002年4月28日第14版。
[1]《人民日報》，2000年5月21日第一版。

Republic of China." [2] 1998年10月13日上海第二次辜汪會晤，辜引用《開羅宣言》、《波茨坦宣言》論述台灣乃歸屬中華民國而非中華人民共和國。[3]

但從法理上來講，1952年4月28日在美國國務院顧問杜勒斯（John Forster Dulles；艾森豪總統時期的國務卿）的催促下，日本國與中華民國在台北簽訂的《中日和約》，才是界定當前台灣主權歸屬的國際條約。茲說明如下：

1. 《開羅宣言》發佈當時台灣的主權歸屬日本，要有日本出面簽訂的另一條約才能重新界定台灣主權，《中日和約》正是此一條約

1895年，清朝中國代表李鴻章、李經方與日本國代表伊藤博文、陸奧宗光於清光緒21年3月23日，即日本明治28年4月17日，在日本馬關所簽訂《馬關條約》第二條的中文版寫為：台灣全島、澎湖列島及所有附屬各島嶼之「權」永遠讓與日本。此句在英文版中寫明："China cedes to Japan in perpetuity and full sovereignty the following territories together with all fortifications, arsenals and public property thereon." 日文寫的是：「清國ハ左記土地ノ主權并ニ該地方ニ在ル城壘兵器製造所及官有物ヲ永遠日

---

[2] 外務省特別資料室編，《日本占領及び管理重要文書集》第1卷基本篇（東京：東洋經濟新報社，1949），頁1。

[3]《中央日報》，1998年10月14日。

本國ニ割與ス。」都清楚指出台澎領土主權的永遠割讓。

　　根據中華民國外交部目前留在國史館的檔案，1946年8月31日英國外交部致函中華民國駐英大使館：「關於台灣島之移轉中國事，英國政府以爲仍應按照1943年12月1日之《開羅宣言》。同盟國該項宣言之意不能自身將台灣主權由日本移轉中國，應候與日本訂立和平條約，或其他之正式外交手續而後可。因此，台灣雖已爲中國政府統治，英國政府歉難同意台灣人民業已恢復中國國籍。」(His Majesty's Government in the United Kingdom continues to adhere to the Cairo Declaration of the 1st December, 1943, regarding the restoration to China of the island of Formosa. This Declaration of Allied purpose however could not of itself transfer sovereignty over Formosa from Japan to China, which must await the conclusion of a peace treaty with Japan or the execution of some other formal diplomatic instrument. This being so, His Majesty's Government regret that they cannot agree that Formosans have yet re-acquired Chinese nationality, even though Formosa itself is now under the administration of the Chinese government.) 1946年10月22日駐南京的英國大使向中華民國外交部再次申致此意。[4]

　　美國國務院於1946年11月21日致中華民國備忘錄，與英國立場完全一致。同年11月27日美國國務院，針對在日本的台灣人的國籍，致中華民國大使館的備忘錄也指出：「特宜注意者，

---

[4]《外交部檔案》，外交部亞東司收文字第5449號。

日本管轄之豁免，初非意在授予數約二萬自稱台僑之人民，彼等在戰爭期間，乃係敵國人民，除曾依照合法手續個別脫籍者之外，依日本法律固仍然保有日本國籍也。」[5] 中華民國政府也同意：「盡量利用非正式談話方式與總部[盟軍總部]商討有關台民實際問題。至於按照國際公法在和約未簽訂以前，在日僑民究竟應視作中國人或日本人或被解放人民，本團[中華民國駐日代表團]不擬與總部作法理上之爭執。」[6]

　　英國、美國、或中華民國三國政府在1946至1952年間所說中國與日本間須訂定的和平條約，正是1952年4月28日在台北簽訂的《中日和約》。

2. 有關台澎主權部分，1952年的《中日和約》約文本身，未出現「主權」兩字，但有足夠條文說明台澎主權轉移中華民國

　　1952年《中日和約》的全名，中文爲「中華民國與日本國間和平條約」，日文爲「日本國と中華民國との間の平和條約」，英文爲Treaty of Peace between the Republic of China and Japan。簽約代表，中華民國爲葉公超，日本爲河田烈，此約於同年8月5日生效，是中華民國與日本國間的國際條約。

　　1952年《中日和約》的法源依據爲《舊金山和約》。《中日和約》約文第二條指出此項法源：「茲承認依照公曆一千九百五

---

[5]《外交部檔案》，外交部亞東司收文東35字第304號。

[6]《外交部檔案》，外交部亞東司收文字第5553號，中華民國駐日代表團致外交部次長，中華民國36年2月28日收到。（發文日期模糊）

十一年九月八日，在美利堅合眾國金山市（按：即舊金山）簽約
之對日和平條約（以下簡稱金山條約）第二條，日本國業已放棄
對於台灣及澎湖群島以及南沙群島之一切權利、權利名義與要
求。」日本國對於台灣、澎湖群島、南沙群島及西沙群島之「一
切權利、權利名義與要求」的法源又為「馬關條約」，該權利為
完全主權。接受日本承認日本放棄其對台澎主權的中方政府是於
1949年已由中國大陸遷台的中華民國政府。

　　約文第三條「關於日本國及其國民在台灣及澎湖之財產及其
對於在台灣及澎湖之中華民國當局及居民所作要求（包括債權在
內）之處置，及該中華民國當局及居民在日本國之財產及其對於
日本國及日本國國民所作要求（包括債權在內）之處置，應由中
華民國政府與日本國政府間另商特別處理辦法。」更明顯指出日
本有關台澎包括在主權之內的財產、債務之處置對象為「在台灣
及澎湖之中華民國當局及居民」。所謂的居民約文第三條及第十
條均明確指明包括自然人與法人。

　　有臺灣法律地位未定說者謂「放棄」未完全表達主權歸屬對
象，但《舊金山和約》係為《中日和約》的母法，《舊金山和約》
針對將由日本進行主權移轉的領土，包括韓國（條約中稱「高
麗」）、台澎、千島列島、南冰洋、南沙群島等均用：「日本茲放
棄其對於……之一切權利、權利名義與要求」等語詞。[7] 1952年

---

[7] 中國國民黨中央委員會黨史會，《中華民國重要史料初編──對日抗戰時期》，
　第七篇 戰後中國（四），頁694-695。

的《中日和約》係其子法，固當沿用其語詞。以該語詞之用於韓國爲例，未聞韓國有法律地位未定之說法。

臺灣法律地位未定說又強調沒有任何中方的政府參加《舊金山和約》，來決定台灣的主權歸屬，由日本與個別國家另訂之條約較不具法律效力。但《舊金山和約》第四條原本規定就日本與放棄各地間之行政當局商訂特別處理辦法。[8] 韓國與日本針對旅外韓僑國籍移轉係以1952年4月28日爲時間依據，[9] 但正式和約則遲至1965年6月22日簽訂，同年12月18日生效。[10] 而1952年的《中日和約》之所以趕在1952年4月28日《舊金山和約》生效之前七小時簽字，亦因1952年的《中日和約》簽字爲美國同意日本《舊金山和約》生效的前提條件。[11]

1990年在立法院質詢時，立委李慶雄引《中日和約》爲「台灣地位未定論」的依據，外交部長錢復引《中日和約》相關史實，認爲《中日和約》的照會文，實際承認中華民國在台灣地區主權行使。[12]

---

[8] 中國國民黨中央委員會黨史會，《中華民國重要史料初編—對日抗戰時期》，第七篇 戰後中國（四），頁695。

[9] 山本草二，《國際法》（東京：有斐閣，1995），頁333。

[10] 塩田庄兵衛等編，《日本戰後史資料》（東京：新日本出版社，1995），頁510。

[11] 張淑雅，〈杜勒斯與對日媾和中的台灣問題（1950-1952）〉，國史館編，《抗戰建國暨台灣光復：第三屆中華民國史專題討論會論文集》（台北：國史館，民國85年3月），頁1082。

[12] 參考《聯合報》，第2版，焦點，1990年10月20日。

3. 國籍移轉爲主權移轉之更充分說明

國籍乃由人民角度界定主權之行使對象。關於台灣人的國籍，《中日和約》第十條日文特別加標題爲「中華民國　國民法人」，其中文內容爲「就本約而言，中華民國國民應認爲包括依照中華民國在台灣及澎湖所已施行或將來可能施行之法律規章而具有中國國籍之一切台灣及澎湖居民及前屬台灣及澎湖之居民及其後裔；中華民國法人應認爲包括依照中華民國在台灣及澎湖所已施行或將來可能施行之法律規章所登記之一切法人」。這是就《馬關條約》第五條：「本約批准互換之後，限二年之內，日本准中國讓與地方人民願遷居讓與地方之外者，任便變賣所有產業，退去界外。但限滿之後，尙未遷徙者，酌宜視爲日本臣民」，有關台灣人國籍界定之後的進一步國際條約界定。

因《馬關條約》的簽訂，日本於1899年頒訂國籍法。爾後所有台灣人出國，須申請日本護照，且受與日本本國人一樣的待遇，國籍籍別係爲日本籍。[13]

由北京第一歷史檔案館現存外務部檔案所留下1902年福州將軍、總稅司、外務部等與日本外務省的往返文件，可見隨著《馬

---

[13] 參見：林滿紅，〈印尼華商、台商與日本政府之間：台茶東南亞貿易網絡的拓展（1895-1919）〉，收入湯熙勇主編，《中國海洋發展史論文集》，第七輯（台北：中央研究院中山人文社會科學研究所，民國88年3月），頁585-636，共52頁；Man-houng Lin, "The Multiple Nationality of Overseas Chinese Merchants: A Means for Reducing Commercial Risk," *Modern Asian Studies*, vol.35, part 4 (2001), pp. 985-1010.

關條約》簽訂，台灣與清朝中國主權、國籍關係的顯著變化。日本籍的台灣船因與大陸民帆不易分辨，常混進外國船不能進入的中國常關，中國官方根據《馬關條約》要求日方政府，台灣船要比照外國船進入海關，要確定台灣船懸掛日本旗，台灣船隻格式、顏色，要與大陸民船有所區隔，甚而希望船上人員著洋服而不穿華服，以確保中國主權。[14]

　　而台灣人的此一國籍變化，一直到1952年的《中日和約》才有法理上的進一步改變。隨著日本在1945年8月的投降，雖然1946年1月12日中華民國政府宣告：「臺灣人民原係我國國民，以受敵人侵略，致喪失國籍，茲國土重光，其原有我國國籍之人民，1945年10月25日起，應即一律恢復我國籍。」[15]但根據山本草二所著《國際法》一書指出：「關於國籍變更起始的時間，依照通例，並非領土割讓、合併、放棄、歸還等領土主權變更事實上發生的日子，而是正式確認此一關係的條約生效的日子。」[16]日本的判例針對不在台灣的台灣人的案子，即以《中日和約》

---

[14] 文件標題：福州將軍榮善、總稅司、外務部等為日本商船金順益號違約入內地貿易的咨呈、信函；文件出處：外務部相關開埠通商 自光緒29年1月6日起至光緒29年4月26日止；文件號碼：職2568；摘抄人及單位：廈門大學台灣研究所、陳小沖。（特別感謝陳教授借閱）

[15] 唐曼珍、王宇主編，《臺灣事典》（天津：南開大學出版社），頁508。根據外交部亞東司第05553號民國三十六年二月二十八日收件之中華民國駐日代表團致外交部次長函謂：「我政府接收台灣，並正式公布所有台民自前年十月二十五日起恢復中國國籍。」

[16] 根據山本草二，《國際法》，頁333中譯。

1952年8月5日生效之日為台灣人喪失日本國籍而發生國籍變更之日，這也符合前述英美等國對台灣主權、國籍移轉之看法。

　　所可注意者，在日本法院的有關判例中，更明確指出《中日和約》使在台灣的中華民國主權確立。 1959年12月東京高等裁判廳對賴榮進一案的判例中說：「至少可以確定昭和27年8月5日條約生效後，依該條約之規定，台灣澎湖諸島歸屬中國，台灣人民依中華民國之法令擁有中國國籍者，當然喪失日本國籍，應以中華民國國民等之。」1960年6月7日，大阪地方裁判廳在張富久惠控告張欽明一案中說：「至少可以認定為，在台灣之中華民國主權獲得確立之時，亦即在法律上發生領土變更之昭和27年和平條約生效之時，即喪失日本國籍而取得中華民國國籍。」[17]

4. 《中日和約》是至今界定台灣主權及國籍移轉的最後一個國際條約

　　即使1972年中華人民共和國與日本國在北京發表「中日聯合聲明」，其中提到：「中華人民共和國政府重申：台灣是中華人民共和國領土不可分割的一部分。日本國政府充分理解和尊重中國政府的這一立場，並堅持遵循波茨坦公告第八條的立場」。其

---

[17] 丘宏達，〈評述一個中國白皮書〉，《聯合報》，民國89年2月23日，第十四版；丘宏達，〈一個中國原則與台灣的法律地位〉，《法令月刊》，第五十二卷，第二期（台北：民國九十年二月），頁52-75註15引Material on Succession of States, UN Doc. ST/LEG/SER. B/14 (New York: United Nations, 1967), pp. 70-71；《中國國際法與國際事務年報》，第七卷（台北：商務書館，1995）。

中的理解和尊重是 understand and respect 而非中華人民共和國經常
向國際所說的承認（recognize）。更重要的是日本堅持遵循「波茨
坦公告第八條立場」，該條強調延續「開羅宣言」所說，台灣於
日本戰敗後歸還「中華民國」。1978年8月12日在北京簽訂的
「中日和平友好條約」，則隻字未提台灣問題。[18] 這是因為日本已
無在1978年的「中日和平友好條約」中處理台灣主權及國籍的權
力。日本於1895年馬關條約取得的該項權力，已於1951年9月8
日簽訂的「舊金山和約」及以之為基礎與中華民國政府在1952年
簽訂、生效的「中日和約」中放棄（renounce）。[19]

　　1972年日本雖聲明終止1952年的「中日和約」，依法律的
「處分原則」，那只能運用在未處分而可能持續處理的事項。例如
1952年「中日和約」第七條「中華民國與日本國願儘速商訂一項
條約或協定，藉以將兩國貿易、航業及其他商務關係，置於穩定
與友好之基礎上。」1953年6月13日也有「中華民國與日本國間
貿易辦法」簽訂生效，因貿易、航業及其他商務關係係可能持續
處理的事項，1972年以後則不再與中華民國簽訂此種條約或協
定。在1978年的「中日和平友好條約」之中，日本不能重新處理

---

18 鄭海麟，〈關於台灣法律地位問題的爭議〉未刊稿引張暄編著，《當代中日關
　　係四十年》（北京：時事出版社，1993）頁387-395條約全文。

19 彭明敏、黃昭堂，《台灣の法的地位》（東京：東京大學出版社，1976），頁
　　199-200；姚嘉文，《舊金山和約：台灣的釋放令》（彰化：關懷文教基金會，
　　2001年8月），頁21。

其在1952年「中日和約」中已經向中華民國表示放棄的台灣主權。

5.《開羅宣言》爲戰爭期間的片面宣言，如今中華民國或中華人民共和國與日本的戰爭狀態均已結束多年

即使《開羅宣言》所說的中國是中華民國，台灣也根據以此宣言爲基礎的《波茨坦宣言》，由日本交由中華民國政府統治，但《開羅宣言》仍是1943年同盟國擬對軸心國反敗爲勝之前的片面宣言。宣言中所說："The Three Great Allies are fighting their war to restrain and tarnish the aggression of Japan ,"具體表達這是一個作戰宣言。接下來的「日本竊據台灣」，是戰爭期間針對敵對政權的情緒用語，如同早期台灣用中共竊據中國大陸一般。根據處分原則「馬關條約」已對台灣的完全主權進行「永久割讓」，而非「日本竊據台灣」。[20] 至今兩岸有關日本統治台灣時期的描述語大都用「日據」而非如英文之 "under Japanese colonial rule" 或是日文之「日本植民地期」，多少表達兩岸仍深陷在《開羅宣言》發佈時的戰爭情緒當中。但1952年的《中日和約》簽約至今已有五十年，1978年的「中日和平友好條約」簽約至今已有二十三年，中日之間戰爭狀態結束均已受到中方簽署的國際條約確認，如1952年的《中日和約》第一條「中華民國與日本國間之戰爭狀態，自

---

[20] 戴天昭，《台灣國際政治史研究》（東京：法政大學出版社，1971），頁307-309。

本約發生效力之日起，即告終止」，沿用戰爭期間針對敵對政權的情緒用語，並不符合國際條約的精神。

6. Territory 的概念與在台灣的中華民國

　　經1952年《中日和約》移轉的台灣主權包不包括1945到1952年間由中國大陸移遷台灣的人與物？由於Territory 的真意不只是土地，它包括土地及其上之所有人的或自然的資源，人又包括自然人與法人。[21] 1945到1952年間由中國大陸移遷台灣的自然人與法人，都構成1952年《中日和約》中日本向在台灣的中華民國放棄的台澎Territory的一部分，因而包含在台灣主權的範圍之內。主權是對某領土範圍內的人民與土地的最高支配權，享有這個主權的政治實體是為國家，執行國家主權的行政單位是為政府。在台灣的中華民國因為1952年《中日和約》的簽訂、生效，而成為主權獨立的國家。這一說法，與很多在台灣的中華民國政府官員說中華民國由1911年以來就是主權獨立的國家是有若干區隔的。中華民國的確由1911年以來就是主權獨立的國家，但那時中華民國行使主權的領土範圍未包括台澎。中華民國行使主權的領土範圍除金門、馬祖之外，在1949年由中華人民共和國所取得，而中華民國另外在1952年根據《中日和約》取得台澎主權。無論1911年清朝與中華民國間，或是1949年中華人民共和國與

---

21 參考：Evan Dawley, "Definite Impact: The Loss of Taiwan and Transformations in Late 19th Century China," unpublished paper, p. 13.

中華民國間的中國大陸領土移轉，都沒有包括台澎。正因主權概念一定得依附在領土之上，台澎與金馬以外的中國大陸在1895以後係分屬不同主權的領土，台灣與中國大陸的主權關係，也就不是很多論述所比附的兩德、兩韓一般的共生主權。[22] 就中華民國對於台澎金馬可以行使完全的國家主權而言，中華民國實已為國際社會的一個「國民」，但因喪失諸多外交承認，尤其在阿爾巴尼亞決議案之後，中華民國不能在聯合國就國際事務參與投票，相當於喪失了國際社會的「公民」地位。不過，就1971年聯合國2798號決議文：「恢復中華人民共和國的一切權利，承認她的政府的代表為中國在聯合國組織的唯一合法代表，並立即把蔣介石的代表從它在聯合國組織及其所屬機構中所非法佔據的席位中驅逐出去。」看來，似乎忽略了1952年《中日和約》所賦與在台灣的中華民國的國格。

7. 1952年《中日和約》的當前意義

就台灣而言：在對外方面，目前多半由人權的角度為台灣爭取其為國際社會貢獻的機會，1952年的《中日和約》則可為之提供法權基礎。在對內方面，回到1952年的《中日和約》，固然與各方的論述角度有著相當大的分歧，但也提供一個讓各方取得共

---

[22] 相關議論參考："Rethinking the Cross-Strait Relationship," A discussion convened by the Council on Foreign Relations, with the support of the U.S. Institute of Peace and The Rockefeller Brothers Fund, New York: Pocantio Conference Center, Feb.10-13, 2000.

識的法理基礎。

　　就中國大陸而言：在《開羅宣言》中「日本竊據台灣」的歷史認知底下，其領導人長期以來都承擔了原本不必負擔的收復台灣的歷史重任。回到1952年的《中日和約》，及其背後的1895年《馬關條約》，才能洞察台灣問題的本質。在這兩個條約背後都有美國的支持在內。[23] 台灣與南韓、日本、琉球、菲律賓一樣，都是美國用以維繫其與中國大陸間亞太均勢的緩衝地帶。台灣的這層作用，曾因美蘇爭霸而被局部犧牲，但如今中國大陸要直接面對美國的局面又復形成。中國大陸在走過諸多迂迴路線之後，目前正該全力向前，因為台灣問題一則可能要為破壞亞太均勢而付出代價，再則也會坐失亞太正為中國大陸經濟快速成長所提供的協助。一般討論當前中國大陸經濟的快速成長，都只強調中國大陸為世界提供龐大市場，但太平洋為大陸快速增產商品挹注世界市場、世界先進技術流入中國大陸的天然途徑之事實也值得留意。

　　就世界而言：當因台灣主權問題而回到《開羅宣言》的相關

---

[23] 參考：林滿紅，〈經貿與政治文化認同──日本領台為兩岸長程關係投下的變數〉，《中國歷史上的分與合學術研討會論文集》（台北：聯經出版公司，民國84年9月），頁382-384。林滿紅，〈日本殖民時期台灣與香港經濟關係的變化：亞洲與世界關係調動中之一發展〉，《中央研究院近代史研究所集刊》，期36（民國90年12月），頁73-81；林滿紅，〈政權移轉與菁英絕續：台日貿易中的政商關係，1950-1961〉，中央研究院近代史研究所，「一九五〇年代的海峽兩岸國際學術討論會」，2001年12月13日-12月14日，頁19-21。

討論時，又要回到二次大戰。在這場人類浩劫背後，1930年代的世界性經濟蕭條，絕對也是深層因素之一。[24] 1980年代以來，世界經濟一直不再出現1945到1970年代間的榮景，最近諸多區域性的政治衝突一直提醒世界要謹防拓展成更大規模的浩劫。維持亞太整體，與中國大陸經濟互相提攜，亦爲推促世界經濟景氣之一途徑。爲達成此一目的，針對亞太爭議之一的台灣問題，回到五十年前因韓戰的歷史背景所簽訂、生效，界定台灣主權的國際條約──《中日和約》，來維繫亞太地區與中國大陸的共存共榮，不失爲大家可以共同思考的方向。

---

[24] 有關世界經濟蕭條與二次大戰的關係，可參：R.R.Palmer&Joel Colton, *A History of the Modern World, Third Edition* (Canada: Random House, 1967), pp. 777-827；有關世界經濟蕭條與日本帝國對外擴張的關係，可參：崛和生，〈植民地帝國日本の經濟構造──一九三〇年代を中心に──〉，《日本史研究》，號462，2001年2月。

附一：

《中日和約》學術座談會若干論述之商榷[*]

王廷懋[**]

　　《近代中國》第一四八期刊載「《中日和約》五十年學術座談會」專輯，其中有關《中日和約》有些論述欠符歷史事實，或有法律觀念之偏差。按《中日和約》座談會屬於國際條約歷史學術性討論，當然必須把握歷史事實之真相與法律相關之觀念，願以一個法律人之觀點，略陳管見數則，以就教於先進高明。

---

* 本文係拙文〈界定台灣主權歸屬的國際法——簽訂於五十年前的《中日和約》〉發表的「《中日和約》五十年學術座談會」會議論文於《近代中國》雜誌刊登之後，姨丈王廷懋先生針對會議中一些爭議點提出法律的看法，值得參考，故附載於此。本文將刊載於《近代中國》，期150。
** 作者為前公務員懲戒委員會委員，台灣、澎湖、台東、基隆等地方法院院長，司法院人事處處長。

一、關於製造或設計兩個中國之說法問題[1]

　　兩個中國——中華民國（R.O.C.）與中華人民共和國（P.R.C.）的存在，係歷史事實，一個中國係政治政策。

　　1912年孫中山先生領導革命，推翻滿清，建立中華民國。1945年第二次世界大戰日本投降，並依據1943年中（中華民國）美英《開羅宣言》及1945年中（中華民國）美英蘇《波茨坦宣言》，將1895年中（滿清）日《馬關條約》滿清割讓給日本之臺灣與澎湖移交歸還與中華民國管轄統治。1949年中華民國政府自南京播遷台北，繼續統治管轄臺、澎、金、馬。1952年，根據四十八國簽訂之《舊金山和約》，中（中華民國）日訂定《中日和約》，日本再以書面依據前揭宣言及《舊金山和約》，向中華民國表明放棄臺灣與澎湖之主權。[2] 1949年中國共產黨發動內亂獲勝，佔領臺灣、澎湖、金門及馬祖以外之大陸，以北京為首都，另建立中華人民共和國。從此兩國各與不同國家發生邦交關係，均扮演國際法上之國家角色，且兩國人民分別取得中華民國或中華人民共和國之國籍與護照使用。兩國如此存在迄今未變。

---

[1] 見《近代中國》，期148（臺北：近代中國雜誌社，2002.4.25），頁18上欄14行、頁27下欄3行、頁69上欄9行至下欄11行、頁79下欄12行、頁80上欄4行、頁83上欄16行、頁88上欄4-5行、頁90上欄11行、頁97上欄末3行、頁130下欄末7行、頁135上欄末6行。

[2] 詳見前揭專輯論述與所引用資料及歷年中華民國總覽。

　　所謂製造或設計兩個中國，係指原只有一個中國，而此一個中國即爲中華人民共和國，要在政策上變更爲除中華人民共和國外尚有中華民國，故謂之製造或設計兩個中國。然實際上中國原只有中華民國之一個中國，並非中華人民共和國之一個中國，嗣分裂爲中華民國與中華人民共和國兩個國家，即兩個中國，乃千眞萬確之事實，如上所述，並非中華民國消滅而只有中華人民共和國一個中國存在。何以有製造或設計兩個中國問題？因在政策上，當年中華民國與中華人民共和國均堅持漢賊不兩立之一個中國政策，各稱代表全中國，互不承認對方爲國家，兩國憲法均記載只有一個中國，而該一個中國各指係自己之中華民國或中華人民共和國。中共更於1971年聯合國大會通過第2758號阿爾巴尼亞等國所提決議案後，謂其在聯合國係取代中華民國之席位，在國際間設計製造中華民國已不存在之假象，強稱只有一個中國，而此一個中國即爲中華人民共和國。

　　按中華民國爲聯合國創始國之一，在1949年前，中華民國統治全中國，故其在聯合國自係代表全中國，而當時中國既只有一個中華民國，故中國即係中華民國。但自1949年中國分裂爲兩個中國後，事實上中華民國只能代表其實際統治管轄之台澎金馬，不能代表中華人民共和國所統治管轄之大陸。同理，1971年中華人民共和國加入聯合國後，事實上亦只能代表其實際統治管轄之大陸，無法代表中華民國統治管轄之台澎金馬。換言之，在1949年前，只有一個中國存在，該一個中國爲中華民國，嗣後分裂爲中華民國與中華人民共和國，均簡稱爲中國，但均不能代表全中

國，即事實上為兩個中國，並非只有一個中國。而所謂一個中國，此一個中國為中華人民共和國，乃中共之政策，並非事實。中共竟顛倒政策與事實，即將一中政策當作事實，而將兩個中國事實當做政策，故有所謂製造或設計兩個中國問題。

　　按事實係一回事，政策係另一回事，一中政策並不能否定兩個中國之事實。猶如中華人民共和國《憲法》雖規定臺灣為其領土之一部分，並不能否定中華民國存在與臺灣為中華民國之領土之事實，同樣中華民國《憲法》仍規定大陸與蒙古為中華民國之領土，亦不能否定中華人民共和國與蒙古國存在之事實。

　　其次，若謂產生兩個中國之事實為製造者，則中國原只有中華民國，嗣分裂為中華民國與中華人民共和國之兩個中國，即製造兩個中國者實係中華人民共和國，並非中華民國，[3] 中共竟顛倒黑白是非，誣稱中華民國製造兩個中國，且恫嚇中華民國要否定自己——中華民國之存在而瞎眼跟隨其稱為只有一個中國，不得聲言兩個中國之事實，否則以武力攻台。就此而言，中國人之智慧與胸襟誠不如德國人與韓國人。同樣為分裂國家，過去之東西德及現在之南北韓，雖有統一政策，然能彼此務實承認而得以完成統一大業。1981年中共提出和平統一、一國兩制政策，相對當年漢賊不兩立時代，當然係屬善意，卻甚難達到目的，其主要癥結所在，即係因其由不符事實之一個中國政策而來之緣故。申言

---

[3] 中國共產黨更早於1930年，即曾在大陸江西建立中華蘇維埃共和國，製造兩個中國。

之，一中兩制之本質，實爲一種和平招降書，並非基於事實及互相尊重之兩國對等談判，當然讓對方難以接受。假如東德亦以一國（東德）兩制要統一西德，德國能統一否？北韓亦以一國（北韓）兩制要統一南韓，韓國能統一否？答案甚明，毋庸贅言。

要之，所謂製造或設計兩個中國之立論基礎，爲假設中華民國自1971年起已消滅不存在，此項假設顯與事實不符，故所謂製造或設計兩個中國之說法，自屬錯誤。

二、關於台獨之說法問題[4]

台獨對於中國之統治，視爲外來政權之統治，主張台灣要永遠脫離中國，建立台灣國或台灣共和國，係以下列兩個假設爲基礎：

（一）台灣地位未定論；

（二）一個中國論。

台獨所持台灣（法律）地位未定論，認爲中華民國失去大陸，已被中華人民共和國取代而不存在，中華民國政府在台灣係流亡政府，台灣曾受其統治迫害，恐懼甚深，爲脫離其統治，必須予以消滅或奪取其政權，而宣布獨立之台灣國。其次，台獨與中共對於台灣地位未定論雖意見相反，然對於一個中國論則相

---

[4] 見《近代中國》，期148，頁19下欄末3行、頁56上欄末7行、頁61上欄末4行、頁79下欄12行、頁98上欄6行、頁120上欄7行、頁128下欄9行。

同,即中華民國已不存在,故只有一個中國,即中華人民共和國。惟中華人民共和國以台灣為其領土之一部分,處心積慮要併吞台灣,統治台灣,而中共尚排除普世價值之民主、自由、人權與法治,如受其統治,台灣亦感恐懼與不安,為永遠脫離其統治,亦需宣布獨立之台灣國,並以台灣國名義進入聯合國,才能獲得國際上之支持承認與安全保障。然事實上,中華民國自1912年建國以來,除曾退出聯合國及領土面積與邦交國數目有增減外,一直在國際上扮演國家角色,從未消滅,而台灣為中華民國之領土,且中國分裂為兩國,故所謂中華民國已不存在,台灣地位未定,或為中華人民共和國之領土,中國只有一個中華人民共和國云云,俱係中共及台獨之主觀願望與政策性宣示,並非事實。從而,台獨立論基礎之假設顯不存在。

　　但是,台獨係中華民國現行執政黨──民進黨於1992年列入黨綱條款,迄今未改,究竟台獨何去何從?不僅統派及維持現狀派未必明瞭,即使台獨自己亦未必清楚。若從其產生背景及發展結果去觀察,或有線索可尋。先就其產生背景而言,臺灣光復時,台胞猶如重逢久別思念之親人,無不又驚喜又興奮而狂歡慶祝回歸祖國,其強烈愛國心實冠於全國。迨目睹接觸來台接收官員及大陸同胞後,大感意外。臺灣雖曾為日本殖民地,然已走上相當現代化之文明社會,其政治清明,司法公正,上下守法,勤儉確實,環境整潔,民風淳樸,治安良好,生活安定。惟回歸祖國後,一切突變,貪污盛行,政治腐敗,營私舞弊,花天酒地,光喊口號,敷衍官僚,特權橫行,違法亂紀,爾虞我詐,到處髒

亂，百業蕭條，生活困苦，再經二二八事件之恐怖屠殺煉獄，台胞慘遭迫害屈辱且受非現代文明社會所應有之處置對待，欲哭無淚，有怨難伸，發現光復前後之政治、經濟、教育、文化、社會、衛生……等等，形成強烈之對比，有如天壤之別，遂從慶欣回歸祖國之狂熱中，逐漸驚醒，發覺熱愛之祖國統治竟遠不如厭惡之日本殖民統治，乃由喜轉為悲，愛轉為恨，希望轉為絕望，並反而懷念過去，進而產生分離意識。今日之政治、司法、經濟、社會等等遠勝於光復之初，然與英、美、日、德、法等文明先進國家相比，仍有相當距離。從此比較不難想像當年台胞對祖國失望之情景。因此，激起本省人對外省人之反感及厭惡外省人執政之政府，而將之視同外來政權，且在海內外由少數台籍人士發起地下組織，鼓吹臺灣住民自決或公民投票，消除中華民國政府，或奪取其政權，或認中華人民共和國為母國，要與母國永遠脫離，而建立臺灣國之獨立運動，足見台獨乃上述臺灣歷史悲劇之後遺症。[5]

次就嗣後發展結果而言，1970年蔣經國先生訪美遇刺，兇手

---

[5] 參見：1. 監察委員楊亮功，〈調查二二八事件報告〉；2. 台灣旅滬六團體，〈關於台灣事件報告書〉；3.〈台灣政治現狀報告書〉（閩台通訊社）；4. 1947年美國魏德麥將軍（Albert Wedemeyer）〈訪華報告〉；5. 何漢文，《台灣二二八起義見聞紀略》；6. 前空軍總司令林文奎，《二二八事件見聞錄》；7. 1946年彭明敏、謝聰敏、魏廷朝，〈台灣人民自救運動宣言〉；8. 1971年台灣基督長老會，〈對國是的聲明與建議〉；9. 王曉波編，《二二八真相》（台北：海峽學術出版社，2002.2）；10. 許慶雄，《台灣建國的理論基礎》（台北：前衛出版社，2000.10）。

竟爲臺灣高級知識青年留學康奈爾大學博士班學生黃文雄及建築師鄭自才。迨1972、1975、1978年蔣經國先生先後擔任行政院長、黨主席、總統後，積極採行本土化政策，建設臺灣，經濟起飛，發展教育，人才輩出，解除戒嚴、黨禁、報禁，人民自由甚至超越先進國家，以消除中華民國政府而建立臺灣國之台獨條款竟公開訂入民進黨黨綱，政府高級首長及重要職位漸被台籍人士取代，且1988年李登輝先生擔任總統，2000年陳水扁先生當選總統，更由民進黨成爲中華民國之執政黨。至此，以否定中華民國之存在及消除中華民國政府爲基礎之台獨黨綱條款，顯屬自我矛盾。其執政之中華民國既始終係獨立自主之國家，何獨立之有？

再者，台獨表面上係爲臺灣之利益，實際上卻深害臺灣，反幫中華人民共和國之大忙。其倡導台獨半世紀來，自我矮化謂中華民國已被中華人民共和國取代而不存在，中國只有中華人民共和國一國，認爲臺灣地位未定，或以中華人民共和國爲母國，而要獨立成爲臺灣國，恰與中共之一個中國政策互相呼應，中共乃更振振有詞聲稱臺灣爲其領土。如此台獨與中共交相散播上開違反事實之錯誤信息於國際間，數十年下來，積非成是，造成黑白是非顛倒，致使中華民國外交日陷於無可自拔之困境，被設計爲並自淪爲非獨立國家而難以翻身。中華民國遭受台獨與中共之內外挾擊，其前途自極爲黯淡坎坷，但若中華民國確實消滅，台獨必將同歸於盡，蓋皮之不存，毛將焉附？

尤有進者，台獨要與中共較勁，同玩零和遊戲，甚至爲達台

獨目的，不惜流血犧牲，要與中共拼打爭取獨立聖戰，不惜以臺灣二千三百萬人民之生命、財產爲賭注，妄想可獲國際之憐憫同情與正義協助而僥倖得勝，誠如飛蛾撲火，以卵擊石，純屬自我主觀之盤算。其持有雙重國籍者，有妻子女居住國外者，有在國外置產者，何忍驅使臺灣一般百姓去充當砲灰，家破人亡，此殊欠厚道與明智也。應知中共不容臺灣分離，不僅係其國家政策，尤爲大陸廣大人民之民族感情。

按政治主張必須依據事實，合於情理，順乎時代潮流。臺獨產生半世紀來，兩岸變化何等激烈！臺灣方面，在政治上其所欲消除之蔣家外來政權業已完全被臺灣人政權取代，臺灣人當政作主，其他除政治重心之選舉及民主基礎之法治尚待努力求進步外，業已邁向現代化。換言之，當年倡導台獨之背景事實已消失不存在。大陸方面，自1978年走資派領首鄧小平先生主政，發表支持「實踐是檢驗眞理的唯一標準」，倡導「解放思想，實事求是」，1979年採取改革開放政策，1984年更公然宣稱馬克思主義過時，毅然擺脫主義教條之羈絆，大力發展市場經濟。[6] 據日本及西方學者之觀察研究，中共二十年來進步神速，其沿海各大城市區域之進步速度，較臺灣等四小龍之進步快速，不僅臺灣，全世界包括強大之美國、日本等等，皆蒙受其重大衝擊，且其爲避免如臺灣缺乏法治基礎之民主亂象，正學習新加坡、日本先從法治切入，趕定法律規章制度，尤其值得特書者，乃其政府結構之

---

[6] 參見〈理論與實際〉，《人民日報》，專論，1984.12.7。

演變，為解決政治上最重要且最困難之權力平衡問題，逐漸形成經濟上自治區集合體，而邁向成為由各半自治地方省分組織之聯邦國家，二十年內其政治與經濟將成為次於美國之超強大國。當然，其在進步中，必生層出不窮之種種問題，有待一一迅速有效解決，以免影響進步，導致進步遲緩，甚至發生危機。因此，如果台灣繼續忽視法治之民主亂象，而短視封閉，無法團結，躊躇不進，徒自我消耗在無謂之統獨之爭中，屆時不僅經濟水準將不如大陸，即民主法治亦將落後於大陸。[7]

　　台灣與大陸是否統一、如何統一或不統一、台灣如何重返或加入聯合國、以何名義進入聯合國、台灣如何因應大陸武力攻台……等等問題之解決，自極為複雜，爭議頗多，然有一個兩岸必須共同遵守之大原則，即兩岸皆應發揮至高之智慧，尤其雙方領導階層人物，皆能醒悟不實而過時之一中論及台獨論互激相鬥，將導致兩岸人民淪於戰禍浩劫之悲慘命運，而成為歷史罪人，遺臭萬年。一中論及台獨論乃互為對立不相交集之零和遊戲，雙方

----

[7] 參見：1. 大前研一，〈廿年內中國將成為國際經濟與政治強權〉，《中國時報》，91.2.5，頁3；2. 龍安志，《中國的世紀》（商周出版社，2002.7）；3. 拙撰，〈法制與司法為政經改革之基礎〉，《司法周刊》，社論（80.2.6）；4. 拙撰，〈八十年國慶感言〉，《司法周刊》，社論（80.10.9）；5. 拙撰，〈正確法治觀念之認識〉，關懷青少年法律教育研討會實錄，台灣基隆地方法院，80.11；6. 拙撰，〈談台灣經驗與中國現代化〉，《司法周刊》，社論（81.7.15）；7. 拙撰，〈貫徹法治，以紀念國父逝世六十九周年〉，《司法周刊》，社論（82.3.10）；8. 拙撰，〈厲行法治的基本理念〉，《自立晚報》，84.6.7；9. 拙撰，〈中國何去何從〉，《邁向法治》（自版，84.1），頁2-8。

應即揚棄此種違背時代潮流之政治遊戲規則，而改採雙贏之文明政策。尤其中共在經濟上因有毅然放棄主義教條之膽識而大力改革，故能有喜劇性之變化與飛躍性之進步，可惜在兩岸關係上，卻始終墨守過時而不符事實、不合情理之一個中國與一國兩制八股，無理打壓扼殺中華民國之外交生存空間，導致兩岸關係一直無法和平解決，反而越激發台獨聲勢與傾向。當今中共領導人倘能且唯有在兩岸關係上重拾經濟改革之膽識，既捨棄漢賊不兩立政策而要大和解，即應勇敢面對現實，摔掉一中八股，承認兩個中國存在之事實，作為開展兩岸溝通談判之基礎，則兩岸問題自然迎刃而解，如同過去東、西德問題之解決，而萬古流芳。

　　總之，台獨之說法，顯係意識形態逾越歷史事實，感性多於理性。

三、中華人民共和國取代、繼承或更改中華民國之說法問題[8]

　　1971年聯合國大會第2758號決議，使中華民國從此失去聯合國之國際政治表演舞台，而由中華人民共和國為之，一般稱為

---

[8] 見《近代中國》，期148，頁51上欄2行、頁97下欄末9行、頁132下欄末3行、頁135上欄末8行、頁90上欄10行、頁115下欄8行至末5、頁122下欄6-11行、頁123上欄1行、頁124上欄11行、頁126上欄末4行及下欄4-5行、頁129下欄8行、頁131下欄末3行、頁53下欄3行、頁128下欄末7行、頁132下欄1及5行。

取代，然與事實不符：

第一、該決議稱將蔣介石之代表趕出聯合國云，事實上蔣介石（中正）係中華民國民選總統，參與聯合國事務之代表係中華民國之代表，並非蔣總統個人代表，如嗣後中華人民共和國派出之代表，係該國之代表，並非毛澤東主席之代表。

第二、中華民國既已退出聯合國，而由另一個國家之中華人民共和國加入，竟仍沿用中華民國名稱，將中華民國與中華人民共和國混淆不清，矇騙世人耳目，其用意乃為營造原代表中國之中華民國已消失不存在之假相。

第三、自1949年中國除中華民國外，另成立中華人民共和國，各統治管轄不同土地與人民。中華民國與中華人民共和國既係國際法上之兩個獨立國家，其進出聯合國殊無取代可言，充其量僅自1949年後中華民國實際上無法代表之金馬以外之大陸部分為中華人民共和國取代耳，而中華民國所代表之其繼續統治管轄之台澎金馬部分，殊無為中華人民共和國取代之理，則中華民國聲稱退出聯合國，自屬極為正確而正當。國人竟深陷中共之設計，毫無警覺與辨識，遽隨其共舞，謂中華民國在聯合國席位被中華人民共和國取代，並謂中華民國退出聯合國之說法錯誤云，誠為顛倒黑白是非莫辯。懵然不知真正之錯誤者實為上揭中共潛心設計之提案與決議。故有以修正該決議尋求我重返聯合國之議，良有以也。[9]

---

[9] 見《近代中國》，期148，頁57下欄4行。

次就繼承而言，所謂中華人民共和國繼承中華民國會籍、席位、中華人民共和國政府不完全繼承中華民國政府云云，亦與事實有間。其根本原因與上述取代同，主要係由於中共矮化中華民國之政策所致。中共在政策上，係假設中華民國已不存在，世界上只有一個中國，即中華人民共和國，台灣為其領土之一部分，中華民國政府為其地方性質之政府，因而有上述之繼承說法。然而，實際上並非如此，中華民國與中華人民共和國之關係絕非改朝換代，而係確確實實之兩個國家，彼此各有不同之管轄統治之領土與國民。在中國歷史上，有數國分治者，例如東周之春秋戰國、東漢之三國、西晉與五胡十六國、東晉與北魏、東晉亡後之南北朝、五代與遼、宋與夏、金、西遼、元等；有改朝換代者，例如夏、商、周、秦、漢、魏、晉、宋、齊、梁、陳、隋、唐、五代（後梁、後唐、後晉、後漢、後周）、宋、元、明、清、中華民國等。前者係諸國割據分治並存，並非改朝換代，縱然各國統治管轄區域及統治人民數目有變動，並無政府繼承問題，試問此等各不同時間分裂並存之各國，何國政府繼承何國政府乎？後者係前朝消滅，後朝繼立，始有前後朝代之政府繼承問題。

按「政府繼承」（government succession）與「國家繼承」（state succession）有別。「政府繼承」係一國內之政府與政府間之繼承，如上述之改朝換代，舊政府消滅，由新政府繼承舊政府之一切權利義務。中華人民共和國自中華民國分立後，中華民國繼續存在，僅土地、人民減少，而各統治管轄中國之一部分，即在中國內，確確實實存在兩個國際法上之國家，並非改朝換代。

　　「國家繼承」係國與國間之繼承，又有「全部國家繼承」（a total state succession）及「部分國家繼承」（a partial state succession）之別。依據《馬關條約》，滿清割讓臺灣與日本，即係部分國家繼承之適例；又如在一國內以和平或武力擁有部分領土，成立新國家，亦係繼承舊國家部分領土主權之部分國家繼承。中華人民共和國係以武力佔領中華民國之部分領土，即台澎金馬以外之大陸而另成立一個國家，其係部分國家繼承至爲顯然，殊非政府之不完全繼承也！

　　末就更改而言，所謂中華人民共和國更改中華民國《憲法》、國旗、國歌，毛澤東將中華民國更改爲中華人民共和國，或中共進入聯合國不更改原中華民國爲會員國之名稱云云，皆以假定中華民國不存在爲前提，因爲中華民國既存在，如何由第三者變更中華民國之《憲法》、國旗、國歌、國號？至於毛澤東變更中華民國爲中華人民共和國爲遺憾之語，事實上，縱其建國時仍稱爲中華民國，亦不能排除其未實質統治管轄台澎金馬之事實。國人竟遽附和稱中華人民共和國得以更改中華民國《憲法》、國旗、國歌、國號云云，顯屬欠察。

四、其他說法問題

　　（一）日本竊據台灣問題：[10]「竊據」係偷偷私自佔據之意。[11]

---

[10] 見《近代中國》，期148，頁18下欄4行、頁121下欄10行及末1行、頁125下

依據1895年中日《馬關條約》，滿清將台灣割讓與日本，該條約係在平等、公開商議下簽訂，然後日本統治台灣，不但在國際法上，且在事實上，均非竊據，故稱日本統治台灣爲竊據，顯與事實不符。但中國人心有不甘，仍強稱爲竊據，究其原因係出於情緒或理性，均對於該用語之不合事實不生影響。

　　㈡條約終止之效力問題：[12] 終止爲法律上用語，謂法律行爲自終止時起失其效力，如契約經終止者，契約自終止時起失其效力。終止與解除有別，解除係使法律行爲溯及法律行爲時失其效力，故契約經解除者，契約溯及訂約時失其效力，與自始未訂約同。1972年日本聲明終止1952年之《中日和約》，係屬於契約性條約，該條約所約定之國家間之權利義務關係，自經終止時起失其效力，並不能溯及訂約時失其效力，況且該條約已履行，故日本向中華民國表示放棄台灣主權之條款，尤無失其效力問題。至於法律不溯及既往原則，係指一般法律頒行時，如無明文特別規定，該法律之效力原則上不能溯及適用於該法律制定以前之行爲或事實，此與契約終止者，自終止時起失其效力之概念有異，前者係法律效力之起點，後者係契約效力之終點。[13]

欄7行及14行。

[11] 竊據：《辭源》上冊（台北：台灣商務印書館，1978.10），頁1580：史稱叛徒占據土地爲竊據（《唐書》，〈哥舒翰傳〉）。竊：私，偷。

[12] 見《近代中國》，期148，頁68上欄5行。

[13] 按契約爲當事人就具體標的以相對意思表示之合致而成立生效之雙方行爲，有私法上之民事契約、公法上之行政契約，以及契約性質之國際條約。法律係政治組織所制定具有強制性之抽象社會生活規範，有形式上的狹義的法律，係指

　　㈢條約與國際法之關係問題：[14] 條約係根據國際法簽訂而對兩國或更多國家具有約束力的契約或其他文件。國際法只適用於主權國家之間以及其他具有國際人格的實體之間的法律規約的總稱。〈國際法院規約〉第38條將國際法的主要造法方式歸結爲：條約、國際習慣法和爲各文明國家承認的一般法律原則。[15]

　　「條約」中之具有法律性質者，[16] 稱爲「法律性條約」（law-making treaties），即通常所謂之公約，爲國際法之重要法源；其就具體個案所簽訂具有契約性質者，稱爲「契約性條約」（contractual treaties），如中日《馬關條約》。換言之，法律性條約屬於國際法，契約性條約則非國際法，但係根據國際法訂定。

　　㈣主權與統治權、治權之關係問題：[17] 在政治學上，主權 具

有立法權之國家機關，依一定法定程序所制定之成文法，簡稱普通法律，另有實質的廣義的法律，係指包括狹義的法律及其他有立法權之機關或經其授權之機關，依一定法定程序所定之一切成文法，其效力高於普通法律者，即憲法，低於普通法律者，有法規命令及地方自治法規，等於普通法律者，有緊急命令及法律性質之國際條約。

14 見《近代中國》，期148，頁63 1行、頁67下欄10行、頁123上欄末5行。

15 《大不列顛百科全書》，第6冊（丹青圖書公司，1987.10），頁115。

16 條約：《大不列顛百科全書》，第14冊（台北：丹青圖書公司，1987.10），頁372，除了多邊條約和雙邊條約的區別以外，還有下列區別：1. 政治條約，諸如和平條約、割地條約；2. 商務條約，包括關稅、領事、捕魚、航運等協定；3. 規章性及行政條約，諸如設置及管理各種國際聯盟；4、有關刑法的條約，規定引渡逃犯的措施的條約；5. 有關民法的條約，諸如保護人權、商標、版權的公約；6. 制訂國際法規約條約。

17 見《近代中國》，期148，頁69上欄末3行、頁124上欄末1行及下欄1行。

有不同含義：[18] 1.統治權，如謂中華民國對於台灣具有主權；[19]
2.國家之最高權力，如謂主權在民；3.獨立自主，如謂主權為國
家之一要素；4.所有權，如謂日本將台灣主權移轉與中華民國。
治權係孫中山先生將政治上之權力劃分為政權及治權，前者為人
民之權，有選舉、罷免、創造、複決等四權，後者為政府之權，
有行政、立法、司法、考試、監察等五權。[20]

---

[18] 主權：《辭海》，上冊（台北：中華書局，1972.1），頁99："Sovereignty"——國
家之最高權力。自其對內之性質言，為支配之權力；自其對外之性質言，為排
除制約之權力。又通常引用為一般所有權之意，如云某物之主權屬某人。《辭
源》，上冊，頁67：國家之權力，言其體謂之主權，言其用謂之統治權。《中
國法律大辭典》（台北：大文化事業公司，1982.8），頁15：包含下列三種意
義：(1)是國家權力最高的意思；(2)是國家最高機關的地位的意思；(3)是國家統
治權的作用的意思。在三種意義之下，是常常被稱做統治權的。《大不列顛百
科全書》中文版第17冊，頁533："Sovereignty" 主權，它在各種政治學說中有
多種形式，諸如對內主權、對外主權、法律主權、民眾主權（意為一切權力來
自民眾）和有限主權。在國際法中，主權意味著國家的自主或獨立。只有國家
才能要求享有主權（不論是對內或對外主權）。對外主權的性質主要是不屈從
於外國的權威，對內主權在本國領導範圍之樹立起超乎任何個人或集團之上的
最終權威。

[19] 統治權：《辭海》，下冊，頁2252："Sovereignty power" 統治國家之權力，即治
者對被治者支配之權力。《辭源》，上冊，頁1645：統治國家之權力，詳統治
條。〔統治〕：以國家之主權經營國家之事業曰統治，即治者對於被治者之作
用也。《中國法律大辭典》，頁317，見〔主權〕條。

[20] 治權：《辭海》，上冊，頁1675：謂治國家之權，孫中山先生所倡之民權主
義，劃分政權與治權為二：以政權歸於人民，而治權賦諸政府，其權區別為
五：即立法權、行政權、司法權、考試權、監察權。《辭源》，上冊，頁
1217：對政權而言，言政府治理國家之權也。

　　㈤台灣人與中國人之關係問題：[21] 台灣人與中國人之關係，如同台灣與中國之關係。台灣自 1945 年起成爲中華民國領土之一部分，而中華民國自開國以來一向簡稱爲中國，故稱中華民國之人爲中國人，而後台灣人亦爲中華民國之人，故稱台灣人亦爲中國人。惟自 1949 年另成立中華人民共和國後，中華人民共和國亦簡稱爲中國，中華人民共和國之人亦稱爲中國人。換言之，從此以後，所謂中國有中華民國與中華人民共和國，所謂中國人有中華民國與中華人民共和國之人，猶如過去之德國，有西德與東德，德國人有西德人與東德人，又如現在之韓國，有南韓與北韓，韓國人有南韓人與北韓人。但是，中共製造、設計中華民國已消滅之假相，中華民國政府爲如過去之香港政府，係地方性質政府，並謂中國只有一個即係中華人民共和國，中國人即係中華人民共和國之人。又台獨爲自圓台灣國夢，竟認同中共之中華民國已被其取代而消滅或不存在，中國只有一個即中華人民共和國之政策論調，並視中華民國政府爲流亡政府，台灣地位未定，台灣爲亞細亞孤兒，甚至有稱中華人民共和國爲母國，而要公投自決獨立成立台灣國，乃導致台灣非屬於中國，台灣人非中國人之訴求結論。台灣固不屬於中華人民共和國，但屬於中華民國，台灣人固非中華人民共和國之中國人，但係中華民國之中國人。台獨否定台灣人爲中國人，難道所有台灣人之中華民國國籍及護照皆爲中華民國之戶籍人員及外交人員僞造者？台灣有千眞萬確之

---

[21] 見《近代中國》，期 148，頁 135 上欄末 1-2 行。

中華民國存在，台灣人爲堂堂正正之中華民國之人，亦簡稱中國人，此係事實，至於願意或不願意做中華民國或中華人民共和國之人，俱係別一問題，殊不能將主觀意願與客觀事實加以混淆！

㈥中華民國播遷台灣重建中央政府問題：[22] 中華民國播遷台灣時，政府雖曾較爲大幅度之改組，然非重建，如謂政府重建，易啓中華民國政府曾消滅之誤解。

最後尚欲贅言者，事實乃歷史之生命，歷史之記載如偏離事實，即非歷史。

因政治必立政策，而政策不論內政或外交，皆有其目的性之宣示。政治家爲達成其政策目標、希望甚至幻想，對於事實常加粉飾、僞裝、曲解、捏造，如上述有關《中日和約》歷史各種事實之說法問題。

故歷史家不能率隨政治家起舞，而應洞悉其詭辯，讓政策歸於政治，事實歸於歷史。

凡受過現代科學教育者，不論爲物質科學或社會科學，對於兩岸政治家竟將兩岸歷史事實，人民安危及雙贏原則排在一邊，而執迷於貫徹政策八股，玩弄外交，互相爭鬥，必至感疑惑不解。按事實勝於雄辯，尤其顯居弱勢之台灣，應珍視此最佳利器，作爲謀求兩岸雙贏之基礎。歷史家似猶有責憑其敏銳之歷史眼光，察往知來，喚醒兩岸政治家速秉兩岸歷史事實，人民安全福祉及雙贏時代潮流，共同努力完成千古大業，兩岸人民幸甚！

---

[22] 見《近代中國》，期148，頁126上欄末2行。

附二：

從中日和約看台灣主權歸屬[*]

梁黎尹　凃靜盈　謝明如　蘇桓禾

一、前言

　　「主權」概念自1648年之《巴發利亞條約》後，成為西方政治與國際法的主要思想。主權的概念爾後經過若干變遷，但其核心意義則一直包含著對內的「最高性」與對外的「獨立性」。[1] 詳言之，主權意指一個國家對於在一定界限內（territory）居住於內

---

*本文係拙文〈界定台灣主權歸屬的國際法 —— 簽訂於五十年前的《中日和約》〉撰寫之後，指導國立台灣師範大學歷史學系學生寫成，因有補充拙文之處，故附載於此。文中各同學負責的部分為：(1)背景：梁黎尹、凃靜盈；(2)中日和約簽訂過程：謝明如、蘇桓禾；(3)中華民國國家主權的實踐：謝明如；(4)結論：蘇桓禾。

[1] 張亞中，《兩岸主權論》（台北：揚智，1998年），序言V。

之人民（population），進行統治、支配的權利。此項權利對內優於任何其他權力，對外則獨立自主。本文意圖以台灣[2]及其住民作為討論主權的地域與人民。從國際法來看，近代明確規定台灣主權的讓與始於1895年的《馬關條約》。1895年4月17日，清朝依照淵源於歐洲的近代國際法，於日本的下關簽訂《馬關條約》，條約中第二條規定：台灣全島、澎湖列島及所有「權」永遠割讓與日本。此處的「權」在英文版指的是"full sovereignty"，日文版則是「主權」，這都清楚地指出台澎主權的永遠割讓，受與者則是日本。

第二次世界大戰後，日本戰敗，台灣主權又經歷了另一次的讓與。不過截至目前為止，兩岸思考台灣主權歸屬的基本根據都是《開羅宣言》。2000年5月21日，中華人民共和國國務院台灣辦事處就兩岸關係發表聲明時，引用《開羅宣言》，謂台灣於戰爭結束後「歸還中國」，再以國際只承認一個中國，而以中華人民共和國對於台灣有完全的法理基礎。這也是1993年8月31日中華人民共和國發表「台灣問題與中國統一白皮書」以來的一貫看法。1998年10月13日上海第二次辜汪會晤，辜引用《開羅宣言》、《波茨坦宣言》論述台灣乃歸屬中華民國。[3]然而依據國際

---

[2] 「台灣」一詞涵蓋的地域，因時代變遷而有不同。本文若無特別說明，則將其設定在《馬關條約》中所指稱的台灣本島、澎湖群島及其附屬島嶼。

[3] 參考2000年《一個中國的原則與台灣問題白皮書》與1993年《台灣問題與中國統一白皮書》；辜氏言論請參照〈二次辜汪會〉，《中時電子報》，1998年10月19日。

法，戰時的「宣言」乃至於投降文件，皆尚未確定戰勝國與戰敗國之間法律上的權利義務關係，須待共同締結和平條約之後始可依其發生法律關係。[4] 1952年4月28日，日本與中華民國代表在台北簽訂的《中日和約》，才是界定當前台灣主權歸屬的法理基礎。本文遂擬以《中日和約》的角度切入討論台灣主權的歸屬問題。

目前學界專書以《中日和約》為研究者有文化大學日本研究所余河青的碩士論文〈中日和平條約研究〉以及張龍吟所著〈中日和平條約簽訂過程回顧〉。余文與張文皆以《中日和約》的簽訂背景、交涉過程為主文，對於和約中關於台灣主權歸屬問題的討論較少。反倒是前駐日代表林金莖著《戰後中日關係與國際法》一書，有專章討論《中日和約》的效力問題，最後並對各界有關台灣主權歸屬的爭執作一總的回顧。彭明敏與黃昭堂著《台灣在國際法上的地位》一書則以法理面來討論台灣在國際法上之地位，不過關於《中日和約》其結論與林文不同，彭、黃以「領土」與「領域」之概念不同，認為《中日和約》並不足以作為台灣主權歸屬的最後法理依據，[5] 可見學界對於《中日和約》的效力問題認知仍然分歧。2002年4月28日，由中研院近史所與中國近代史學會舉辦的「《中日和約》五十週年學術座談會」意在以《中日和約》為論據釐清台灣主權歸屬。與會學者及外交人士陳錫

---

[4] 參考彭明敏、黃昭堂，《台灣在國際法上的地位》（台北：玉山，1995年），頁141-145。

[5] 同上，第五章《中日和約》部分。

藩、林金莖、陳鵬仁、林滿紅等指出1952年的《中日和約》已確定台澎主權交與中華民國，[6] 台灣主權未定之說無法成立。然當天台灣心會在同一主題下召開的座談會則以日本並未在《中日和約》中將台灣主權交給中華民國為由，主張台灣主權仍屬未定。[7] 同樣的論述依據竟導引出完全相反的論點，顯示在特殊國際情勢下簽訂的《中日和約》，確實隱含足以造成爭論的模糊空間。是以筆者認為，回歸《中日和約》的簽訂過程，從談判內容所呈現的設計理念解讀此約對台灣主權歸屬之定位，將能釐清《中日和約》對於解決台灣主權歸屬問題的效力。此外，由國民黨黨史會出版之《中華民國重要史料初編—對日抗戰時期（第四冊）》一書中，已詳錄簽約過程的外交部檔案，故擬以此為研究基礎，並旁及前人研究成果，先對《中日和約》的時代背景最一個綜合的交代，繼而探討中日雙方在簽約過程中對中華民國主權的爭執點與認知差異，俾以對本文之問題有所解決。

二、《中日和約》簽訂的時代背景

　　第二次世界大戰末期，冷戰體系逐漸形成。對美國而言，重新構思戰後國家政治的戰略佈局有其必要性，在情勢複雜的國際

---

[6] 參見〈台灣地位未定論／外交人事駁斥〉、〈學者研究 50年前《中日和約》已確定台灣主權歸屬〉，《中時電子報》，2002年4月29日。

[7] 參見〈台灣地位未定論／再生波瀾〉，《中時電子報》，2002年4月29日。

情勢裡掌握相當程度的主導權一直是戰後美國政府所追求的重要
目標，對日和約的交涉與簽訂便是在此背景之下逐漸形成。

（一）轉變中的遠東國際局勢

　　二次大戰後，美國在不願日本赤化、期許日本成為反共基地
的考量下，是以改變原先以嚴格執行波茨坦宣言為主的佔領政
策，轉而溫和地協助日本的經濟發展，並對日本共產勢力的擴張
加以遏止。[8] 1947年7月，美國更準備向遠東委員會成員各國提
議召開對日和約的籌備會議，欲越過中蘇，徹底排除蘇聯的影響
力，以獨攬對日之影響力。[9] 1949年中華人民共和國政權在中國
大陸建立，原代表中國的中華民國政權喪失在中國大陸地區「中
央政府」的地位，轉而只領有台、澎地區。1950年1月，美國總
統杜魯門（Harry S. Truman），宣告不介入台灣問題，不干涉當地
情勢，不給予軍事援助，實則代表其欲放棄中華民國，而親中華
人民共和國的意圖。1950年2月，中蘇友好同盟條約簽訂，昭示
著共產勢力的聯合與壯大。同年6月，韓戰爆發，美國總統杜魯
門為了避免國共雙方趁亂開打，導致戰火蔓延到朝鮮半島以外地
區，台灣地位因而被杜魯門宣告中立化，以作為第七艦隊協防台
灣的正當理由。10月，中華人民共和國正式介入戰局與美方對

---

[8] 參考陳水逢，《日本近代史》（台北：中華大典編印會印行，1968年），頁631-
　633。

[9] 參考黃自進，〈戰後日本的對華政策：以《中日和約》為例的探討〉，《中日
　和約》五十週年座談會，《近代中國》，第148期（2002年4月25日），頁4。

峙，一方面中共開始批評美國介入韓國和台灣問題，另一方面美國則欲聯合其他國家在聯合國上抵制中共，將其視爲侵略者，並加快對日和約的籌備。除了提早結束日本的佔領政策，使其早日恢復獨立，以扶植其成爲美國在韓戰的後勤補給基地外，美國政府更基於圍堵共產陣營和防止台灣落入中共之手的理由，決定暫時凍結台灣地位。

（二）對日和約與中國問題

爲了台灣中立化政策的合理性，杜魯門政府以台灣在二次大戰前爲日本殖民地，其法律地位在對日和約未簽訂前，並無定論，而美國作爲盟國對日本之佔領國，即有「義務」和「權力」在台灣歸屬問題解決前，防止共黨佔領台灣。[10] 台灣海峽中立化政策逐使得台灣問題與對日媾和問題相連結。職是之故，欲釐清台灣地位歸屬問題，確實有將戰後盟國對日媾和的過程作一清楚交代之必要：

1.台灣歸屬問題：

1950年10月20日，美國國務院顧問杜勒斯（John Foster Dullas）在聯合國總部會見中華民國大使顧維鈞，即表示美國決定暫時凍結台灣地位的歸屬，「凍結台灣島地位，即是維持中國

---

[10] 參考張淑雅，〈杜勒斯與對日媾和中的台灣問題1950-1952〉，《中華民國史專題論文集第三屆討論會》（台北：國史館，1992年），頁2。

中華民國政府地位」，若中華民國政府堅持台灣爲中國領土，則
「美之派遣第七艦隊保台，及自取領導地位，出爲主持此案，亦
將失去根據」，[11] 徒然授予中共和蘇聯譴責美國干涉中國內政之
口實。根據美方的設計，對日和約內「只須日本放棄台灣、高
麗、薩哈連難半島即千島之一切權利，至各該領土應如何處置，
日本不必過問」，[12] 此即戰後至今「台灣法律地位未定論」之來
源。考究美國設計此一論點之目的，是爲了圍堵共產黨陣營和防
止台灣落入中共手中的外交策略。質言之，暫時凍結台灣地位，
美國確實可以在瞬息萬變的亞洲國際情勢中確保外交政策之彈
性，這就是美國將台灣歸屬問題列爲懸案的理由。

　　對於此一設計，實際領有台、澎地區的中華民國政府雖不表
贊同，但在兩岸對峙下岌岌可危，勢非賴美國難以自存的情勢
下，只好接受美英妥協，在和會約文中僅提日本放棄台澎，不談
歸屬，遂成定局。由上可知，舊金山和約第二條第二款「日本茲
放棄其對台灣及澎湖群島之一切權利、權利名義與要求」之規
定，是在台灣的中華民國政府與美國杜魯門政府高度默契下的產
物：美國對於中華民國政府佔有台澎地區並無異議，但爲避免協
防台灣成爲中共干涉中國內政之口實，遂不得不在對日和約中作
此設計。

---

11 參考《金山和約與《中日和約》的關係》（台北：中華民國外交問題研究會，
　1966年），頁6。
12 同上，頁17。

2. 中國參與盟國對日和約問題：

在對日媾和會議中，與中國最息息相關的問題是，究竟是中共或中華民國政府得以代表中國在盟國對日和約上簽字？台灣的歸屬為何？雖然在台灣的中華民國政府認為自己對日作戰最久，犧牲最大，而其本身領導對日抗戰勝利，也仍為大多數對日宣戰的國家所承認，並在盟國駐日遠東委員會（Far Eastern Commission）中代表中國政府，因而以平等的地位參加盟國對日和約絕無問題。[13] 但正如美國公使藍欽（Karl L. Rankin）所言，哪些國家可在對日和約上簽字，實為「政治問題」，非關權利。[14]

對日媾和會議（即舊金山和會）是美英兩國具名邀請的聯合國其他成員國的對日媾和會議，然此兩大主辦國在海峽兩岸政府究竟誰具有中國代表權的問題上始終無法達成協議。英對於大陸貿易向來存有幻想，認為只有姑息中共始能保持香港與中國大陸之商業利益，同時英國又懼怕美國之聯日與在台之中華民國政府會威脅其在東南亞之商業利益，[15] 基於爭取貿易之理由，逐率先承認中共政權，並積極擬議邀請中共以中國代表之身分參與舊金山和會。而美則著眼於韓戰戰事的進行以及圍堵共產勢力的發展，雖未堅持中華民國政府必須參加對日和約或在和約上簽字，

---

[13] 參考秦孝儀主編，《中華民國重要史料初編：對日抗戰時期，第七編，戰後中國》(台北：中央文物供應社，1981)，第四冊，頁724。

[14] 秦孝儀主編，前引書，頁720。

[15] 參考余河青，《中日和平條約之研究》，（台北：中國文化大學日本研究所碩士論文，1970年），頁13。

但亦表明絕對無意邀請中共參加。不過爲爭取遠東委員會裡英磅集團之票源，美國只好進一步與英國折衝交涉。[16] 最後雙方就中國參與問題達成協議，即不邀請國、共參加盟國的對日和約，但和約中將包含一條款：允許日本在多國和約簽訂後，與參與多國和約的作戰國簽訂與多國和約類似的「雙邊和約」，並允許日本在恢復主權後，自行決定與哪一個中國政府簽訂雙邊和約。[17]

在對中國參與問題達成共識後，有關媾和條約的實質問題，美國提出媾和七原則與聯合國各會員國折衝協商，終於得出最後條約草案。基本上，美國在1947年東西冷戰對抗體系日趨成熟之際，就決定在對日問題上決不允許蘇聯插手。所以美國在安排舊金山會議時，自始即無意與蘇聯協議。由於1951年9月4日在舊金山歌劇院所召開的對日會議，參與國只有行使簽署的贊成權，而不得對議和內容有任何的變更。[18] 在美國的安排下，蘇聯雖然對於中共與會、台澎交還中共等議題有所堅持，也只能退席以抗議。最後，舊金山和會在蘇聯、波蘭、南斯拉夫的抗議退席下，日本與出席的48個國家簽訂和約。

---

[16] 時遠東委員會中，大英國協的會員國(印、巴基斯坦、加、澳、紐及緬及其本身)即超過半數以上，因此只要美國得到英國合作，凡事皆可獲得三分之二的同意。

[17] 張淑雅，前引書，頁4。即《金山和約》中第二十六條規定。

[18] 參考林金莖，《戰後中日關係之實證研究》(台北：中日關係研究會，1984年)，頁100。

3. 《中日和約》交涉前的波折

在多國條約簽訂後，美國繼而促日本簽定與中華民國的雙邊和約。對日本而言，韓戰的爆發是其從戰敗國地位爬升的重要關鍵。日本當然知悉自己在美國總體戰略中的必要性，儘管此時仍不能擺脫以美國為中心的限制，但也在美英、美蘇競爭中求取空間，以爭取自己更多的利益。日本無意與中共為敵，期盼與海峽兩岸之中國政府皆能維持經貿關係，自然希望利用這個難得的機會，謀求更多的外交自主空間。此一時期吉田茂內閣的外交主軸為「倡導英美協調」，[19] 即以等待英美兩國對華政策一致為由，拖延與中華民國政府進行和約談判，同時也利用此一模糊空間，企圖與中共建立外交管道。舊金山和約簽訂後，日本無意信守諾言與中華民國講和，美國異常不滿，為了勸導日本就範，美國兵分三路分別向中華民國政府、英國與日本協商。美國首先與中華民國政府取得共識，要中華民國政府提出一「條約限定範圍」條款，「不以中國權領土主權代表自居，而將領土主權限於現正支配以及可能將來支配的領域」，[20] 並以此「有限主權論」說服英國不要反對中華民國政府與日本之間的談判。由於美國政府向參議院提出對日和平條約批准案時，議員不論共和、民主兩黨均以支持中華民國為多，美國國會遂以杯葛對日和平條約之批准為理由，要求日本儘速與中華民國政府締結和平條約，否則美國將持

---

[19] 黃自進，前引書，頁6。

[20] 秦孝儀主編，前引書，頁754-755。

續對日本進行軍事佔領。日本政府在美國的壓力下，首相吉田茂以書函致美杜勒斯（John Foster Dullas）特使，函中表明「日本無意與中共締結雙邊條約」，保證「日本根據舊金山條約所提示之各項原則，準備跟中華民國政府恢復正常關係」。同時函中亦表明「中日兩國間之條約，適用於目前中華民國政府所控制之領土，以及今後所控制的一切領土」[21] 而提出了所謂有限媾和方針。此即著名的「吉田書簡」。「吉田書簡」在美國參議院公布後，中華民國政府表達了歡迎之意，並同意中日兩國即刻進行簽約談判。中日雙方代表於1952年2月20日，正式在台北展開談判。

　　就法律觀點而言，台灣法理地位引起爭論的主因，乃因日本在多邊與雙邊和約中，雖聲明放棄對於台、澎的主權，但卻未明言其所放棄之主權，應由何國所繼承。一般來說，領土主權之轉移，尤其是和約中有關戰勝國與戰敗國領土主權之轉讓，都會將放棄者與受讓者在領土條款中明白規定出來。但誠如上述《中日和約》簽訂背景分析所言，台灣主權歸屬並非中國內部問題，而是國際問題。順著《開羅宣言》、《波茨坦宣言》、《日本受降書》、中華民國接收台澎地區、各國均無異議等歷史脈絡下來，台灣主權歸屬於中華民國應無疑義。然而1949年擁有遠東委員會中國代表權的中華民國政府喪失中國本土「中央政府」的地位，緊接著韓戰爆發，以美國為主導的民主集團為貫徹其共產圍堵政策，採台灣海峽中立政策以拒共產勢力南下，冷戰體系儼然形

---

[21] 秦孝儀主編，前引書，頁770-771。

成。在此之際，盟國內對於台灣與澎湖的最後歸屬問題，是否依照《開羅宣言》的規定，歸諸在台灣的中華民國，始終無法獲得協議，故只好將問題留待時間來解決，並採取一種不危及各國未來政策的處理方式，不在舊金山和約中言明台灣主權之歸屬遂成定局。可以說，台灣歸屬問題在1950年韓戰爆發前不是一個問題，而所以會成為一個問題，實與冷戰體系下瞬息萬變的遠東情勢有關。以舊金山和約為母約的《中日和約》，雖和舊金山和約一樣，只言日本放棄、未直接明言台灣主權歸屬，但我們仍可從其他處理戰後實際問題的條款中看出日本「默示轉移」台灣主權歸屬於中華民國的意圖。

三、《中日和約》的簽訂過程

綜觀中日和會之談判記錄，雙方主要的爭執點有四：㈠領土與和約適用範圍之界定，㈡賠償問題，㈢最惠國待遇之給予，㈣偽政權財產之歸還。其爭執根源來自雙方對中華民國領土主權之認知差異。由於當時日本在野黨主張與中共締結和平條約，而其政府雖在美國壓力下選擇以中華民國政府為簽約對手，但為保留日後與中共發展關係之可能，故在談判過程中，日方極力堅持將和約適用範圍限於「中華民國政府控制下及將來在其控制下之領土」[22] 的有限媾和方針。在冷戰情勢的戰略佈局下，此立場亦獲

---

22 秦孝儀主編，前引書，頁771。

得美國之諒解，[23] 然則與堅持領有中國全部領土主權的中華民國有根本上的不同。[24] 在國際局勢有利於日本的情況下，終使日方得以採用劃分「政府承認」與「領土承認」之設計，逃避中日雙方立場之矛盾，而此設計首見於日方對和約適用性原則[25] 之堅持。

　　始自談判之初，日方即明示以簡潔、適用性、互惠為簽約之基本原則，[26] 且以興論反對及不願開罪英國為由要求擱置和約名稱，其後雖在中方堅持下妥協，然已可看出日方在簽約伊始即不願承認中華民國政府為「中國正統政權」之態度。正如吉田首相於締約前夕答覆國會之質詢所言：「與台灣政府締約並非認為對方代表中國……而是根據其在某些地區握有統治權之事實……」。[27] 換言之，以承認中華民國政府為前提與之訂定國際性條約，卻不承認對方所宣稱之領土主權，尤有甚者，日本並不認為中華民國政府代表中國，其矛盾處則欲以適用性原則作為解決之手段。然此原則不但不違反中華民國領有台澎主權之立場，反進

---

[23] 林金莖，前引書，頁120-121。

[24] 中華民國對日媾和之基本原則有三：(1)維持與各盟國平等之地位，(2)中日雙邊和約應與舊金山和約大體相同，(3)日本必須承認中華民國政府對中國全部領土之主權。參見秦孝儀主編，前引書，頁1072。

[25] 本文所稱之「適用性原則」，意指吉田書簡中所表述的有限媾和方針：「中日兩國間之條約，適用於目前中民國政府所控制之領土，以及今後所控制之一切領土」。

[26] 〈中日和會第一次非正式會議簡要記錄〉，同上書，頁811。

[27] 參考《金山和約與《中日和約》的關係》（台北：中華民國外交問題研究會，1963年），頁208。

一步強化台灣歸屬中華民國之法理性。蓋雙方對於條約適用範圍之爭論中，日方不斷強調此約適用範圍限於「現實可能適用之地區」，[28] 亦即中華民國事實統治下之台澎，不過中國則要求日方承認其在「全部領土」之主權。換言之，雙方對中華民國領土範圍的認知差異原不在台澎而在中共統治的大陸地區。此原則最終在《中日和約》照會第一號中獲得法理之確立：「本約各款關於中華民國之一方，應適用於現在中華民國政府控制下或（及）將來在其控制下之領土」。[29] 根據此項了解，《中日和約》雖在中日美三方默契下未明言台澎主權之歸屬，然已確定台澎爲中華民國政府控制下之領土，並於和約第三條「……中華民國當局及其居民（包括法人）……」、第十條「中華民國國民應認爲包括依照中華民國在台灣及澎湖所已施行或將來可能施行之法律規章，而具有中國國籍之一切台灣及澎湖居民……」及議定書第二項（丁）款（子）節「中華民國之船舶應認爲包括依照中華民國在台灣及澎湖所已施行或將來可能施行之法律規章所登記之一切船舶」中，再次證明台澎主權屬於中華民國。因領土（Territory）之意乃含括土地及其上之人民與資源，而主權則需依附於領土之上。[30] 代表簽訂《中日和約》的外交部長葉公超在 1952 年 7 月 16

---

[28] 《中華民國重要史料初編—對日抗戰時期（第四冊）》（國民黨黨史會，1981 年 9 月初版），頁 820。

[29] 同上書，頁 1067。

[30] 參考林滿紅，〈界定台灣主權歸屬的國際法—簽訂於五十年前的《中日和約》〉，《中日和約》五十週年學術座談會，《近代中國》，第 148 期（2002 年 4 月 25 日），頁 70-71。

日向立法院所提出之補充說明中亦闡釋：「第十條規定台澎人民
及法人之地位，為金山和約所無，但其對我重要性甚大」，因
「金山和約及《中日和約》均未明訂台澎之歸屬，故有此項補充之
必要」。[31] 質言之，此項條款設計已在不違背美方的期望下，解
決台澎歸屬問題。許世楷於〈新生國家理論的提倡〉一文中以
「中華民國要求日本表明將台灣交給中華民國，但是日本堅持依
照舊金山和約只記載放棄台灣」，凸顯了台灣國際地位的未定。[32]
實則在《中日和約》的簽訂過程中，中方始終尊重與美方間的共
識而未曾要求日方表明將台灣主權交給中華民國，[33] 唯在其餘條
款中，已從主權的實際面確認台澎主權之歸屬。

　　次為賠償問題之處理。根據金山和約對賠償之規定有二：一
為勞務補償，一為日本及其人民在盟國境內之財產聽任盟國處
分。中方為取得與其他盟國同等之地位，一開始對日方應負之賠
償義務極為堅持，其後則以日方接受其他條款為條件自動放棄勞
務補償，[34] 是以中方所取得的賠償僅餘中華民國轄下之日本國資
產。對此權利之規定載於《中日和約》同意記錄第四項中：「日

---

[31] 同註8，頁1076。

[32] 許世楷，〈新生國家理論的提倡〉（台灣獨立建國聯盟網站：http://www.wufi.
org.tw/，2002年4月29日）。

[33] 我方所提出的和約初稿中對於台澎領土之條款即同日後定稿所規定：「日本國
放棄其對於台灣及澎湖群島之一切權利、權利名義與要求」，而未寫出「歸屬
於中華民國」之字樣，其間顯示中美日三方高度的默契，而非如外界所臆測歷
經「要求」與「拒絕」之過程。

[34] 參考〈中日和會第八次非正式會議記錄〉，同註8，頁899。

本國尚須給予中華民國之唯一利益，即為金山和約第十四條甲項
第二款所規定之日本國在其本國外之資產」。此條款與偽政權在
日財產之歸還併以同意記錄的方式表述，乃為避免日本國會之杯
葛。[35] 在交涉過程中，雙方對於後者的爭執尤烈，而前者則因處
理過程須與實際管轄之領土配合，且其文字表述與適用性原則並
不相悖，故所經歷之折衝較少。不過，在交涉處理偽政權財產過
程中發生的爭執，其因在於日本不欲歸還偽政權財產而引發中華
民國政府主權是否涵蓋大陸的問題，而台灣並無偽政權組織或其
財產，故處理其財產問題則會涉及到大陸主權歸屬的問題，對此
日本的立場則相當明顯，「偽政權財產之歸還，需俟貴國政府返
回大陸後，始可商議決定」。[36] 然而，日方在賠償問題交涉之
初，曾提出以「留在大陸之財產充作賠償」[37] 作為取消勞務補償
之藉口。日本立場顯然前後矛盾，亦顯示出日本在以適用範圍原
則化解雙方對領土範圍的歧見之外，還進一步利用中華民國政府
急於宣示其主權完整之心態，以爭取更有利的條件。故所謂的適
用範圍「原則」，實為依交涉情況而隨時可調整原則的彈性「策
略」。有鑑於此，對於實際領地僅限於台澎的中華民國，日方的
態度是承認其有代表中國的「名分」，至於「領土」承認則就現
實利害作策略性調整。

　　最後是最惠國待遇的問題，誠如葉公超部長於立法院所補充

---

35 參考〈中日和會第十四次非正式會議記錄〉，同註8，頁1010。

36 參考〈中日和會第十七次非正式會議記錄〉，同註8，頁1038。

37 參考〈中日和會第七次非正式會議記錄〉，同註8，頁890。

說明，《中日和約》第十一條之作用在於確保我國之盟國地位。
然該條文經過多次修改，最終接受日方約稿，其條文內容爲「第
十一條：除本約及其補充文件另有規定外，凡在中華民國與日本
國間因戰爭狀態存在之結果，而引起之任何問題，均應依照金山
和約之有關規定予以解決」。此條文已與中華民國政府本意相去
甚遠，將中華民國所能享有的優惠侷限在因戰爭所引起的問題
上，而非「一體均沾」的最惠國待遇。質言之，中華民國並不能
享有其他盟國所擁有的最惠國待遇，《中日和約》亦沒有達到確
保中華民國與盟國之國際地位平等的目標。顯然日本即使承認中
華民國政府，亦未將中華民國與其他盟國等同視之。此再次證明
日本利用中華民國政府對《中日和約》重視之心態，爲其本身爭
取更多的利益。

　　綜觀和約簽訂過程，日本以分割政府承認與領土承認的設計
昭然若揭，其中，關於領土承認則可分爲大陸地區與台澎地區，
於條文第二條明文放棄台澎領土，另於第一號換文中以「或其將
來在其控制下之全部領土」間接否認中華民國的大陸領土。此設
計未明言台澎之歸屬，也未承認大陸主權歸屬，雖是如此，卻不
影響中華民國實際領有之領土。因「國家領土即爲國家行使主權
的空間」，換言之，「需具備一定的領土才能成爲國家」，[38] 故承
認中華民國之國格即等於承認其轄下之領土。事實上，因中華民
國政府堅持其領有未管轄下的大陸主權而給予日本將領土與主權

---

[38] 王鐵崖等著，前引書，頁157。

分割處理的空間，日本也確實分割處理中華民國的大陸領土與主
權及台澎的領土與主權，然其立場乃擱置中華民國對大陸的主權
與領土，而承認對台澎的主權與領土。此可理解為：日本承認領
有台澎主權的中華民國政府，而否認中華民國為代表全中國之政
府。換言之，否認中華民國為代表全中國之政府，並不影響中華
民國為領有台澎之合法政府的事實。

四、中華民國國家主權的實踐

　　由上述《中日和約》的背景與簽訂過程中明顯可見，台澎主
權歸屬之所以成為統獨兩派爭論不休的議題，導因於美國在冷戰
局勢下刻意將台灣中立化的戰略佈局。此策略於《中日和約》談
判過程的適用性原則下落實，而台澎即是所謂適用性原則之基
礎，故中華民國領有台澎主權早已為日方所承認，並在條約中確
認中華民國政府享有對台澎之主權權利。然此約因未能符合中華
民國名義上領有大陸主權之願望，故長久以來政府皆以戰時之
《開羅宣言》作為台灣歸還中華民國之法理依據，忽略了戰後的
和平條約──《中日和約》──才是界定台灣主權歸屬於中華民
國的國際法。弔詭的是，中華人民共和國之所以宣稱台灣為中國
的一部分，亦以《開羅宣言》規定台灣應「歸還中國」為基礎，[39]
再以中華人民共和國代表中國，進一步否定中華民國在台澎實踐

---

[39] 參考《一個中國的原則與台灣問題白皮書》，2000 年 2 月 21 日。

其國家主權的法理與事實。中華民國是主權獨立的國家，在台澎領土上行使其對內與對外事物的主權權利，除了有《中日和約》為其法理基礎外，國家權利的行使也足以佐證領有台澎的中華民國，其國家主權不容質疑。

　　根據中華民國憲法第三條：「具有中華民國國籍者為中華民國國民」；《中日和約》第十條：「中華民國國民應認為包括依照中華民國在台灣及澎湖所已施行或將來可能施行之法律規章，而具有中國國籍之一切台灣及澎湖居民，及前屬台灣及澎湖之居民及其後裔」。由於國籍是以人民的角度界定主權之行使對象，國籍移轉即代表了主權移轉。[40] 相對於中華人民共和國憲法第二十三條：「凡具有中華人民共和國國籍的人為中華人民共和國國民」，今台澎居民之國籍為中華民國，一方面證明台澎主權屬於中華民國，一方面也否定了「台灣為中華人民共和國的一部分」之謬論。又根據中華人民共和國於1980年修訂之國籍法中拒絕承認雙重國籍，因此其處理國籍問題的態度是「取得中華民國國籍者，以同樣的資格或條件，不具有中華人民共和國國籍」。[41] 則於台澎行使其管轄權的中華民國具有等同於中華人民共和國的國家定位，在兩岸的國籍認定上，已甚明瞭。

　　其次，台商赴大陸投資，其地位始終等同於外商，此亦是台澎主權屬於中華民國而不屬於中華人民共和國之實際面呈現。以

---

[40] 林滿紅，前引文，頁67。

[41] 王泰銓，《當前兩岸法律問題分析》（台北：五南，1997年6月初版），頁29。

中央公布之法規而言，1986年，《鼓勵外商投資規定》適用於台商；1990年，《關於鼓勵華僑和香港澳門同胞投資的規定》，台商可「參照執行國家有關涉外經濟法律、法規之規定，享受相應的外商投資企業待遇」；[42] 復參考地方性法規對台商地位之界定，亦是將台商等同外商處理。例如《寧夏回族自治區鼓勵外商投資規定》第二條清楚寫明：本條例適用於「台灣的公司企業、經濟組織和個人在本自治區境內投資設立的……企業」；《天津市鼓勵外商投資高新技術研究開發和產業化項目暫行規定》第三條亦闡明此規定適用於「台灣的金融機構、基金、公司等經濟組織或個人」。台商企業不屬於中華人民共和國的「國內投資」而是「外商投資」，適用於「涉外法規」，正如台灣割予日本後，其商船需比照外國船進入「海關」而不能進入「中國常關」一般，用意皆在確保其國家主權與國民權利。今大陸仍不斷宣稱台灣為其一「省」，只是延續過去國共內戰的意識形態鬥爭，實則中共之管轄權從未及於台澎，台澎居民也從未領受中共治下的公民享有之權利與義務。台澎居民領有中華民國國籍，基於中華民國憲法，納稅給中華民國政府，為中華民國政府服兵役；同樣的，大陸居民基於中華人民共和國憲法，負有向中華人民共和國納稅與服兵役之義務。既然中共行使的主權權利未及於台灣，[43] 則中共

---

42 同上，頁161。

43 所謂「主權權利」乃指一個國家或政府在國內和國際間行使國家行為的權利及能力。參考鄭海麟，《台灣問題考驗中國人的智慧》（香港：海峽兩岸關係研究中心，2004年4月），頁8。

宣稱台灣為其領土不但於法不合，亦悖於事實。

　　一言以蔽之，「主權」需有法理與實際的統轄權作基礎，而非依利益考量任憑己意解釋。長期以來，兩岸關係為國共關係之延續，雙邊在「收復大陸」與「收復台灣」的精神喊話下，導致「主權」的概念含混不清。然台灣自解嚴以來已走出內戰之思考格局，轉而強調中華民國與中華人民共和國為對等之政治實體，且基於法理與事實，為主權獨立之國家。反觀中共則仍未拋棄意識型態，尚以不具主權移轉效力之《開羅宣言》作為領有台澎之法理依據，唯在利益於己未合時，則回歸中華民國領有台澎主權之事實。視台商為外商以保護本土產業之例已如上述，而今年（2002年）4月美國向中共求償1913年中華民國政府發行之公債時，中共駐華府官員則宣稱此公債是「台灣政府所發行」，所以「中國政府沒有責任償還」。[44] 因此中共對於國家主權的態度是跟隨利益所在而漂移的，根本缺乏明確清晰的現代國際法觀念。此外，中國開始接觸西方的法律觀始於清末，而中共至今仍時以民族主義、文化論述堅持「台灣是中國的一部分」。[45] 以「民族情感」先於「法律基礎」之論述邏輯，顯示中共對於主權、領土之法律概念尚未跟上現代法學的腳步。

---

[44] 〈89年前政府公債／扯上兩岸主權爭議〉，《中國時報》第11版，2002年4月9日。

[45] 參考《一個中國的原則與台灣問題白皮書》，2000年2月21日。

五、結論

（一）台灣問題實為國際問題而非中國內部問題

　　本文指出台灣問題的形成源自1950年韓戰的爆發，台灣歸屬問題在1950年韓戰爆發前不是一個問題，當時美國已準備放棄在台灣的中華民國，然韓戰爆發之後，美國遠東政策轉變成阻止共產勢力的擴張，其對台政策也轉為中立，進而凍結台澎地位。究其目的是為使美國本身的遠東政策趨於彈性，此政策促使台澎地位歸屬成為問題。而其後所簽署的《舊金山和約》與《中日和約》則在凍結台澎歸屬之架構下完成，因此，台澎地位歸屬乃是國際情勢所造成的問題，而非中國內戰的結果。其實，台灣雖因《馬關條約》而割讓給日本，但日本親台之心早在明治時期便已形成，當時日本的領導分子包括伊藤博文在內，大多受業於吉田松蔭，而吉田松蔭即主張佔領包括台灣在內的東太平洋弧形島嶼群，以為抗拒歐美軍事勢力的防波堤。[46] 除此之外，日本與台灣的經濟關係也是重要因素，明治維新之後，隨著經濟繁榮，對台糖的需求量更為增加，故趁1895年甲午戰爭的勝利索取台灣。[47] 有鑑於此，台澎問題自1895年起即為國際問題，《開羅宣言》與

---

[46] 梁華璜，〈日本併吞台灣的醞釀及其動機〉《國立成功大學歷史學系學報》第1號（1974年7月），頁141、161引《吉田松蔭文集》。

[47] 林滿紅，〈光復以前台灣對外貿易之演變〉，頁57。

《波茨坦宣言》亦爲國際政策之宣示，《舊金山和約》與《中日和約》更是在美國爲因應共產勢力所主導下的產物，凡與台灣歸屬相關的條約與文件皆表明台灣問題乃國際問題，而非中國內部問題。

（二）《中日和約》已界定台澎主權歸屬

如前文所述，台灣問題既爲國際問題，便需透過國際條約予以解決。1945年中華民國雖已接受日本投降，並在台灣設有行政長官公署治理，但此時台灣主權仍屬於日本，中國必須與日本另訂條約方能重新界定台灣主權，[48] 英國政府於1946年曾致函中華民國駐英使館：「關於台灣島之移轉中國事，英國政府以爲仍應按照1943年12月1日之《開羅宣言》。同盟國該項宣言之意不能自身將台灣主權由日本移轉中國，應候與日本訂立和平條約。……」[49] 其所言「與日本訂立和平條約」便是1952年於台北簽訂的《中日和約》。中日雙方簽訂的《中日和約》便是解決台澎主權歸屬的國際條約，日本因《馬關條約》而從中國得到台灣，於《舊金山和約》及《中日和約》明言放棄台澎一切權利，其中，《中日和約》的中國則是由在台灣的中華民國爲代表，故《中日和約》實已解決台澎主權歸屬的問題。另外，亦可從《中日和約》第三

---

[48] 參考林滿紅，〈界定台灣主權歸屬的國際法——簽訂於五十年前的《中日和約》〉，《中日和約》五十週年學術座談會，《近代中國》，第148期（2002年4月25日），頁64-66。

[49] 《外交部檔案》，外交部亞東司收文字第5449號。

條、第十條等對其實施對象與範圍的規範,確立台澎主權已轉移中華民國之事實。本文第三節即從《中日和約》簽訂過程所引發的爭論,探討《中日和約》的影響,並闡明日本利用分割政府承認與領土承認的方式處理中華民國的領土與主權問題。《中日和約》的簽訂,同時也表明日本委婉否認中華民國對大陸領土與主權的宣示,但並不影響中華民國實際領有之領土,因「國家領土即為國家行使主權的空間」,故承認中華民國之國格即等於承認其轄下之領土。換言之,日本承認領有台澎主權的中華民國政府,而否認中華民國為代表全中國之政府,而後者並不影響前者之事實。

其實,日本與中華民國政府雙方對領土範圍的認知差異原不在台澎,而在中共統治的大陸地區,因此,於和約第十條(有關和約實施對象)及照會第一號(對和約適用範圍的規定)皆已表明台澎主權實屬於中華民國。如今,台澎地區也於中華民國的統治之下歷經五十餘年,台澎地區的居民前往大陸投資亦被視為外商,台商適用於《鼓勵外商投資規定》等中央法規,各地政府也多以外商身分對待台商,這種情形彷若清末台灣割讓日本之後,台籍商船需比照外國船進入「海關」而不能進入「中國常關」一般。台灣與大陸的關係如何,從現實操作面已顯而易見,實不需太多的政治立場介入。大陸當局常言:「台灣問題是中國內戰遺留的問題,迄今兩岸敵對狀態並未結束」,[50] 顯然大陸當局並未

---

[50] 參考《一個中國的原則與台灣問題白皮書》,2000 年 2 月 21 日。

跳脫以中國空間為框架的思考模式，並且也缺乏尊重法律規範的契約關係。[51] 如本文所言，台灣人民與領土的主權歸屬，是由1895年的《馬關條約》、1943年的《開羅宣言》、1945年的《波茨坦宣言》及1952年的《中日和約》等國際條約或國際宣言所界定，而非中國內戰遺留的問題。在這些國際法規範下，台灣人民與領土的主權歸屬與中國大陸有別已約百年，而不是國民黨與共產黨分別統治的五十年[52]。本文呼籲台灣主權歸屬的爭論應回歸實際面予以解決，無論是從現實的操作，或是從國際條約的規範切入，台澎主權歸屬中華民國已是不容置疑的事實。

六、參考書目

一、報紙

1. 《中國時報》
2. 《中時電子報》

二、專著

1. 《一個中國的原則與台灣問題白皮書》（中共國務院臺灣事務辦事處，2000年2月21日）。

---

[51] 參考林滿紅，〈台灣海峽兩岸歷史關係的誤解與紓解〉，《歷史月刊》，2001年11月號；本文曾以日文刊登於日本《世界》雜誌2001年6月號。

[52] 同上。

2. 《金山和約與《中日和約》的關係》（中華民國外交問題研究會，1966年）。

3. 王泰銓著，《當前兩岸法律問題分析》（台北：五南，1997年6月初版）。

4. 王鐵崖、王人傑著，《國際法》（台北：五南，19952年5月初版）。

5. 石之瑜，《中共外交理論與實踐》（台北：三民，1994年）。

6. 石之瑜，《人性與中國主權》（台北：世界，1995年）。

7. 石之瑜，《兩岸關係概論》（台北：揚智，1998年）。

8. 石之瑜、李念祖等著，《規範兩岸關係》（台北：五南，1992年）。

9. 石兆佐，《分裂國家的法律地位》（台北：國立政治大學外交研究所碩士論文，1979年）。

10. 行政院大陸委員會，《台海兩岸關係說明書》（台北：行政院，1994年7月5日）。

11. 李少軍、尚建新譯，《西方政治思想史》（台北：桂冠，1992年）。

12. 沈正彥，《兩岸主權問題研究》，（高雄：國立中山大學大陸研究所碩士論文，2000年）。

13. 余河青，《中日和平條約之研究》，（台北：私立中國文化學院日本研究所碩士論文，1970年）。

14. 丘宏達，《現代國際法參考文件》（台北：三民，1996年）。

15. 丘宏達，《現代國際法》（台北：三民，1998年）。

16. 林金莖，《戰後中日關係之實證研究》（台北：中日關係研究會，1984年）。

17. 林金莖，《戰後中日關係與國際法》（台北：中日關係研究會，1987年）。

18. 姜皇池，《國際法與台灣——歷史考察與法律評估》（台北：學林文化事業出版社，2000年）。

19. 秦孝儀主編，《中華民國重要史料初編：對日抗戰時期‧第七編‧戰後中國‧第四冊》（台北：中央文物供應社，1981年）。

20. 張士丞，《我國對台澎主權的法理依據》（台北：中央文物供應社，1971年）。

21. 陳水逢，《日本近代史》（中華大典編印會印行，1968年）。

22. 郭立民編，《中共對台資料選輯（1949-1991）》（台北：永業，1993年）。

23. 陳治世，《國際法》（台北：商務，1990年）。

24. I. A. Shearer原著，陳錦華譯，《國際法》（台北：五南，1999年初版）。

25. 張龍吟，《中日和平條約簽訂過程回顧》（台北：幼獅文化事業公司，1991年）。

26. 彭明敏、黃昭堂，《台灣在國際法上的地位》（台北：玉山，1995年）。

27. 趙全勝，《分裂與統一：中國、韓國、越南經驗之比較研究》（台北：桂冠，1994年）。

28. 戴天昭，《台灣國際政治史研究》（東京：法政大學出版局，1971年）。

29. 豐邨，《台灣法律地位問題的研究》（台北：黎明，1985年）。

三、期刊論文

1. 李家泉，〈從主權和治權的關係看「一個中國」──兼論中國統一模式〉，《主權問題與兩岸關係論文集》（台北：中國大陸研究學會編印，1995年）。

2. 吳新興，〈評中共「一個中國的原則與台灣問題」白皮書〉，刊載於台灣綜合研究院第四所網站（http://www.dsis.org.tw/peaceforum/papers/2000-03/CSR0003001.htm）。

3. 林滿紅，〈界定台灣主權歸屬的國際法──簽訂於五十年前的《中日和約》〉，《中日和約》五十週年學術座談會，《近代中國》，第148期（2002年4月25日）。

4. 林滿紅，〈台灣海峽兩岸歷史關係的誤解與紓解〉，《歷史月刊》，2001年11月號；本文曾以日文刊登於日本《世界》雜誌，2001年6月號。

5. 林滿紅，〈光復以前台灣對外貿易之演變〉，引自林滿紅〈經貿與政治、文化認同──日本領台為兩岸長程關係投下的變數〉，《中國歷史上的分與合學術研討會論文集》（台北：聯經出版公司，1995）。

6. 柳金財，〈中共對辜汪會晤的策略、意圖與我方因應之道〉，

《共黨問題研究》，第24卷第12期（1988年12月）。

7. 姜皇池，〈論台灣之國家屬性〉，《台大法學論叢》，第25卷第4期（1996年7月）。

8. 俞劍鴻，〈外交承認與外交關係——國際法的觀點〉，《亞洲與世界月刊》，第18卷第2期（1993年4月）。

9. 高朗，〈評析近十年來兩岸外交競賽（1988-1997）〉，《理論與政策》，第12卷第3期（1998年9月）。

10. 許世楷，〈新生國家理論的提倡〉（台灣獨立建國聯盟網站：http://www.wufi.org.tw/，2002年4月29日）。

11. 張大同，〈國際法上主權觀念與兩岸關係〉，《主權問題與兩岸關係論文集》（台北：中國大陸研究學會編印，1995年）。

12. 張亞中，〈「主權」爭議對現階段兩岸關係之影響及目前的解決之道〉，《主權問題與兩岸關係論文集》（台北：中國大陸研究學會編印，1995年）。

13. 張亞中，〈中國主權歸屬與兩岸國家人格的再詮釋〉，《問題與研究》，第33卷第10期（1994年10月）。

14. 梁華璜，〈日本併吞台灣的醞釀及其動機〉，《國立成功大學歷史學系歷史學報》，第1號（1974年7月）。

15. 陳荔彤，〈特殊兩國論的國際法理基礎（上）〉，《司法周刊》，第940期（1999年8月）。

16. 陳荔彤，〈台灣領土主權的國際法定位〉，《中興法學》，第36期（1993年9月）。

17. 陳荔彤，〈國際法的承認與現時我國的法人人格〉，《法學叢

刊》，第38卷第3期（1993年7月）。

18. 張淑雅，〈杜勒斯與對日媾和中的台灣問題1950-1952〉，《中華民國史專題論文集第三屆討論會》（台北：國史館，1992年）。

19. 黃自進，〈戰後日本的對華政策：以《中日和約》為例的探討〉，《中日和約》五十週年座談會，《近代中國》，第148期（2002年4月25日）。

20. 楊永明，〈民主主權：政治理論中主權概念之演變與主權理論新取向〉，《政治科學論叢》，第7期（1996年五月）。

21. 鄒念祖，〈我國國際法人地位之困境與突破〉，《東亞季刊》，第25卷第1期（1994年1月）。

22. 葉明德，〈中共對外交暨對承認中華民國之立場及其演變〉，《東亞季刊》，第24卷第3期（1993年1月）。

23. 趙國材，〈從國際法觀點論分裂國家之承認〉，《中國國際法與國際事務年報》，第3卷（台北：商務，1989年）。

24. 蕭全政，〈政治民主化與臺灣的對外政策——一個中國原則的鬆解〉，《政治科學論叢》，第7期（1996年6月）。

五二〇在兩岸進程的意義

——「兩岸關係不等於國共關係」的宣示[*]

對於五二〇這樣的結果，有人喜歡，有人不喜歡，誠實地講，就像別種結果一樣，我都有點喜歡，又有點不喜歡。但在長期思考兩岸關係史的基礎上，我要說這樣的結果有一個積極而正面的意義，那就是：兩岸關係不等於國共關係的一個宣示。長期以來，雖然就客觀的歷史事實而言，兩岸關係不等於國共關係，但主觀的歷史記憶卻一直讓兩岸關係等同於國共關係在被思考、被推展。五二〇這樣的結果造成國民黨不再是臺灣方面處理兩岸問題的領導者，至少在執行的層面，這樣一個等同概念，失去了基礎，雖然五二〇所造就的臺灣新領導人未必就完全能擺脫這樣的等同概念。

大家普遍有這樣一個等同概念，最明顯證據是：兩岸的官

---

* 此文原發表於：《聯合報》，民國89年5月5日，第15版。另以〈糾纏「一個中國」實屬多餘〉為題，中英文並刊於《交流》，第51期，2000年6月，頁35-36。

方,或很多的民進黨領袖都說兩岸分隔五十年,這都由國共兩黨五十年前分主兩岸說起,五十年來有關兩岸關係的歷史記憶也在這個基礎上堆疊。但就客觀的歷史事實言,兩岸問題最主要的癥結,是臺灣人民與領土的主權轄屬問題。而臺灣人民與領土的主權轄屬與中國大陸有別殆已百年有餘。

朱鎔基先生用「竊取」兩字來形容1895年臺灣的主權關係變化。事實上,就晚近經常被拿來與臺灣問題一起思考的港澳問題之中,澳門真是被「竊取」的,因為16世紀葡萄牙取用澳門時並未經過條約的簽訂。這有如屋主人發現東西被偷了,當然可以取回,至於香港和臺灣則都經過條約的簽訂。這些條約又都是現代國際法概念下的產物。但就後兩者而言,與中國大陸統治者的主權關係界定又有所不同。香港雖有香港島及九龍司分由《南京條約》、《北京條約》界定割讓英國,但佔目前香港最主要面積,而且是整個香港水電供應地的新界,是1898年向中國大陸的統治者以九十九年的租期租用的。租期到了,自然應該還給中國大陸的統治者。但就臺灣而言,除了金馬在1945年原為中華民國的領土之外,臺澎地區是在1895年《馬關條約》的規定下完全割讓給日本,在1943年的《開羅宣言》、1945年的《波茨坦宣言》等基礎上,於1945年事實上交給中華民國後,於1952年的《中日和約》又給予法理上的確認。1949年中華人民共和國繼承了中華民國在中國大陸的主權,但並沒有繼承中華民國在臺澎金馬的主權。中華人民共和國與臺灣的關係,因此與其和港澳的關係有很明顯的不同。

　　前面說過我不完全喜歡民進黨執政，乃是就民進黨以往的歷史論述說。在這方面我發現他們常常不能用同情了解的角度，體察中國大陸的近代歷史發展，他們並且常將國民黨所教的中國民族主義化約為臺灣民族主義。以1895年的臺灣割日來說，有些民進黨人也強調，但主要將歷史解釋方向集中在中國不爭氣上，而沒有注意到1895年之前的中國要比日本多遭遇多少外患及其原因何在。相對而言，在帝國主義的歷史論述框架底下，中國大陸的一些明眼人知道1895、1952年影響臺灣主權轄屬關係的根本背景是日本、美國分別將臺灣劃入其國防線上。但即使中國大陸的這些明眼人也很難看到很多深層的中國文化——譬如有等級區分的均富思想與社會安排，如何在這兩道防線所提供的安定基礎之上，在臺灣得以開花，而有今天五二○的結果；以及多災多難的近代中國如何不能使中國文化往正向發展。面對這樣的客觀歷史事實，在這五二○的前夕，雙方還要在國共關係的基礎之上，糾纏「一個中國」的問題，實屬多餘。如何在五二○為兩岸關係不等於國共關係的宣示基礎上，共同謀求中國文化在中國大陸的正向發展，才是當務之急。

兩岸因農業而分，
請讓兩岸也因農業而合
——兩岸「農業合作」規劃案*

  身為一個由經濟角度探究中國近代變遷的歷史工作者，對於國統會日昨完成兩岸「農業合作」的具體規劃案，個人認為意義深遠。

  一般中國近代史的教科書認為，中國在甲午戰爭中之所以落敗，並導致臺灣之割讓日本，是因為中國的洋務運動成效不彰，以至軍事工業輸給日本。事實上，日本近代史的教科書會告訴我們，日本在甲午戰爭中攻打中國的武器，主要是向外國買來的，日本在江戶幕府末期、明治維新初期銳意發展軍事工業，以防禦西方列強，但與中國一樣，困難重重。1880年代日本進而放棄發展軍事工業，此後到甲午戰爭期間，日本重點發展的工業是棉紡織業與鐵路。工業亦非日本的主要稅源，明治時期日本稅收平均

* 此文原發表於：《聯合報》，民國84年12月9日，第11版。

80%來自田賦,這些稅收有一半用來加強國防。故日本在甲午戰爭中所用的武器係由農業部門提供,而非軍事工業發展的成果。

經濟發展的過程中有一項法則:在農、工、商三個產業部門中,越是後進國家,先發展農業,比先發展工業(尤其是軍需工業),較能加速經濟成長,因為要傳統農民學習現代農業,比要求他們直接學習現代工商業容易掌握。藉著發展農業,農民的糧食問題解決之後,農民才有剩餘的資金、勞力轉移到工業部門,也才能成為工業部門產品的購買者。

在1878至1917年間,日本單位農田面積生產力的成長率,是人口成長率的八倍,使日本農業在扶養人口之外,能有很多剩餘資金增強國力。反之,中國在1821至1890年間,單位農田面積生產力指數由一百降為七十八。雖然在中國1894年前夕的工業產值中,軍事工業約佔一半,但發展軍事工業的中國,在甲午戰爭中輸給發展農業的日本。

隨著甲午戰爭而由中國版圖轉為日本版圖的臺灣,在整個日本帝國的發展架構上,係為現代農業的重點發展基地。在戰後台灣,國民黨的財經官僚與美援,主要也都採取以農養工的政策,這使得臺灣的農業成長率,在1903至1960年間平均為 3.14%,較日本在1868(明治維新)到1917年間(一次大戰期間)的2.3%來得高。(參見圖一、二)

這些農業發展除了為戰後臺灣經濟的起飛奠定基礎之外,也為臺灣的民主政治奠定初基。

逐漸蓄積財富的農民,頗多加入水利會、青果合作社、農會

圖一　1951年東勢鎮各界慶祝農民節

資料來源：黃晴文，《大甲河客家老照片集》（台中縣：台中縣
立文化中心，民國86年6月），頁145上。

圖二　1953年台中縣石岡鄉各界慶祝農民節

資料來源：黃晴文，《大甲河客家老照片集》（台中縣：台中縣
立文化中心，民國86年6月），頁145下。

等農村組織。此外，在目前的「鎮」這個行政層級上，日治時代還出現很多的現代商工會。目前臺灣要在縣以上才有商工會，日治時代出現在「鎮」這個層級的商工會，很多是由農民致富之後轉成的小商人組成，他們以米穀商或雜貨商居多。這些商工會的商人可以組團到中國東北、華南、東南亞、日本考察商業，也向日商學會商展與產品促銷，為了了解現代工商知識，且曾請臺灣總督府設臺南高等工業學校，臺中高等商業學校等。在戰後初期臺灣發展民主政治的過程中，可以看到很多這些日治時期的民間團體領袖躍升為各級議會議員，即使戰後臺灣第一階段的議會政治，行使同意權的成分多於決策權。但這一階段的發展也為目前這一階段議會政治的決策地位日趨重要預做準備。故現代農業在近百年來的發展，是臺灣邁向工商經濟、民主政治的一個重要基礎。

農業的發展，有賴安定的政治環境。即使中國政府在1898年之後開始有推展現代農業的機構，但在戰亂頻仍的20世紀初期中國，現代農業的成長仍然有限。1949年之後外患減少，為中國大陸提供了發展農業的條件，可以扶養十二億人口，聯合國糧農組織評定為突出的農業技術，在在顯示當前中國大陸農業發展的成就。但這些發展，有如18世紀以前的中國傳統農業，固然可以扶養龐大的人口，但很多農業創新只是點的發展，而非面的發展，城鄉貧富懸殊的問題因而產生。

1995年7月29日到31日，我到江西廬山參加由中國大陸幾個臺灣研究機構主辦、中國大陸國臺辦資助的「臺灣史學術研討

會」。會中中國大陸學者的民族主義史觀非常濃厚，會外也得知中共將以目前仍難以抗禦的飛彈威嚇臺灣、威嚇世界的跡象。身為一個近代史研究者，我不會不了解中國大陸今天昂揚的民族主義，是想為百多年來受盡屈辱的中國人爭回面子，但由本文所說，甲午一戰發展軍事的中國反而輸給發展農業的日本，以及臺灣由發展現代農業而起的政經變化看來，中國大陸在此時接受臺灣協助發展現代農業，是否更能充實國力？

根據1988年的統計，各國農業所得佔國民所得的比率分別是：中國大陸32%、韓國11%、臺灣的中華民國6%、日本3%、美國2%等等。在這個基礎下，中國大陸本身的農業現代化，除有助其本身的政經發展之外，也可對世界各國所需的農產做出貢獻。幫助自己人、幫助其他人，是否要比威嚇自己人、威嚇其他人更能為中國人爭回面子？

現代農業發展的有無，是兩岸走向分歧之一重要根源；那麼，由兩岸攜手發展中國大陸的現代農業，是否可為兩岸由分轉合提供一個契機？

臺灣經濟發展源起於日治時期？
——談有關日治時期臺灣經濟史的四種誤解[*]

　　值此《馬關條約》簽定百年，社會興起撫今追昔之念的時刻，想根據最近學界的研究成果，談談一般對日治時期臺灣經濟史的四種誤解：

　　1. 臺灣的經濟發展源起於日治時期：有這種誤解的人，多半是受二次大戰以後崛起的發展理論影響較深者。這種理論認爲現代經濟發展以前的傳統經濟是停滯不前的，所謂現代經濟是利用17世紀以後歐洲發展的現代科技於生產、分配、消費的經濟發展階段。就臺灣而言，現代科技之運用於經濟活動，日治時期的確重要。尤其是就產值而言，臺灣經濟一直到1950年代以前，都以

* 此文原爲 1995 年 7 月 29 日到 31 日在江西廬山由中國大陸幾個臺灣研究機構主辦、中國大陸國臺辦資助的「臺灣史學術研討會」而寫；原發表於：《工商時報》，民國 84 年 6 月 26 日，第 17 版。另含註腳版發表於：《台灣社會研究季刊》，第 23 期，1996 年 7 月，頁 16，因相關註解可見於本書所選其他篇章，故採《工商時報》之節縮版收入此書。

農業爲主,而科學農業的發展,是由日治時代開始,蓬萊米等新品種的研發,化學肥料、農產加工廠等均爲其例。但就工、商業而言,清末有劉銘傳等地方官僚推促的自強運動,在煤礦開採、鐵路、電報、輪船等方面已引進現代科技,商業方面,晚清時期也已看到較多的商業契約寫成白紙黑字,一些較專業化的商業團體也已出現。甚而,日治時期臺灣的財稅收入結構,與日本本國之以田賦爲主不同,而以關稅、專賣收入等間接稅爲主,也有晚清的根源。當然,就整個日治時期而言,現代工商業更加進展。但就1937年每人國內生產淨值而言,如以日本爲指數一百,臺灣爲五十五至六十,朝鮮爲三十至四十。研究過日治時期臺灣經濟史的學者,很多都提到在日本統治下的臺灣人民,較日本殖民的朝鮮人民具有經濟理性,只要是利之所在,不必訴諸政治的驅迫,就願嘗試新的技術或經濟發展機會。雖然日本政府早在日本本國、朝鮮、滿洲設立商會,但遲遲不敢在臺灣成立,重要原因之一是日本政府唯恐臺灣本土的商人,相對其他殖民地的本土商人勢力雄厚,有從事民族運動之虞。因此在日本占領臺灣以前,臺灣原已厚實的經濟發展潛力,不可忽視。

　　2. 日治以前的發展根源爲臺灣相對中國大陸特有的傳統:相對於前述的經濟發展學者,有一派學者對傳統有較多的了解,他們體察到日本統治臺灣當時,臺灣已有深厚的市場取向性格,以及私有土地、合股、複式簿計、產品的買青賣青(作物未長成時先予農民預付款以確認貨源的)等等商業制度。日本政府在舊瓶裝新酒,而非全盤改造的政策方向下,充分利用這些歷史基礎。

這些看法雖然是正確的，但這派學者非常強調這種深厚的市場取向性格爲臺灣相對中國大陸所特有。在1895年之前，臺灣的經濟發展有原住民的貢獻，也有荷蘭人、英國人等的貢獻，但大致說來，1895年以前，臺灣所累積的生產技術與經濟制度，主要是由中國大陸引進。合股制度、複式簿計制度、買青制度等等，至少均可溯源於宋代，私有土地制度更是源起於春秋戰國時代，而確立於魏晉南北朝時期。

　　至1895年之時，臺灣的每人平均貿易額固高於中國大陸，但這只能說臺灣的每個人較中國大陸的每個人有發展市場經濟的機會，而不能說臺灣人民的市場取向性格比中國大陸濃烈。以中國東北在1905至1930年代間三度提升其搾豆技術來與1890至1895年期間臺灣拒絕採用現代的搾蔗技術（鐵磨）而沿用傳統的搾蔗技術（石磨）互相對照可略加了解。使用鐵磨的固定成本（設備購置費）和變動成本（工資、折舊）等小於石磨的變動成本，依照熊彼德的技術引進原理，應該換用鐵磨。1890至1895年間的臺灣沒有引進鐵磨，是因爲當時臺灣的糖市場已深受爪哇糖的競爭，而中國東北在接觸西式搾豆技術之初，亦有抗拒心理，但隨著德國、日本等大豆市場的大幅開展，爲了應付迫切的需要，只有求助於更有效的技術。

　　此處所說中國大陸人的市場取向性格不落後於臺灣，並不與前述1895年時臺灣人的市場取向性格比朝鮮濃烈有所矛盾。商業經濟在中國原本源遠流長，貨幣制度的獨立與突出發展，市集經濟、城市經濟的發達等等，爲前述合夥等商業制度以外的商業經

濟發展。貨幣經濟在清代中國遠比日本殖民以前的朝鮮發達，臺灣在日本殖民時期較為凸顯的經濟理性，實為幾千年中國經濟發展的結果，而非臺灣相對中國大陸特有的性格。

3. 日治時期臺灣的經濟發展由日本政府與日商所完全把持：相對於上述強調本土根源的說法，有些學者強調日本政府與日商在臺灣的全面掌控。事實上，日本政府與日本財閥在臺灣的發展，並未窒息臺灣本土資本的進一步發展。早期學者傾向認為日本政府輔翼日商開發臺灣，最近研究指出日商有大、中、小商人之分，大商人如三井、三菱等等財閥，固然得日本政府多方資助，但日本小商人在臺灣的發展則常受日本政府限制，日治時代在臺灣各地的日本中小商人甚而抱怨日本政府對本地地主（有些也發展成為商人）較對他們優渥。

臺灣商人在1895年以前固然已有許多商業活動的開展，但很少對貿易對手國直接開疆拓土，在日本統治臺灣期間，臺灣商人的腳步曾隨著日本帝國的擴張而有較多人跨出本島，在滿洲國，在中國，在東南亞展開諸多跨國經貿合作，也由日商學得一些國際促銷手法。相對地，在臺灣的小鄉小鎮，因為日治時期由二百五十五萬增為六百萬的人口，主要在五萬人口以下的鄉鎮滋長，小鄉小鎮的本土商人也由日商學得開展覽會、降價求售、講求商品出貨時間、數量的控制等現代商業技巧。在廣大的鄉村，即使像嘉南大圳這樣一個訴諸龐大政府力量完成的水利工程，它所帶來的「水」，也帶給農民選種更有利作物的更多自由。

4. 日治時期對戰後的影響很小：由於1945年臺灣改隸中華民

國政府統治之際，臺灣受戰爭的影響，滿目瘡痍，1945至1949
年間的中國大陸移民除六十萬大軍可以保衛臺灣以外，其他的九
十萬左右移民，有三分之二是有科技知識和行政經驗的人才，相
對於前述的日本高度影響說，有些學者強調戰後臺灣的發展主要
來自中國大陸人力資源的投入，日治時期對戰後臺灣的影響甚
小。

　　最近甚而由中國大陸傳出這麼一個說法，臺灣所以經濟起飛
是因為政府由中國大陸搬進了大量黃金。黃金不是紙幣，對物資
只構成需求因素，而不構成供給因素。在改隸中華民國政府統治
之初，黃金可以用來向國外購買物資。通貨膨脹基本上是物資供
不應求的一種現象，戰爭的破壞原已使臺灣的物資有所匱乏，政
府為支援中國大陸上的國共戰爭，供應臺灣本身突然增加的130
萬左右人口，更使物資嚴重供不應求。改隸中華民國政府統治初
期臺灣的惡性通貨膨脹是政府帶到臺灣的物資，遠不足以支應所
需的直接證明。政府給臺灣帶來的經濟資產，主要是前述的人力
資源。但在這些人力資源與臺灣人民共創臺灣經濟奇蹟時，日本
統治的影響仍然重要。戰後臺灣由日治時期承襲了鐵路、港口、
公路、公營企業等等有形的資產較為一般所知，事實上，日治時
期對於戰後另有諸多無形的影響，於此僅列舉數端。

　　在結構方面，一個經濟如能循序漸進由發展農業進而發展工
業，一般較為安穩，以日本殖民統治下的朝鮮與臺灣互相比較，
由於日本在戰前的擴張政策，北進一直重於南進，朝鮮則為日本
北進的基地，其經濟發展以配合軍需發展的工業為主，農業不像

臺灣如此強調，戰後臺灣循著戰前基礎，以農養工，除經濟逐步成長之外，所得分配一直較朝鮮平均。與此相關的是日治時期也為戰後臺灣的土地改革奠定初基，日治之初以股票、債券換取大租戶（擁有土地所有權而沒有土地使用權的地主）的地權；此外，日治時期的農業發展增加了擁田二至三甲的小自耕農，加上衛生改善，勞力密集農業的發展，使小自耕農努力增殖自家人口，而使部分佃農無業可就，逐轉移城市發展。

在態度方面，日治時期大為改善的衛生條件，使臺灣人的生命觀轉變得更為積極，透過教育及種種制度安排所加強的紀律觀念，對臺灣人影響也極深遠。但日治時期對戰後臺灣的影響非全屬正面，如戰後初期臺灣的財稅收入一直到賦稅改革時，才由間接稅為主改為直接稅為主，固然有1949年以前中國大陸的影響，也有日治時期的影響，專賣收入的強調是其中的一個顯例，又如戰後初期很多公營企業的營運積效不佳，也有日本帝國過度保護臺灣企業（如糖業），以確保其物資供應的影響。

當然，日治臺灣對戰後臺灣的最大影響，還在於日本領臺使臺灣與中國大陸的長期經貿關係由密轉疏，甚而使臺灣與中國大陸分別站在交戰國的不同一邊，譬如臺灣原在東南亞的茶市場因當地華僑抗日而縮減時，因為九一八事變、七七事變，使滿洲國不再買中國大陸茶而改買臺灣茶，使得九一八事變、七七事變這些中國大陸人同仇敵愾的事件，竟成臺灣人心目中的「聖戰」。這段臺灣與中國大陸分別站在交戰國不同邊的過去，事實上也影響戰後對日治時期臺灣經濟史的種種誤解。本文所列四種誤解的

前面兩種，主要為臺灣人的看法，後面兩種，主要是中國大陸人的看法。跳脫歷史遺留的包袱，利用歷史締造的資產，才是我們面對這歷史應展現的智慧。

一八九五年，
兩岸關係史上的重要年份 *

日治時期，臺商到中國大陸開展貿易，船隻懸掛日本旗；在中國大陸開的店稱作「洋行」。中國大陸勞工，每年約有一萬至四、五萬人來臺，與今天極爲相似。

1895年之前，中國大陸一直是臺灣最主要的貿易地區，中國文化深植臺灣。日本領臺後，主要貿易夥伴改爲日本，臺灣人日本化程度也令人驚異。

過去四百年中，1895年日本的占領臺灣，爲兩岸關係的長程發展，投下了兩大變數：一、日本強化了臺灣人民的跨國經貿能力；二、日本造就日後兩岸政治、文化認同問題的諸多困難。

---

* 此文原爲聯合報文化基金會召開「中國歷史上的分與合」學術研討會所寫論文之摘要，原發表於：《聯合報》，民國83年7月14日，第6版。

一、1895年與臺灣人民的跨國經貿能力

在1600年以來一波波中國大陸人民移居臺灣的大潮流之中，有一股逆流：當1895年日本領臺至1945年臺灣改隸中華民國政府統治期間，有臺灣人民移居中國大陸。廈門、福州、汕頭、廣州、上海、滿洲國，都有因為祖先或本人生在台灣而取得日本籍的「臺灣籍民」移住。華南籍民總數，1907年只有約三百三十五人，至1936年已增為一萬二千九百人。其中，廈門即約佔一萬人。其他各地，各約僅數百人。除了臺灣籍民之外，也有未入日本籍的臺灣人移住中國大陸。這些臺灣移民，有學生，有政治人物，有浪人，也有工商界人士。（參見圖一）

當漢人歷經三百年由中國大陸移徙臺灣，再於1895年之後回到中國大陸時，這個祖國已經變成了外國。1895年以後臺商常以插著日本旗的船隻開進中國領海。臺商在中國大陸所開的店與不平等條約底下外商在中國設的公司一樣，稱作「洋行」。清末臺灣打狗（今高雄）的陳福謙、陳中和（今高雄陳家開基主）等曾至日本售糖購貨，但此僅為少數個人的發展，日治之後臺商到中國大陸的直接貿易、投資則為一群人的發展。

日本籍的身分使臺商在中國大陸免於被徵課釐金，並享有治外法權，這使日治時代與今天在中國大陸的臺商，在政治地位上有很大不同。此外，1912年以後，原來壟斷兩岸貿易之中國大陸資本家，既受日本政府的差別待遇政策，亦因傳統中國官商結合

圖一　廈門臺灣居留民會事務所（1936）

資料來源：廈門臺灣居留民會編，《廈門臺灣居留民會報：參拾周年特刊》，（廈門：1936年9月），扉頁。（原件典藏於中央研究院傅斯年圖書館）。

的性質，隨清朝官僚體系俱亡，英美資本亦抵不過日本政府壓制而式微，日商則著重在滿洲國與華北發展。臺商之參與此項經貿活動，可用來推進日本進攻華南和東南亞的政策，這一切都使臺商有了發展兩岸經貿的空間。

1895年以前主要是資本、技術由中國大陸移入臺灣，1895年以後這些臺商已轉而將資本、技術由臺灣移入中國大陸。日治之後，每年又約有一萬至四、五萬勞工來臺。此種台灣提供資本、技術，大陸提供勞工的情況與今天極為相似。在閩南，無論在金融、在現代工業投資，乃至一般商業貿易方面，臺商都有超乎當地商人之上的成就。在日本占領閩南之前，臺商的勢力也在很多方面超越日商。在福州、汕頭、廣州、上海、和滿洲國，臺商的勢力雖不如在閩南強大，但也有很多直接經貿活動的展開。

1895年以前，兩岸直接貿易的航運多由中國大陸資本家或外國資本家壟斷，到1895年以後，部分臺商則以自購船隻開展貿易。臺商往往發展臺灣與中國大陸、日本、南洋間的多邊貿易。臺商與外商之間頗多合作。1913年間，泉州一帶擬開設電力公司，由當地九位知名人士集資，僅一萬餘元。板橋林家因與泉州的龔家有姻親關係，獨力投資八萬餘元，泉州因此開始有了電燈。林家雖為主要出資人，機器材料卻由大阪川北商會供應，開業設備亦由日本技師著手完成。三井、三菱在滿洲國開闢的臺茶市場，臺商也隨後跟進。臺商在開展貿易的過程中，也學習貿易對手國的語言，與貿易對手國不同派系的政治人物交往，並開展覽會促銷商品。

在臺商發展這些跨國經貿經驗的同時，中日關係的惡化，使臺商的處境極其艱難。日本的占領臺灣，也使兩岸生活方式由同轉異，這些都使往後兩岸的政治、文化認同問題趨於複雜。

二、1895年與兩岸的政治、文化認同問題

由兩岸經貿關係在歷史上的分合，可以看出透過商貿影響的兩岸文化之異同。有關兩岸經貿關係在歷史時期是分是合的認定，在學界之外，常受統獨的現實主張所左右。獨派人士傾向於強調17世紀荷、西、鄭領臺灣時期，及1860年開港至1895年間，臺灣脫離中國而發展世界貿易。本文強調在此等臺灣發展世界貿易的時期，除鄭領的二十年間，兩岸貿易在若干年份稍有萎縮之外，中國大陸一直是臺灣最主要的貿易地區。由於兩岸之間長達三百年的區域分工，臺灣提供中國大陸米糖等農產品，中國大陸提供臺灣日常生活用品，如以生活方式界定文化，中國文化對臺灣的影響甚深。相對而言，統派人士則常忽略了1895年的日本領臺，深刻影響臺灣與中國大陸生活方式由同轉異。日本領臺之後，利用關稅、津貼日商等政策，將三百年來臺灣原以中國大陸為主要貿易對象，有時兼及西洋的情況，轉而以日本為主要貿易夥伴。

日本布最後完全取代了以往臺灣所用的中國大陸布，使以往清一色的藍布衫逐漸改成了洋裝。從日本輸入的自行車零件、汽車零件等，使農人到田裏工作也有人騎自行車，到十里長路途的

地方由步行改搭「巴士」。日本進口的電器及其零件則使臺灣每人所用的電燈，在1921至1936年的十五年間，由六十三燭光增加到三百燭光。

由林熊徵以北港最靈驗的「二媽」招待訪臺之日本秩父宮太子，辜顯榮捐建臺北孔廟，可見在1895年以前深植臺灣的中國文化，在日治時期臺灣人民心中的激盪。但是，由商家改行新曆新年，少在舊曆年放鞭炮、爆竹，神社的祭儀中，吟唱著伐木歌，抬著神轎的大半是臺灣本地人，臺灣人日本化的程度實令人驚異。（參見圖二）

圖二　明治年間落成的台中東勢文昌祠

資料來源：黃晴文，《大甲河客家老照片集》（台中縣：台中縣立文化中心，民國86年6月），頁24上。

這些日本化的生活方式有些隨著戰後將神社改爲忠烈祠等政策而消失，但很多對文化深層結構的影響則延續至今。以統計制度而論，黃仁宇、余英時等學者常強調：中國文化最根本的問題在於數字方面無法管理。而日本殖民政府在臺灣這個中國人社區所建立的統計制度，據戰後臺灣行政長官公署統計室主任胡元璋指出：「要比日本本國強得多。」

1945年以後，臺灣在輸入更多中國大陸上層文化和民間文化的同時，因爲1949年以後中國大陸採取打擊傳統文化政策，而臺灣的貿易對象又以美、日爲主，加上快速的經濟發展，也使臺灣的生活方式與中國大陸越拉越遠。

由荷、西、鄭領時期過渡到18、19世紀的清領時期，大抵是同質社會的結合。但1895年日本占領臺灣，兩岸的生活方式走向分歧之後，1945至1949年間的結合，曾使臺灣經濟更爲惡化。也因爲中國大陸來的政府與臺灣同胞，並不了解兩岸生活方式已有的分歧，造成「二二八」的悲劇。日治時期到中國大陸的部分臺商，遭到1945以後來到臺灣的中國人遷怒。部分在淪陷區的台商，戰後初期政府尙罪其資敵。二二八背後臺人與中國大陸人間的心結，早結於日治時期臺商往中國大陸從事經貿活動之時。這些心結及其他諸多因素所促成的二二八事變，輾轉又鬱積了當前臺灣的統獨情結。

有關臺灣割日，出於國人由中國框架思考中國歷史的積弊，常只抱怨李鴻章之「宰相有權能割地」，而忽略了日本堅持占領臺灣的軍事、經濟動機。日本海軍堅持占領臺灣，以爲建立太平

洋霸權之跳板；日本財經界則因日本對臺糖的依賴，主張占取臺灣。

　　目前兩岸經貿往來正加速展開，政治方面的分合問題在在引人關心。1895年日本的占領臺灣，造成兩岸關係的變化，對推進當前兩岸關係所可提供的啓示是：兩岸要發展良性的互動關係，絕不可以政治及暴力手段侵蝕原已脆弱的兩岸政治、文化認同基礎，再則需善加利用臺灣人民的跨國經貿能力，發展源遠流長的兩岸經貿合作。

史學篇

關於台灣島之移轉中國事，英國政府以為仍應按亞，1943年十二月一日之開羅宣言。同盟國談項宣言之意，不能自身將台灣主權由日本移轉中國，應俟與日本訂立和平條約，或其他之正式外交手續而後可因此台灣雖已為中國政府統治，英國政府歉難同意台灣人民業已恢復中國國籍。

當代臺灣的史學與社會 [*]

一、前言

　　五十年來，臺灣的歷史學有何發展特點，這門學問是否足以
提供當前劇烈變遷的臺灣社會適切的詮釋和指引，以及這門學問
的將來發展有什麼可以加強之處，是本文所要探討的課題。臺灣
的歷史學界在民國85年間，曾先後舉辦兩次研討會，聯合諸多歷
史學家之力，對五十年來臺灣歷史學的發展進行回顧。由東海大
學歷史學系與《新史學》合開的一次，係分斷代史、專門史，就
某些部分評論相關研究；國科會與中央研究院歷史語言研究所合
開的一次，有近年來史學各領域相關研究之數量統計。此文欲以
一己之力討論當代臺灣史學的特點與得失，必有一己之偏。但相

---

[*] 此文原為國立空中大學等主辦，「分析社會的方法」學術研討會（民國84年6
　月5日）而寫，原發表於：《教學與研究》，第18期，師大文學院，民國85年6
　月，頁69-97。

對於前兩次史學回顧會議之著重當代臺灣史學各個細部的內容，此文希望對當代史學的整體間架有所致力；此外，本文也將較兩次史學回顧會議更留意當代臺灣史學與社會的互動關係。

針對這樣一個龐大課題，本文擬用勾描法進行討論。勾描的重點將放在臺灣與中國大陸的歷史關係上，因為兩岸問題是當前臺灣社會關切的議題，也是歷史形成的問題。由於兩岸問題之棘手，也帶來臺灣社會有關中國與臺灣歷史定位的諸多爭議。

本文先以兩岸關係史為例，說明史學可以發揮的社會功用，再由社會大眾對兩岸關係史的了解，多半並非仰賴歷史學的作品，最近社會對大學、中學歷史課程的諸多厭煩，以及臺灣第一位本省籍的歷史學院士感到所學與社會脫節，指出當前臺灣的歷史學與社會脫節的情況。

接著再由歷史學與社會兩方面說明此一脫節的形成原因。歷史學方面，將引述幾位重要史家的言論，指出五十年來這門學問著重古史，近代史研究又不講求歷史解釋的發展特點，以及當代臺灣的歷史學仍有忽略現在與過去對話，以及史學整體性的方法論問題。社會部分的討論則將以兩岸關係史為例，論析當前社會一些「習焉而不察」的歷史觀，如戰後初期否定傳統的知識殘留，為脫離中國而悖離事實的心理傾向，要脫離中國又陷在以中國為框架的思想弔詭（paradox）等等。

在這些討論的基礎下，本文最後將分概念與技術兩方面，技術再分社會與史學兩部分，談談個人對未來臺灣歷史學發展的幾點建議。透過這些討論，在短程方面希望能為臺灣、中國與世界

的歷史定位問題有所廓清；在遠程方面則期盼臺灣的歷史學能夠
發揮它應有的社會功能。

二、歷史學的社會功用——以兩岸關係史為例

（一）轉移當代人的時空座標，增加當代人的思考彈性

　　一般人多半根據自己所處的時空座標來做決定，歷史學可以
轉移當代人的時空座標，增加當代人的思考彈性。例如由行政院
所訂定和當前臺灣關係非常密切的《國統綱領》主張：臺灣與中
國大陸的中程合作要「開放兩岸直接通郵、通航、通商，共同開
發中國大陸東南沿海地區，並逐步向其他地區推展」。[1] 爲什麼在
進一步拓展兩岸合作的空間藍圖上要由中國東南沿海地區優先發
展？這可能是因爲臺灣人民多半來自閩粵江浙，直接就拿東南沿
海地區與臺灣的距離最近，或中國東南沿海地區較爲富庶來提出
這樣的空間發展藍圖。但是，如果我們把時空座標轉到歷史時
期，清代的南部臺灣，在出口貿易方面，與華北、華中的關係遠
較華南密切，因爲南部臺灣出口的蔗糖能提供不產蔗糖的華北、
華中所需，也產蔗糖的華南，則不需由臺灣進口蔗糖。[2] 在日本

---

[1] 馬英九，《兩岸關係的回顧與前瞻》（臺北：行政院中國大陸工作委員會，民
　國81年），頁128。

[2] 林滿紅，《茶、糖、樟腦業與臺灣之社會經濟變遷，1860-1895》（臺北：聯經
　出版事業公司，民國86年），頁27。

統治臺灣的後期，以有資料的1932至1939年為例，臺灣與滿洲國之間的貿易值佔臺灣對中國大陸貿易值的比例，平均為67.6%，臺灣對福建的貿易佔臺灣對中國大陸貿易值的比例，平均只有11%。到了日治時期，在日本帝國的鼓勵政策之下，寒冷的滿洲國由熱帶臺灣進口了大量該地所無法生產的蔬菜、水果、茶和糖；臺灣則由盛產大豆的滿洲國進口大豆或豆餅用以製作醬油、豆腐或作為肥田之用。[3]

由這些不同時空的研究可以看出：在描繪兩岸的商貿地區時，絕對的距離或對方是否較為富庶，不是必然的關鍵，兩地能否互通有無才是關鍵所在；互通有無的可能性，可以像清代那樣由民間自行處理，也可以像日治後期一樣由政府推動。

（二）提供了解人類行為整體的思考訓練

在強調專業化的現代社會，學問分門別類，各自了解人類行為之一側面。歷史學可以彌補當代其他學問之不足，提供了解人類行為整體的一種思考訓練。例如，隨著最近兩岸經貿關係的快速發展，許多人擔心「商人無祖國」的問題。但許多分析兩岸經貿關係的作品是經濟學家寫的，他們側重雙方有什麼商品往返、臺灣在中國大陸有什麼投資、這些經貿往來對中國大陸或臺灣個別的經濟又有什麼影響，由他們的作品很難對商人的認同問題有

3　林滿紅，〈臺灣與東北間的貿易（1932-1941）〉，《中央研究院近代史研究所集刊》，期22（民國84年6月）。

所了解。尤其到目前爲止，商人也還不到要充分表態的時候，如
何預知他們會認同誰？但如果回到日治時期的兩岸經貿關係史，
就可以看到前往中國大陸臺商的政治認同情形。在1895年臺灣割
日之際，因爲日本殖民政府要臺灣人民在《馬關條約》簽訂之後
兩年之內決定：如果不願充當日本臣民，則搬離臺灣；如果留
下，則爲日本臣民。有些人因此搬回中國大陸，其中也有商人，
顯示這些商人是有祖國觀念的。但是，1895年以後，中國先後有
八國聯軍、辛丑條約、民初的軍閥割據等等，國際關係與國內局
勢呈現一種危殆不安的氣氛。而日本在1895年打敗中國之後，又
在1904到1905年間的日俄戰爭擊敗俄國，國際威望扶搖直上，
加上台灣在進入文人總督時期，抗日活動已較減少，許多基礎工
程如鐵路、港口等等，也一一完成，臺灣已成爲較爲安定與進步
的生活環境。由日本的外交檔案便可發現許多當時到廈門的臺灣
人，此時又回到臺灣當日本國民。[4] 這也可以看出商人們最後選
擇的是較能帶來安定與進步的政權。

（三）指出社會表象的潛在構成因素

　　由於中共對當前臺灣的不斷打壓，臺灣內部的臺灣人與中國
大陸人之間，因爲中國記憶與臺灣記憶的不同，雙方意氣之爭越
來越強，二二八經常是雙方針鋒相對的箭垛。一般有關二二八事
件的分析，著重中國大陸到臺灣的政權對本地人的壓迫。如果細

---

[4]《日本外交史料》，臺灣總督府警視總長湯地幸平（大正5年6月13日、19日）。

加分析，二二八之所以不只是民國36年2月28日的單一事件，而成為族群糾紛的箭垛，事實上有更深層的歷史因素。以往有關日治時期臺灣歷史的重建工作，因為受抗日情緒影響，除了刻描民族運動之外，未曾完整地去重建日治時期的臺灣史。因此以往的歷史教育沒有告訴這個社會一個重要訊息，那就是日本領臺曾使得臺灣人與中國大陸人分屬交戰國的不同一方，這對於戰後臺灣的這兩個族群，是一個極大的心理負擔。

　　二次大戰期間，中國大陸人經歷過南京大屠殺以及抗日的民族保衛戰。而在臺灣，因為九一八事變、七七事變，而使滿洲國不再買中國大陸茶改買臺灣茶，這使在東南亞的茶市場因當地華僑抗日而縮減的臺灣有絕處逢生之感，也使七七事變這樣一個中國大陸人同仇敵愾的事件竟成臺灣人心目中的「聖戰」。[5] 由福建的檔案資料可以看出：當日本在盧溝橋事變之後接二連三地占領了中國沿海北平、上海等等城市，欲再進佔廈門之時，為日本提供軍情的竟然是當時住在廈門的臺胞。日本的大東亞戰爭使得抗日的中國大陸人與被日本化的臺灣人難以相容，雖不是二二八事件的唯一原因，卻是原因之一。

　　例如日治時期去過大陸而與日本政府關係較近的臺灣人，他們的財產有很多被領臺之後的中華民國政府扣留。去過中國大陸，與中華民國政府關係較近的知識分子，也為這些人陳情。政

5　林滿紅，〈中日關係之一糾結：臺灣與東北貿易的社會影響（1932-1941）〉，《第三屆「近百年中日關係」學術研討會論文集》（中央研究院近代史研究所，民國84年6月）。

府要他們提出未替日本政府服務的證明，可是在那個臺灣人生下來是日本人的時代，恐怕很少人能夠不爲他們的政府做過任何事情，中華民國政府訂個期限要這些臺灣人來領財產，可是期限到了還有很多人沒敢來領，雖然政府後來再展期，可是很多人還是沒有安全感。這份安全感的欠缺其實是二二八事件的一大原因。日本統治台灣期間，到中國大陸去的知識分子中，廖文毅即爲其中之一，他所以在日本統治臺灣時期就到中國大陸去，原來是對祖國有相當的感情，可是到了二二八事件之後，他在失望、灰心之餘，開始走向臺灣獨立運動。有了臺灣獨立運動之後，政府相對就有統一運動，再加上其他因素，使得中國大陸人與臺灣人雙方至今仍難免磨擦。[6] 成功的歷史作品都會教人以寬恕代替仇恨，在了解臺灣當前省籍情結或統獨對立的主要原因，在於日本帝國主義所造成的彼此心結之後，多少可以減少中國大陸人與臺灣人之間的摩擦。

（四）協助當代社會了解現狀的淵源

　　與省籍情結或統獨對立有關，現在臺灣社會上有關臺灣與中國大陸的歷史關係，也是眾說紛云，有人說四百年來，臺灣就是獨立發展的，有人說臺灣一直和中國緊密相連。臺灣在目前處境下，原本更需要內部的安定，但爲了歷史上中國與臺灣的定位問

---

[6] 林滿紅，《四百年來的兩岸分合：一個經貿史的回顧》（臺北：自立報系臺灣歷史大系，民國83年3月）；林滿紅，〈兩岸合作不能忽略結構性的分歧——馬關條約百年省思〉，《聯合報》，版11（民國84.4.15）。

題，反而增加這個社會更多的紛擾。如果回到真正的歷史，其實就可以看出兩岸在歷史上真正的分合軌跡，而減少這種社會爭執。

在西元1600年臺灣的歷史活動顯著頻繁起來之後的四百年中，兩岸分合關係有一個重要的轉捩點，此即1895年的日本占領臺灣。1895年到現在剛好是一百年，1895年之前的三百年，中國大陸與臺灣的關係合多分少，之後的一百年則是分多合少。前面的三百年臺灣越來越中國化，後面的一百年則是臺灣越來越與大陸的中國分離。透過前面三百年臺灣的越來越中國化，加上戰後這段期間，相對於中國大陸的文化大革命，臺灣推動中華文化復興，使七千年來的中國文明在臺灣保留得更完整。後面一百年的分離則又使臺灣與美國、日本的關係，較中國大陸的關係更加密切，臺灣在經濟、社會、文化方面比中國大陸更加發展，尤使兩岸明顯分歧。[7]

上述可使各方了解，造成兩岸分歧的重要起點在於日本領臺，兩岸雙方如果未能審慎處理兩岸問題，只有讓中國人在日本侵華陰影底下留下更多遺憾。[8] 再者，也因為造成兩岸分歧的重要起點在於日本領臺，而日本領臺背後的南進思想有反帝國主義的成分存在。因此，無論臺灣、中國大陸，或是世界各國，不能

7　林滿紅，〈兩岸分歧是日據時代鋪的路〉，《聯合報》，版11（民國83.11.8）。

8　林滿紅，〈走出日本侵華陰影——中國人不要再自己打自己〉，《聯合報》，版11（民國83.11.8）。

將當前的兩岸問題，只看成是1949年國共分歧所造成的中國內部問題，並且要追究1895年兩岸分裂背後的國際問題。[9]

三、當代臺灣史學與社會的脫節──來自史學本身的因素

（一）脫節的現象

　　如前所述，在我們四周這樣一個政治生態底下，有些人說四百年來臺灣就是獨立發展的，有些人則說臺灣一直與中國緊密相連。不論他們採取什麼方式敘說臺灣和中國大陸的分合，在提出相關論點時，是否曾參考歷史學者的作品？由選舉時流通的書刊就可以了解，其中如果有歷史學者的作品，也是相當有限。歷史學要處理的問題很多，兩岸關係史的重建只是其中一小部分。但至少這部分和當前的兩岸問題有所關連，都還未見社會的重視，可見當代臺灣史學與社會的嚴重脫節。

　　歷史教育課程在中學、大學的重要性越來越低，更可見目前社會對現存的歷史教育所呈現的高度厭煩。中學部分，早在1971年，學生人數佔中學人數三分之二的高職即廢除原來至少四學期的歷史課程，到1980年代，在「社會科學概論」中使歷史與公

9　林滿紅，〈經貿與政治文化認同──日本領臺為兩岸長程關係投下的變數〉（民國84年），結論部分，《「中國歷史上的分與合」學術研討會論文集》，聯合報文化基金會（民國83年7月開會）。

民、地理、法律各分一學期，歷史雖然恢復，但上課時數已縮爲
中華民國政府統治台灣初期的四分之一。[10] 普通中學方面，1994
年教育部公布的中學歷史課程標準，高中由高一、二均必修歷
史，改爲只有高一才有必修的歷史課，其中本國史教科書減少一
冊，高二下原來必修的西洋近代史裁廢，取而代之的世界文化歷
史篇是與地理、當代社會任選其二，文組高三原來必選的世界文
化史與中國文化史視大專聯考是否列爲考試科目決定存廢。[11] 大
學共同必修的「中國現代史」、「中國通史」兩科，改爲「歷史」
一科必修，上課時數由每週六小時縮爲四小時。[12]

　　這種史學與社會脫節的感覺不只是來自社會這端，也來自史
學這端。1992年當選爲中央研究院院士的第一位本省籍歷史學家
杜正勝教授也點出這種脫節的現象，他在〈古史鑽研二十年〉一
文指出：

　　　　目前臺灣的中國古代史研究與社會相當脫節，二者似有愈
　　　　離愈遠的趨勢。[13]

---

[10] 根據王仲孚教授告知。
[11] 王仲孚，〈中學歷史課程標準的修訂與歷史教學的展望〉，《中國歷史學會會
　　訊》，50：6（民國84年）。
[12] 教育部81年10月3日臺（81）高54359號令公布之「大學共同必修科目表」。原
　　為「本國歷史」，最近又改為「歷史」。
[13] 杜正勝，〈古史鑽研二十年〉，《中國歷史學會會訊》，47：7（民國83年6
　　月）。

（二）著重古史，近代史研究又有不重視史學整體性的方法論問題

杜教授還指出他選讀古史的原因在於幾十年來臺灣史學的權威建立在古史研究之上，他在前面一句話之後說：

> 二、三十年前我選擇這條路，當時的認識，古史研究是史學的主流（至少在氣勢上），名家輩出。

這些名家包括杜院士在內，其實有多位也極具當代關懷，但古史本身牽涉的學問非常寬廣，這些名家，除極少數例外，實難以再分出太多餘力從事較晚近之研究，以便串連古今。

如果說研究古代史的學者無暇兼顧近現代研究而與當代有所脫節，畢竟過去四十年間中央研究院設有一個近代史研究所，這個所的研究人員在過去十餘年間，也由二十幾個人增為五十幾個人。此外，另有這個領域的學者分布於各大專學校及幾個檔案典藏機構，如故宮、國史館、黨史會、文獻會等。最近有個中國近代史研究學會組成，成員一共有二百多人，佔為數約一千人的中國歷史學會成員比例約五分之一，[14] 何以仍然沒有將史學有效地拉來與社會結合？

這可由也是1992年當選為中央研究院院士的張玉法教授的說

---

[14] 根據兩者的名冊。

法得到了解。他是第一位由本土產生的近代史方面的院士。他的
〈臺海兩岸史學發展之異同（1949-1994）〉一文指出：

> 四十多年來在臺灣出版的歷史著作，可以作以下的評估：
> ……(3)受學術分工的影響，專題性的著作愈來愈多，通論性
> 的著作很少受到肯定。(4)大部分的史學家都寫描述式的歷史
> （descriptive history），並不建構大的解釋體系。[15]

　　由於古史範圍，早有名家氣勢如虹，他們之所以能夠成為大
家，必然已建構了較大的解釋體系。張玉法教授所說的現象以近
代史研究較為嚴重。論其原因，是張教授所謂的：「通論性的著
作很少受到肯定。」國立編譯館編的《高級中學中國文化史教科
書》所說：「現代歷史學者已從知識淵博、學貫古今的傳統通
人，轉變為精研某一斷代或專史的專家學者。」[16]在整個史學權
威建立在中國古代史的前提之下，近現代史在整個歷史學中較不
受肯定，已經是「先天不良」。長年以來用來肯定近現代史研究
的制度安排，主要是國科會的獎助與近史所本身的升遷辦法。至
少在近代史這個範疇，如果就較重要獎項的甄選而言，國科會的
獎助誠如張玉法教授所說，比較獎勵描述式的歷史著作，也就是

---

15 張玉法，〈臺海兩岸史學發展之異同（1949-1994）〉，《近代中國史研究通
　訊》，18：75、76（民國83年9月）。

16 國立編譯館，《高級中學中國文化史教科書》，下冊（臺北：國立編譯館，民
　國83年1月），八版，頁46。

利用一堆可以掌握到的資料稍加整理的著作。對於在描述之後再進行解釋，或是針對一個重要問題上窮碧落下黃泉找資料，並參酌大量歷史研究及相關理論加以探索的著作，較不鼓勵。任何一種獎助，都有引領將來學術發展方向的責任。這種學術獎勵方向背後也有對知識的真摯熱忱，那就是要透過點點滴滴的「部分」累積成為「整體」。但是這在方法論上可能沒有留意到：支撐「部分」成為「整體」的不只是「部分」，還有更能決定「整體」特色的「結構」。在「見樹不見林」的問題當中，最重要的不是有沒有看到森林裏的每一棵樹，而是有沒有看到樹與樹之間的配置方式如何影響林相。針對一個重要問題加以探索的工作，或是找尋「結構」的工作，遠比堆資料的工作辛苦，卻得到較少的鼓勵。近史所本身的升遷辦法也有類似的情況，尤其在近年中央研究院幾次五年計畫大量起用新人之後，在續聘、升等種種壓力之下，很多人不敢做大題目，或做比較有解釋性的研究。雖說近代史的領域已較方便於通古今之變，但在這種「先天不良」、「後天失調」的情況底下，臺灣的近代史研究也很難告訴這個社會我們是怎麼來的，我們又將往何處去。社會上的人難免要說出類似三百年前王船山（1619-1692）所說的話：

　　所貴乎史者，繼往以為來者師也。為史者，記載徒繁，而經世之大略不著，後人欲其得失之樞機以效法之，無繇也，則惡用史為？[17]

---

[17] 王船山，《讀通鑑論》，四部備要船山遺書，中華書局校刊本，卷6，頁12a。

（三）忽略現在與過去的對話

　　但當代臺灣史學的這段發展歷程，也像很多人類歷史的發展歷程一樣，往往是朱熹所說的：「扶得東來西又倒」。過分重視歷史與社會的結合曾有過過分「以今論古」的流弊，使得當代的史學作品，如有所論，也以「以古論古」較為上乘。如前引張玉法教授對四十多年來臺灣出版的歷史著作的第三項評估指出：「對史事和人物的評價較尊重歷史發生時的價值觀。」而在上述不講求歷史解釋的背景之下，為了不要「以今論古」，更使得很多作品回到「史料即史學」的路上走。

　　「史料即史學」的寫作過程，如圖一所示，是一種由過去所主導的歷史寫作過程，這種過程表面上是要對過去忠實，其實很難讓讀者了解真正的過去。就如二二八的資料可以告訴讀者某人於某年某月失蹤或被殺的故事，但沒有告訴讀者為什麼。如果要指出其中一個潛在因素是日本領臺讓日本化的臺灣人跟抗日的中國大陸人彼此不能相容，那歷史學家還要對整個日治時期臺灣人相當日本化的情形，以及中國大陸人因為八年抗戰而使其民族主義激昂到極點的過程有所了解。這樣就會加入歷史學家自己的判斷，而進到圖二的歷史寫作，也就是史家與史料不斷對話的過程。

---

18 詳見：林滿紅，〈史學與價值判斷——推介薩著「中國社會政治史」〉，《教學與研究》，2：211（民國69年6月）。

【圖一】

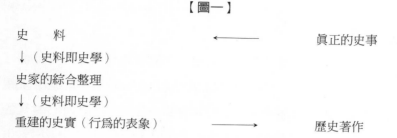

史　料　　　　　　　　　◀────　　　　　眞正的史事
↓（史料即史學）
史家的綜合整理
↓（史料即史學）
重建的史實（行爲的表象）　────▶　　　　歷史著作

出處：F. Robert Jr. Berkhofer, *A Behavioral Approach to Historical Analysis*（臺北：虹橋書店翻印，民國60年6月），頁21。

【圖二】

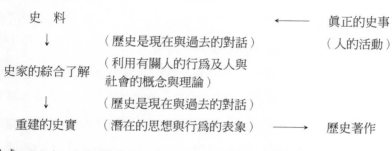

史　料　　　　　　　　　　　　　　　◀────　眞正的史事
↓　　　　（歷史是現在與過去的對話）　　　（人的活動）
　　　　　（利用有關人的行爲及人與
史家的綜合了解　社會的概念與理論）
↓　　　　（歷史是現在與過去的對話）
重建的史實　（潛在的思想與行爲的表象）　────▶　歷史著作

出處：F. Robert Jr. Berkhofer, *A Behavioral Approach to Historical Analysis*, 頁23。

　　在圖二中，歷史學家更希望能「以古論古」，也就是發揚史學的金科玉律──同情的了解。要爲古人設身處地，要知人論事，也就是要不斷地問爲什麼歷史人物會有這樣的行爲。[18] 尤其當資料往往是零散或是龐雜的情況下，要得到這種了解，事實上史家須運用有關人的行爲或人與社會關係的相關理論。

　　例如，目前因爲兩岸問題的威迫性，很多保衛本土的意識影響到歷史的重建工作，不少人刻意強調臺灣的獨特歷史傳統，其

中之一就是「海洋文明論」。海洋文明論係將中國文明分成兩支，像《河殤》這部電影認爲，以黃河爲基軸的內陸文明使中國的海洋文明難以開展。海洋文明論者很慶幸臺灣屬海洋文明而不是內陸文明。除了中國大陸的海洋文明之外，臺灣也承襲原住民從東南亞移入的海洋文明。他們所說的海洋文明，其核心內涵爲市場取向。市場取向在臺灣固然顯著，但是中國大陸並非沒有。

從目前中國大陸一片「一切向錢看」的聲音，可以明白他們一點都不缺市場取向的民性，他們所缺的是臺灣從日治以前所原有，日治到戰後以來，臺灣更加建構的方便市場經濟運轉的制度安排，像私有財產制度、商業法等等，所以並不需要去強調市場取向的民性是臺灣相對於中國大陸的特色。

除了運用史料需要歷史學家的判斷與解釋之外，歷史學家也可以去追問與自己所處時代比較有關連的問題。透過這樣一個寫作過程的歷史作品，應該比較能發揮前述歷史學對當代社會的功用。在這樣的過程中，歷史寫作是現在與過去不斷對話的過程，而不是現代人爲過去服務的過程。

其實由1970年代起，臺灣的歷史學即頗宣揚如圖二所示的歷史寫作過程。臺大歷史系由許倬雲、杜維運、陶晉生等等教授所授的史學理論或余英時教授影響極大的《歷史與思想》（聯經，1976），都在提振這種史學。近年一群臺灣年輕史家所辦的《新史學》也相當提倡這種史學，但在前述史學權威著重古史及近代史研究不鼓勵歷史解釋的情況下，也就走入今天史學與社會脫節的局面。

四、社會上習焉而不察的歷史觀

今天史學與社會脫節的局面也不純粹來自歷史學本身，而有來自社會的因素。

（一）戰後初期否定傳統的知識殘留

對社會上的統獨之爭，或歷史的定位之爭，不少分析者延用馬克思有關意識形態的看法，認爲這是權力爭奪的表面說詞。這在一些野心政客是可能的，但這些爭執已越來越使純潔的一般人風行景從。一般而言，意識形態之爭如果擴大，少數人的利害因素並不能有足夠的說服力，一定還要有足以說服一般人的理論基礎。[19] 我個人認爲獨派的脫離中國情結，與二次大戰結束到1970年代初期，瀰漫在各種社會理論中貶抑傳統的知識傾向有關。而這種貶抑傳統的知識傾向，也影響歷史學在臺灣社會中的跛腳地位。

戰後各國的社會理論，有些國家是延承戰前的馬克思學派的理論，馬克思學派的理論往往以爲傳統社會是封建社會，「封建」兩字幾乎是「落後」兩字的代名詞。自1930年代中國社會史論戰

---

[19] 參見：C. Geertz, *The Interpretation of Cultures* (New York: Basic Books, 1973), Chapter 8 "Ideology as a cultural system"；林滿紅，〈古文與經世：十九世紀初葉中國兩派經世思想的分殊基礎〉，《臺大歷史學報》，15（民國79年12月）：239-262。

之後，一直到最近常被討論的《興盛與危機》都有這種看法。[20]
連日本早期的馬克思論者也提過「亞細亞社會停滯論」。[21] 西方
各國的經濟發展學者在二次大戰結束之後，由於對低度開發國家
的歷史不夠了解，往往以為低度開發國家的傳統經濟是停滯不前
的。[22] 對美國與臺灣影響極大的社會學者 Talcott Parsons，其特殊
主義與普遍主義等等二元對比，也把傳統放在受貶抑的一方。[23]
從 Joseph A. Schumpeter 寫 *Capitalism, Socialism and Democracy* (New
York: Harper, 1942) 到 Fred Hirsch 寫 *Social Limits to Growth*
(Cambridge, MA.: Harvard U. Press, 1976)，西方的社會理論很少對
現代社會的優越性感到懷疑，因為在這期間西方世界經歷了非常
持久的經濟穩定成長與政治安定。一直到 1970 年代，經濟穩定成
長與政治安定的局面，不復長期存在，社會科學理論才對現代社
會提出較多的質疑，因而對傳統轉而產生較為正面的看法。[24] 此
時，在西方的西洋史研究方面，也開始批判將歷史看成是直線發

---

[20] Benjamin I. Schwartz, "A Marxist Controversy on China," *Far East Quarterly*, Vol.XIII (Feb. 1954), p. 143-153；Albert Feuerwerker, "China's Modern Economic History in Communist Chinese Historiography,"in Albert Feuerwerker ed., *History in Communist China* (Cambridge: M.I.T.Press, 1968)；金觀濤，劉青峰，《興盛與危機——論中國社會的超穩定結構》（臺北：古風出版社，民國 76 年）。

[21] 田中正俊，《中國近代經濟史研究序說》（東京大學出版會，1973 年），頁 5-10。

[22] E. E. Hagen, *The Economics of Development* (Richard D.Irwin, Inc., 1975), p. 162.

[23] Talcott Parsons, *The Social System* (Glencoe, IL: Free Press, 1951), p. 98, 125-127.

[24] A. O. Hirschman, "Rival Interpretations of Market Society: Civilizing, Destructive, or Feeble?" *Journal of Economic Literature* XX: 1463-1484 (December, 1982), p. 1470.

展，現代比過去好的惠格派歷史解釋（Whig Interpretation）。[25]
在西方的中國史研究方面，也由傳統停滯論轉而重視傳統的動
力。[26] 這樣的學術趨勢仍不斷在擴大之中，這由早期認為儒家文
化是中國落後的根源，到現在認為儒家文化是亞太經濟崛起的一
個精神支柱可見一斑。但目前臺灣卻有很多從事政治運動的人
士，為脫離中國而忽略臺灣深遠的中國文化傳統。

（二）為脫離中國而悖離事實的心理傾向

任何純潔的動機必須建立在求真的基礎之上，臺灣究竟是否
有史以來即脫離中國而發展？

大致說來，1895年以前，臺灣所累積的知識與制度，主要是
由中國大陸引進。

經濟方面，像我們現在所吃的蔬菜、水果，有80%是1895年
之前三百年由中國大陸所引進的品種。有關傳統的生產方式，很
容易浮現在我們腦海裡的圖像就是一個農夫牽著牛推著犁在耕
田。把犁跟牛結合起來使用是春秋戰國時代農業技術方面的重大
突破，荷領臺灣時期（1624-1661），牛與農具由中國大陸引進的
數量很少，主要用的是鋤，到鄭領時期（1662-1683）開始採用

---

[25] Bernard Bailyn, "The Challenge of Modern Historiography," *American Historical Review*, 87 (Feb.1982).

[26] Philp C. C. Huang, "The Paradigmatic Crisis in Chinese Studies," *Modern China*, Vol. 17, No. 3, 1991; Paul A. Cohen, *Discovering History in China: American Historical Writing on the Recent Chinese Past* (New York: Columbia University Press).

犁。但到清領初期（清朝統治臺灣，是由1683至1895年），農墾土地的利用尚為粗放。種植甘蔗時，是以不同土地每年輪耕。沒有施肥，也罕有灌溉。因此稻米只有秋收。清朝將臺灣納入版圖後一百年間，灌溉工程廣泛興築，引進早熟稻以獲得春收。到了清朝初年，犁與牛的引進日多。隨著犁與牛的使用，水車也跟著引進。水車是魏、晉、南北朝前後開始有的，是中國技術史上一個很重大的突破。李約瑟講中國科學文明史，說中國並非全然不用機械，水車就是機械力的運用，中國利用這種動力來磨麵粉與紡紗。此外，目前臺灣的農作是一年二至三穫，這一年數穫也是先在中國大陸慢慢發展起來，然後再傳到臺灣的。中國農業原來只有一年一穫，到了宋代之後，因為從安南（今越南）引進一些生長期比較短的早熟稻，然後才一年多穫，這個技術也是18世紀時引進臺灣。源起於春秋戰國時代，而確立於魏晉南北朝時期的私有土地制度，也在1895年以前的三百年間從中國大陸移入臺灣，在此期間，隨著農業技術的提昇，可以有更高的農業生產力，使每塊土地原來只有一個擁有土地所有權的大地主，又有向他承租土地收益權的小地主，再有為小地主耕作的佃農。這樣的關係堆疊上去，變成一田兩主制度。目前看到的清代地契，地權常是一群人所共同持有，一個原因是約集多人一起投資，而合夥的辦法是宋代開始有的，這是商業習慣由中國大陸引進臺灣的一個例子。[27] 七千年來中國累積的經濟知識與技術，也因此在1895

---

[27] 參見：林滿紅，〈中國傳統經濟的特徵〉，《人文社會科學通訊》，2：5（臺

年以前的三百年間，一波一波地介紹到臺灣來。

在文化方面，鄭成功領臺以來就不斷將儒家文化引進臺灣，清朝統治臺灣時期，也不斷加強這樣的發展。雖然清朝一再地倡導儒家文化，可是到臺灣的早期移民草根性很濃，對儒家經典興趣不高，參加科考的人往往不是很踴躍。當時清朝的辦法是每個地方的科舉考試有固定錄取名額，但因為臺灣考的人很少，也一樣照人頭配名額的情況之下，有很多福建籍的人會來臺灣冒籍應試，這表示在臺灣開發的第一階段，儒家文化並不深入。可是到了清朝末年，書院慢慢增加起來，1683到1860年間，平均每年設0.13所，1860到1893年間，平均每年設0.42所書院，顯示儒家文化的傳播越來越快，這也是像霧峰林家到日治時期成立漢文私塾，希望保持這樣一個傳統的根源。到了日治時期，儒家文化雖不受提倡，但臺北孔廟是在日治時期建的。此外，到臺灣的移民也引進各種民俗信仰。[28]

這些傳統有很多是後來臺灣發展的基礎。就1937年的每人國內生產淨值而言，如以日本為指數一百，臺灣為五十五至六十，朝鮮為三十至四十。[29] 研究過日治時期臺灣經濟史的學者，很多

北：教育部人文社會科學指導委員會，民國81年2月），頁64-66，73-75；林滿紅，〈光復以前臺灣對外貿易之演變〉，《臺灣文獻》，卷36，期3、4（民國74年12月），頁55；林滿紅，〈經貿與政治文化認同──日本領臺為兩岸長程關係投下的變數〉，前引文，技術移轉部分。

[28] 參見：林滿紅，〈貿易與清末臺灣的經濟社會變遷（1860-1895）〉，《食貨月刊復刊》，卷9，期4（民國78年9月），頁155。

[29] 山本有造，《日本植民地經濟史研究》（日本：名古屋大學出版會，1992年2

都提到在日本統治下的臺灣人民，相對日本殖民的朝鮮人民具有經濟理性，只要是利之所在，不必訴諸政治的驅迫，就願嘗試新的技術或經濟發展機會。[30] 雖然日本政府早在日本本國、朝鮮、滿洲設立商會，但遲遲不敢在臺灣成立，重要原因之一是日本政府唯恐臺灣本土的商人相對於其他殖民地的本土商人勢力雄厚，有從事民族運動之虞。[31] 因此在日本占領臺灣以前，臺灣社會原已厚實的經濟發展潛力，不可忽視。

　　就強調臺灣文明是海洋文明的論點來說，臺灣的文化真的是沒有內陸的根源嗎？現今臺灣使用的文字系統還可溯源於七千年前的仰韶文明，由那時候留下的一些文字已可看出是我們現在所用不是拼音系統的中國文字原型。另外，一直支撐中國人不斷努力的慎終追遠觀念，也可溯源於仰韶文明中的祖先崇拜遺物。[32] 而仰韶文明正是在黃土高原發展起來的。所以內陸文明其實是臺灣的一個文化根源，如果將臺灣的文化根源窄化成只有海洋文明，其實並不完整。

　　這樣一個傳統當然也有它不完美的地方，不過比方說，現在

　　月），頁121-122。

30 林滿紅，〈日據時代臺灣經濟史研究之綜合評介〉，《史學評論》，期1（民國68年7月），頁171。

31 趙祐志，《日據時期臺灣商工會的發展（1895-1937）》（台北：稻鄉出版社，民國87年6月），頁61-66。

32 Ping-ti Ho, *The Cradle of the East: An Inquiry into the Indigenous Origins of Techniques and Ideas of Neolithic and Early Historic China, 5000-1000B.C.* (Chicago: The University of Chicago Press, 1975).

一個外國人來到臺北，他會不會說：「我們去吃麥當勞好嗎？」他很可能會吃膩了，他會希望去吃中國菜或是臺灣菜。七千年的中國文明能在臺灣有多一點的保留，其實是臺灣的一個資產。以往是過分注重中國大陸傳統而忽略本土的發展，但就像臺灣的第一個發展階段只注重經濟發展，而忽略環保或其他文化建設等一樣，在有此覺悟之後，要做的並不是拆掉所有工廠，改種上樹或蓋上博物館，而是把第一個階段已經付出代價所累積的財富，拿來第二階段做一些補強的工作。像現在在國中歷史教育中先有「認識臺灣」的課程是對的，雖然其課程內容似乎仍有不少可以改善的空間。但中國傳統的確是臺灣文化的一個根，臺灣今天能走得比中國大陸順，就是這個根保留得比中國大陸好。輕言拋棄，將是不智之舉。很弔詭的是，那些很想把中國擺脫掉的人，在思考歷史時卻常常沒有擺脫掉以中國為範圍的思考框架。

（三）要脫離中國又陷在中國空間框架的思想弔詭

頗多臺獨人士認為日治一段的臺灣歷史需要強調，可是就日本占領臺灣這件史事而言，卻常把根源怪到外省人——李鴻章身上，因為「宰相有權能割地，孤臣無力可回天」，所以錯在外省人。而外省人中，也有很多只從李鴻章的喪權辱國來謾罵。事實上，日本之所以欲占領臺灣，從日本德川末期以來的南進思想才是主導因素，國防的考慮是日本占領臺灣的最主要原因。除此之外，清朝末年，日本向臺灣購買大量的糖，在《馬關條約》簽定之前，日本的《產經雜誌》，曾直接以經濟為理由主張占領臺

灣，以改善甲午戰爭前夕日本非常嚴重的貿易赤字。[33] 此事顯示我們腦中長期以來以中國為空間框架的歷史思考方式，會使我們把兩岸這樣一個國際因素造成的問題，想成是中國內部問題。這一歷史思考方式也使我們即使討論了日治時期的臺灣歷史，也只強調中華民族抗日運動的部分，而忽略了日治時期留給戰後臺灣的諸多影響。

兩岸問題之所以逼人，也因為雙方的中國人都沒有跳出以中國為範圍的歷史思考框架。但近代以來中國之所以遠遠落在日本之後，而遭到由甲午戰爭到日本大東亞戰爭的種種摧殘，與近代以來日本人民以世界為其活動的空間座標，中國人以中國或以東亞為其活動的空間座標也有關連。

最近日本學者經常指出，近代日本在東亞方面拓展商業時，遭到中國商人的強力阻隔，例如日本人要買英國的棉紡織品，並不是自己的商人去印度或者倫敦買，而是要向上海的中國人買。向中國商人買也不是日本商人直接到上海來買，而是由在日本的中國商人買。日本工業化的第一個階段發展紡紗業時要向中國買棉花，第二個階段發展棉布業時，要向中國買生紗，不論向中國買棉花，或是向中國買棉紗，或運棉布賣中國，主要都是經由華商。日本人的棉紡織品賣到東南亞時，常常也要經過駐日的華

---

[33] 參見：梁華璜，〈日本併吞臺灣的醞釀及其動機〉，《國立成功大學歷史學系學報》，號 1（民國 63 年），梁文亦被收入：《中國近代現代史論集》，第 29 篇：近代歷史上的臺灣（臺北：商務印書館）；林滿紅，〈經貿與政治文化認同——日本領臺為兩岸長程關係投下的變數〉，前引文。

商。所以中國人在東亞地區根深柢固的商業網絡，一直就是日本的障礙。中國在東亞地區為什麼會有根深柢固的商業網絡？教科書上說，鴉片戰爭之前中國是閉關自守；事實並非如此，即使中國最後剩下廣州與外國通商，廣州港還是在對外貿易。但日本則是相當程度的鎖國了差不多兩百年，使得中國在東亞海域上取得商業霸權。等到日本被培理（Perry）開關之後，要去東亞海域發展時，發現到處都受中國商人掣肘，這使得日本的空間座標跟著調整，例如三井、三菱等商社，紛紛發展成國際公司。但中國卻相當自足於原來的基礎之上，較少往外擴展。[34]

　　因為中國在東亞海域商業網的根深柢固，也使鴉片戰爭前夕的中國與世界經濟緊密相連，而日本則否。[35] 與世界經濟的緊密關連也使近代中國外患綿延，而日本除了培理開關之外，沒有太顯著的外患。[36] 這使救亡圖存成為近代中國的最大課題，中國的民族主義重點在於保住中國，也就是說，中國由 18 世紀以來與世界經濟的緊密關連，反而使中國人更陷入以中國為範圍的歷史思考框架之內；反之，日本在 18 世紀的鎖國反而使其在沒有外患侵逼的近代，發展往世界擴張的民族主義。今天海峽兩岸的中國都

---

[34] Kaoru Sugihara, "China in the Growth of Intra-Asian Trade, 1864-1941," paper presented to the workshop on China in the Asian International Economic History, 1850-1945, May 20-23, 1993, pp. 10、11、14、17、19。

[35] 參見：林滿紅，〈世界經濟與近代中國農業──清人汪輝祖一段乾隆糧價記述之解析〉，《近代中國農村經濟史論文集》（民國 78 年 12 月），頁 318-320。

[36] 參見：Francis V. Moulder, *Japan, China, and the Modern World Economy* (Cambridge: Cambridge University, 1977).

遠落於日本或其他先進國家之後，雙方的中國人如能跳出長遠以來以中國爲範圍的歷史思考框架，彼此取長補短，攜手走向國際舞臺，反而會給中國人帶來更多幸福。

　　而長遠以來把中國人局限在以中國爲範圍的歷史思考框架的知識制度之中，歷史學是極關鍵的一環。相對於前述史學與社會的脫節，在這個層面卻又可以看到歷史學對社會的深刻影響。只是要將歷史學由社會的包袱轉爲重寶，在概念與技術方面，臺灣的社會與史學兩者都要努力改善前面所指出的種種流弊。

五、對未來的建議

（一）概念方面

1. 揚棄輕忽歷史學的習慣

　　歷史學是要仰賴大量證據，並需要審愼研判的學問，做爲一種知識，它的難度絕對不小於其他知識。就像一個有點保健常識的人仍然要尊重醫生的專業看法一樣，雖然每一個人多少是某部分歷史的縮影，仍然有需要歷史學工作者上窮碧落下黃泉地找證據，由較爲深廣的歷史脈絡中探尋某件史事的意義。尤其在其他國家由1970年代起已轉而留意傳統的重要性，而臺灣的知識界覺悟較晚的情況下，揚棄長遠以來輕忽歷史學的習慣是臺灣整體社會可以做的事。

2. 加強歷史現象的整體分析

　　歷史的整體分析要留意同一時代經濟、社會、政治、文化等各方面現象間的關連，譬如日治時期前往中國大陸的臺商，進行的雖是商貿活動，但其政治認同值得留意。歷史的整體分析，也要留意歷史表象背後的潛在構成因素，譬如討論二二八事件，除表面涉及的人與事之外，也應留意抗日的中國大陸人與日本化的臺灣人不能相容的潛在歷史難題。歷史的整體分析，亦可留意跨國之間的關連與比較，譬如現有研究多半指出從事兩岸貿易的郊商在清末已經衰微，其實其所用的證據，多為19世紀上半葉臺灣與中國同受世界經濟蕭條影響時的資料。至1895年以前的19世紀下半葉（清同治光緒年間），則臺灣郊商也分享世界經濟景氣。因為國際貿易為臺灣增加的財富使臺灣買了更多的中國大陸商品，郊商做的兩岸貿易反而更為擴大。此時臺灣的郊商，不但不像以往學者所說的衰頹或完全依附於英國資本之下，反而非常倚重中國大陸上的山西票號與錢莊資本。與拉丁美洲、中東、部分非洲以外諸多第三世界的傳統商人相同，臺灣的郊商也發展對以歐美為中心的世界資本市場，及本土原有的資本市場之雙重依附關係。[37] 歷史的整體分析，並須留意歷史現象在不同時間的延續與變遷，譬如將荷蘭東印度公司仰賴鄭氏家族來進行兩岸貿易，與清末外商難以侵入郊商的中國大陸市場兩相比較，即可看

[37] 林滿紅，〈清末中國大陸來臺郊商的興衰——臺灣史、中國史、世界史之一結合思考〉，《國科會研究彙刊——人文及社會科學》，4：2（民國83年7月）。

出中國商人在東亞海域勢力的根深柢固，以及當前亞太經濟崛起的若干背景。[38] 此外，將日本領臺之前與之後兩相比較，又可以看出國家介入社會程度差距之大。

德國哲學家 Karl Jaspers（1883-1969）指出：「當代教育有下列不穩定的徵兆：……每年出版數不清的文章、書籍，教學技巧亦不斷地增加。每個老師為教育花出的心血是前所未有的多，但因缺乏一個結合的整體，卻讓人有無力感之印象。」[39] 當前極具影響力的管理理論是美國麻省理工學院 Peter Senge 所提倡著重整體的管理哲學，在他看來，整體不是部分的集合，整體的品質取決於組成分子之間關係的品質，而不是組成分子的品質。[40] 在目前各門知識都更追求整體性知識的今天，由於史學在各門知識當中，最具有整體通貫的性質，透過歷史的探討，即使該歷史問題與當代不相關連，也像沒有實用性質的數學演練可以使我們的思考更加精密一樣，可以增進國民整體思考人類行為的習慣。

3. 珍惜中國文化遺產、脫離中國為主的歷史思考框架

在臺灣、中國與世界的歷史定位方面，由於中國傳統是臺灣

---

38 參見：林滿紅，〈經貿與政治文化認同──日本領臺為兩岸長程關係投下的變數〉，人口移入部分；林滿紅，〈清末中國大陸來臺郊商的興衰──臺灣史、中國史、世界史之一結合思考〉，前引文，頁180。

39 中國歷史學會，〈全國大專院校中國歷史教學研討會記錄〉，非賣品（民國82年），頁63。

40 《工商時報》，版33（民國84.4.7）。

傳統的重要根源之一，在強調本土的發展過程中，不宜拋棄中國傳統。何況成功的古史研究作品，也一樣可以具有轉移當代人的時空座標，增加當代人的思考彈性；補當代學問之不足，提供了解人類行為整體的一種思考訓練；指出社會表象的潛在構成因素；協助當代社會了解現狀的淵源等種種功能。但以中國為主的歷史思考框架則應擺脫，這不純粹是外國史知識的攝取，尤須要求歷史學者多寫出臺灣史、中國史與世界史結合思考的作品。

4. 古史與近現代史平衡發展

目前除了臺灣的史學權威在於古史之外，一般歷史教學也依朝代先後論述史事，沒有脫離1920至1940年代所建立的史學傳統，[41] 即使目前國中的「認識臺灣」部分也是如此。這種順序常使一般人對古史較熟，對近代史較不熟。由於協助當代社會了解現狀的淵源為史學的任務之一，古史與近現代史應求平衡發展。敘述史事，像James Joyce小說那樣時間雜錯展布亦無不可。[42] 如講1950、1960年代臺灣的文化思想，宋明儒學的影響仍可留意。近代史研究除可協助當代社會更了解現狀的淵源之外，在增進國民知識方面，另有相對於古史的優勢。任何知識，只有資料豐富、論證嚴緊才能提供國民良好的思考訓練，從而獲得人們的尊重。近代史的資料一般說來較古史豐富。尤其晚近史學著重潛

---

[41] 張玉法，〈臺海兩岸史學發展之異同（1949-1994）〉，頁75、76。

[42] F. Robert Jr. Berkhofer, *A Behavioral Approach to Historical Analysis*, Chapter 10, Conceptions of time: Their Variety and Uses.

在歷史如心態史的探究，如果沒有完整的論證，光是題目新穎，對增進國民嚴謹的思考習慣而言，實非益事。

（二）技術方面

1. 社會部分

(1)立法院通過的檔案法應具體落實

在以往歷史知識側重古史的情況下，最被忽略的是臺灣當代史的研究。臺灣無論要國際化還是本土化，都迫切需要建構在臺灣的當代歷史，要建構這段歷史，沒有檔案是不行的。這幾年在很多國際學術會議上常聽到有關中華民國的研究不夠紮實的評語。試問沒有檔案可以依據，研究如何做得紮實？在國際人士的知識領域中，中華民國沒有地位，中華民國如何在國際組織中爭取一個席位？李登輝先生在擔任總統期間，曾提倡由社區出發來經營大臺灣。在社區研究方面，有個方法論上的有名故事。美國社會學家 W. L. Warner 在研究 Yan Kee City 這個社區時，因不重文獻，很多論據不夠紮實而備受批評；反之，R. S. Lynd 在研究 Middle Town 時，因為大量利用了人口普查資料、縣市記錄、法庭檔案、日記、年鑑等等，而成為社區研究方面的佳作。[43]最近熱烈展開的社區文化建設運動，很多採用口述採訪，其實不夠。許多國家只要超過三十年的檔案，除非極機密性文件，均可供學術研究。目前國家檔案法雖已通過，但具體規範仍待展開。檔案

---

[43] 龍冠海，《社會研究法》（臺北：廣文書局，民國57年），頁202-221。

除了供歷史研究之外，也供法律取證、行政參考，沒有一套健全的檔案制度，這兩方面均難以健全。當然，「徒法不足以自行」。隨著檔案法的通過，各級經管檔案的工作人員需接受更專業的檔案管理訓練。

(2)速將公報、報紙資料掃描建立光碟，並鼓勵全民寫史

由於歷史工作很需要積沙成塔，而如前文所述，每一個人多少是某部分歷史的縮影，我們可以鼓勵全民來寫歷史。目前公報資料，中央圖書館已有民國73年以後的光碟資料，有待政府補助，加速回溯建檔的工作，並提供全文檢索。在中央研究院已為二十五史及臺灣方誌等建立電腦檔之後，全面資料的電腦化工作仍有很大的努力空間。

2. 史學部分

(1)調整與史學相關的獎評、升等、聘任辦法

史學為能達到其提供國民整體知識的效果，需要相關的獎評或升、聘任等鼓勵辦法有所調整：

甲、各種獎評對從事整體分析的史學作品要多加鼓勵，以前舉史學的功用衡量史學作品的貢獻度。在評分表上要加大貢獻度與資料運用以及文字流暢等之間的分數差距；獎額越大者，或升越高職等之代表作，貢獻度所佔百分比要越高。

乙、升等著作如非專著，亦以相關之文章為宜，因為零散而彼此不相關的一些文章，較難提出大的歷史解釋。

丙、目前臺灣的史學人才集中在大學與中央研究院兩部分。

中央研究院可考慮多提供博士後研究，以便修改出版傑出博士論文，並爲轉至大學教書之準備；博士後研究在一至三年內完成之後應鼓勵至大學教書，如此才不會與社會脫節，也較能刺激歷史現象的整體研究。中央研究院亦應就大學之中拔尖聘用其研究能力堅實者，使其在減少教學負擔的情況下，充分展現其研究能力，並使中央研究院眞正發揮全國最高學術研究機構的作用。[44]

(2)歷史教育要加強對當代臺灣歷史的研究實習

一般歷史教育多以演講進行，少配合調查研究，多少減低學生結業之後的自學能力。目前在講求鄉土教育的情況下，可能會有一些古蹟或口述歷史的採訪，但中學以上的各級歷史教育，其實可以善加利用各種政府公報，就學校所在地之某一專題進行研究實習，例如臺中市的學校可根據《臺中市政府公報》、《臺中市議會公報》調查火災在臺中市的歷史發展，其發生頻率、發生原因、政府與民間在防範火災過程中的互動關係等等。此外，如《臺北市議會公報》載有台灣改隸中華民國政府統治初期大量中國大陸人口移入時的公共衛生問題，《臺中縣議會公報》載有當時該地土地改革的資料，均可參用。此等公報，各公立圖書館或大學圖書館大都可以調借。[45] 有電腦可以檢索的部分更方便研

---

[44] 此一意見得中央研究院統計所所長魏慶榮教授之啓發，特此致謝。

[45] 林滿紅，〈全民寫史運動的一個起點——「臺灣所藏中華民國經濟檔案」的編纂與期許〉，《經濟日報》，版30（民國84.10.24）、版25（民國84.10.25）；林滿紅主編，《臺灣所藏中華民國經濟檔案》（臺北：中央研究院近代史研究所，民國84年10月），序。

究。以往多半認為歷史教育有待歷史研究來支援，其實這個關係可以改為互動。藉此研究實習，除可增進國人對鄉土的了解之外，其累積的佳作也可發表在各種園地，間接提供歷史學家更完整、深入地探討臺灣的各種歷史變遷，也有助於中華民國在國內、外人士心目中地位的更為明晰。透過這些研究實習，現代史與古史或許得以平衡發展，整個臺灣的史學才更能成為現在與過去不斷對話的心智活動。

六、結論

　　本文指出近五十年來臺灣史學與社會的基本關係，當代臺灣的史學與社會都相當受以中國為框架之限制，這種思考框架很諷刺地是來自18世紀以來中國相對日本更密切的世界經貿關係，以及因之而造成近代以來中國相對日本頻繁的外力侵逼，使救亡圖存成為近代中國之一大課題，中國成為思考中國問題的習慣性空間範圍。但在另一方面，當代臺灣的史學與社會又嚴重脫節。現代化理論一則造成史學在當代臺灣社會之不被重視；二則造成史學也分經濟、社會、政治、思想等區隔，有關各種人類行為，各個時空歷史間的互相關連性著墨不夠，而使史學未善盡其提供人類整體思考訓練之職責；三則常造成史學「以今論古」而未遵守「以古論古」的金科玉律。當代臺灣史學的權威在古史，史學方面的獎勵政策不很了解「結構」比「部分」更決定整體性質的方法論意義。這些都是造成史學與社會嚴重脫節的原因。除建議建

立世界史觀以開啓國民新的器局之外，本文也建議史學多鼓勵整體解釋性的研究，而少鼓勵部分描述性的研究。此外，此文並建議立法院通過檔案法的具體落實，政府機構將所有當代臺灣的報紙、公報建立光碟，並透過各級歷史教育從事研究實習，以發起全民寫史運動。在史學與社會往這個方向努力之後，整個社會將更能了解我們之所由來以及該走向何方。

以世界框架寫中國人的近代史[*]

一、歷史記憶會影響歷史進程

　　身為一個近代史研究工作者，面對如何開創中國人的21世紀這個問題時，內心直接的吶喊便是以世界框架寫中國人的近代史。中國人是指文化上的中國人；世界框架是相對於中國框架而言，中國框架係指以中國這塊土地為思考中國人歷史的空間範圍；世界框架則指以世界為思考中國人歷史的空間間架。「以世界框架寫中國人的近代史」所要說的，包括：㈠以世界框架描寫中國人已經過去的近代史，以及㈡以世界框架寫中國人未來的近

---

* 本文係應民國85年6月10日中央大學等主辦紀念韓故教授忠謨先生《如何開創中國人的二十一世紀》學術研討會而寫；原發表於：《當代》，第120期，1997年8月，頁38-51；《中外雜誌》另曾發表無註解版。另有相關論文：〈以世界史觀開新世紀格局——以世界框架重建中國人的歷史記憶〉，發表於《聯合報》，民國85年7月22日，第11版。

代史。在做這樣的陳述時，有以下三個基本命題：1.怎麼重建歷史會影響怎麼開創歷史；2.由19世紀中葉以來的百多年間，中國人越來越以中國框架重建歷史，留下不少遺憾；3.要使21世紀的中國人有更光明的前景，一定要改以世界框架寫中國人的近代史。

　　這種訴求不直接等於擺脫民族主義史觀，民族主義是關心自己民族發展的一種想法，一種非常自然的感情，就像我們今天談如何開創中國人的21世紀這問題時，其本身就有民族主義的意涵。此外，一個民族的歷史記憶是在很長的時間裡，透過歌曲、電影、小說、家訓、博物館展示、歷史教科書等，深深地鑲嵌在每個族人的心裏，極難加以拔除。例如，主張臺獨的人喜歡說臺灣人四百年史，而不說臺灣人幾千年史或幾萬年史，在說臺灣人四百年史時，這個「臺灣人」已有中國的成分在，因為這個陳述忘了來自東南亞的臺灣人，而僅指四百年前開始大量由中國大陸來的臺灣人。因此，從這類說法也可看出以中國為框架的記憶不夠完整，我們必須以世界為框架來重構浸沐於中國文化的中國人的歷史記憶。尤其那些排外、仇外、不顧慮世界發展局勢的偏狹民族主義，更是應該去除的。

　　本文在做此類訴求時，想先指出偏狹的歷史記憶曾造成中國人的遺憾。由於邀請撰寫此文的會議在如何開創中國人的21世紀這個主題之下，希望筆者談兩岸關係的歷史發展，所以針對以上命題，筆者將舉與兩岸較有關的事例來做說明。由於筆者探索兩岸關係史，比較以政治經濟學、經濟人類學、經濟社會學的角度

切入經貿問題來談，筆者用來說明與兩岸較有關的事例，亦將比較偏重這方面的歷史往事。所以由經貿問題切入，是因為在臺灣人民的生活中，經貿一直是很重要的一環，也較有長時間序列的資料可看出其變遷大勢。接著，筆者將討論中國人以中國為框架建構歷史的一個根源，其中也會談到兩岸目前近代史觀的不足之處。其次，筆者將舉例說明以世界框架較以中國框架更能看出兩岸關係史的基本輪廓所在。最後，筆者將以兩岸關係史以及中國近代偏狹的民族主義史觀深遠的國際淵源，說明以世界框架寫中國人的近代史的必要性。

二、偏狹歷史記憶曾造成遺憾

事例一：李登輝總統曾為日本人之說

臺海危機期間，與「武嚇」並行的「文攻」中，李登輝向司馬遼太郎說他在二十二歲以前是日本人這番對話，成為中國大陸政權批鬥的口實。這件事在中國大陸展開文攻之前，先在臺灣上屆臺北市長選舉期間的媒體上喧騰過。《馬關條約》是規定李登輝在二十二歲以前，或是所有在1895到1945年間的臺灣人民之國籍均屬日本籍。這裡要問的是：為什麼中國人這麼不願意就事論事？一個很直接的原因是：國人對日本人留下太多負面的歷史記憶了。但即使就中國法制的現代化而言，日本對中國即貢獻甚多，造成這種因偏狹的歷史記憶而引起之紛爭，實屬遺憾。

事例二：中國的土地不夠扶養人口之說

中國近代經濟史的著作，大都認為人口過多是中國發展的一大包袱。[1] 但回顧日治時期的臺灣，當同時期的中國大陸人口成長幾乎停滯時，臺灣卻因為綠色革命與醫療衛生的改進，人口由二百五十五萬增為六百萬；雖然人口顯著成長，每年仍須由中國大陸移入一萬到四、五萬的勞工，協助採礦、採茶、鞋匠、裁縫師等等工作。當綠色革命與醫療衛生雙管齊下時，臺灣的平均壽命提高，宿命觀逐漸擺脫，婦女會、青年會等紛紛成立，民族運動、民間廟會轉趨活潑，白話文、芭蕾舞、現代流行歌曲、現代話劇、現代美術等藝文活動也相繼展開。[2] 相對地，中國大陸在1949年以後，採行封閉經濟的同時，中國的土地不夠扶養人口之說更衍為社會理念，一胎化政策在嚴苛之外，是否造成小皇帝們（The spoiled one-child）驕寵霸道的集體性格，已引起學界的注意。

事例三：由郭嵩燾到尹仲容到鄧小平

尹仲容是1949到1963年間臺灣經濟政策的掌舵者，在1949至1955年之間，曾擔任臺灣區生產事業管理委員會副主任委員、

---

[1] 林滿紅，〈世界經濟與近代中國農業——清人汪輝祖一段乾隆糧價記述之解析〉，《近代中國農村經濟史論文集》（民國78年12月），頁321-325。

[2] 林滿紅，〈評介陳著《臺灣的人口變遷與社會變遷》〉，《臺灣風物》，卷29，期4（民國68年12月），頁11。

經濟部長、中央信託局局長與經安會工業委員會召集人等職務。
1955至1957年時，卻因中央信託局貸給揚子木材公司的貸款無
法如期償還而移送法院偵辦。在一年多的法院調查期間，尹仲容
辭去所有職務，在家侍母、讀書之餘，從事《郭嵩燾（1818-
1892）年譜》的編纂。郭在幫助平定太平天國之亂以後，曾出使
英法兩國，回來積極提倡世界知識，但為朝廷所不容，被社會人
士指責為漢奸，在解職期間，家鄉住宅甚至被搗毀。郭所提倡的
世界知識包括公營企業開放民營，與尹仲容在美援的護持下鼓勵
民營企業之主張相似。揚子木材公司案因國營派的揭發而被調
查，是民營政策下的一個不幸。尹仲容在此案被調查期間編寫
《郭嵩燾年譜》，宛如歷史的重演：一個較受西方影響的開放經濟
理念不見容於中國。但郭不復受用，尹在法院宣判無罪之後，又
歷任經安會秘書長、外匯審議委員會主任委員、美援會副主任委
員、臺灣銀行董事長，推動臺灣由保護主義轉為自由主義的經濟
政策，也帶動了臺灣經濟的快速成長。[3] 在1949年以後的中國大
陸，一直要到鄧小平採行開放經濟才看到類似的政策採行。即使
鄧小平的政策仍有頗多統制，此時距離郭嵩燾的時代已近百年。
這些歷史往事不禁讓我們興問：如果在郭嵩燾的年代，即能擺脫
偏狹的民族主義，中國人是否會比今天更幸福許多？

[3] 參考：黃子華，〈尹仲容的經濟政策與經濟思想〉，（臺北：臺大政治所碩士
論文，民國85年6月）。

三、近代中國偏狹歷史記憶之形成

　　最近日本學者經常指出，19世紀的日本要擺脫18世紀的鎖國階段，同時要拓展東亞方面商業時，遭到在東亞海域有根深柢固商業網絡的中國商人之強力阻隔，這使得日本的空間座標跟著調整。但中國卻相當自足於原來的基礎不再往外擴展。因為中國在東亞海域商業網的根深柢固，也使得鴉片戰爭前夕的中國與世界經濟緊密相連，而鎖國的日本則否。與世界經濟的緊密相連，從而引發的商貿衝突，亦是近代中國外患不斷的重要因素，這使救亡圖存成為近代中國的最大課題，中國的民族主義重點也因此在於保住中國。近代以來中國之所以遠遠落在日本之後，遭受從甲午戰爭到大東亞戰爭的種種摧殘，與近代日本以世界為其活動和歷史記憶的空間座標，而中國人以中國或以東亞為其活動及歷史記憶的空間座標有所關連。日本自甲午戰爭到日本大東亞戰爭對中國的種種摧殘，更將近代中國偏狹的民族主義節節推高。

　　李登輝在淡水小學的百年校慶說他在日治時代唸的小學歷史課本比現在臺灣的小學歷史課本有世界觀，是近代中日兩國歷史記憶空間座標有別的一個註腳。這種感覺也見於臺大一位外省籍的歷史學者十幾年前一篇史學回顧論文。他注意到由臺北帝大轉到臺大，歷史系中的南洋史（東南亞史）研究隨之式微；如以臺大校長傅斯年所創的中央研究院歷史語言研究所集刊，與《臺北帝大史學科研究年報》互相比較，兩者都受歐陸科學史觀影響，

重視史料蒐集與史事考訂，但前者只研究中國史，後者包括日本史、東洋史及西洋史。

　　日本自與西方接觸以來，其歷史研究即具世界觀，而與中國史學有太強烈的中國中心觀有所不同。[4] 1995年日本放送出版協會有關各國歷史教科書的統計，就東亞各國的近現代史教科書而言，其對本國史、東北亞史、世界其他地區史討論的篇幅比例如表一所示，日本討論其他國家的比例遠較東亞其他國家爲高，約及一半，臺灣、中國大陸均僅約及四分之一，其中討論世界其他地區史的比例，臺灣、中國大陸分別佔8.7%、8.9%，日本則高達28.4%。就世界史、本國史各個斷代史加總而言，日本討論世

表一　東亞各國本國史近現代史教科書的地域分佈

國別	本國史	東北亞史	其他地域史	總計
日本	56.4	71.6	28.4	100
南北韓	79.1	92.6	7.4	100
中華人民共和國	76.0	91.1	8.9	100
中華民國(台灣)	70.5	91.1	8.7	100

資料來源：中村哲，《歷史はとら教えらわていか──教科書の國際比較から》（東京：日本放送出版協會，1995），頁223。

---

[4] 李東華，〈1949年以後中華民國歷史學研究的發展〉，《中國論壇》，卷21，期 1（民國74年10月），頁39。

界其他地區史的比例亦高於英、法、德等國而居世界最高位，達47.5%，臺灣與中國大陸分別為29.5%、32.7%（見表二）。

表二、各國歷史教科書的地域分佈

國別	本國史	鄰近諸國史	其他國家史
日本	34.8	17.7	47.5
南韓	52.3	17.8	30.0
南北韓	43.3	19.0	37.7
中華人民共和國	55.2	12.1	32.7
中華民國（台灣）	57.8	12.7	29.5
英國	62.5	22.9	14.5
法國	29.7	50.6	19.5
德國	32.9	33.8	33.3

資料來源：中村哲，《歷史はとら教えらわていか──教科書の國際比較から》，頁223。

　　中國大陸史學在帝國主義侵略論的強調下，有時較臺灣更注意世界史，但多半只著重列強侵略中國的一面，而沒有太注意及列強對華關係的更深遠背景。如中國之所以在甲午戰爭中挫敗，中國學者多半強調中國本身洋務運動的失敗，但翻開日本的教科書，會發現日本的洋務運動也失敗，日本在甲午戰爭中打中國的武器主要是買來的。而日本明治時期的稅入有60%以上來自田賦，其中約有二分之一用於國防。故日本在甲午戰爭中用來打中

國的武器主要是由農業部門所提供。[5] 中國則因戰亂頻仍，而缺少科學農業的發展。[6] 因而中國之所以在甲午戰爭中輸給日本，主要是因為科學農業的發展而非國防工業輸給日本。

從上文可以了解，世界框架不僅較能讓讀者了解中國近代變遷的根源，也較能讓讀者了解中國人以往以較偏狹的角度看中國近代變遷的原因。

四、中國框架與世界框架下的不同觀點

兩岸分合的歷史是中國人近代史的重要片段，由清末及日治兩個時期的兩岸關係，可知由世界框架較由中國框架更能掌握其基本脈絡。

（一）清末的兩岸關係

1860年臺灣曾對世界各國開放淡水、打狗（今高雄）兩大通商口岸，使臺灣的商貿對象由僅有中國大陸擴大而包括歐美、日

---

[5] 林滿紅，〈評論 Lloyd Eastman, On China's So-called "Tardy" Economic Modernization〉，《清季自強運動研討會論文集》，上冊（中央研究院近代史研究所，民國77年6月），頁89-91。

[6] 林滿紅、呂實強，〈現代經濟的起步──清季的經濟發展（1840-1911）〉，秦孝儀主編，《中華民國經濟發展史》，第一編，「由傳統到現代」，第一章，〈中華民國經濟發展史的序幕〉，第一節（臺北：近代中國出版社，民國72年12月），頁37-47。

本。在此期間，臺灣與中國大陸的商貿關係究竟是加強或式微？在1909至1990年間有十位學者，包括晚近的中國大陸學者，在民族主義史觀的解釋模式下，認爲在西力東漸之後，西方以其優越經濟力量打擊中國的商貿活動，造成清末兩岸關係的式微。事實上，在咸豐後期一直到光緒20年間（約當19世紀下半葉），即使有港口淤積的問題，就整體而言（個別商家之起伏及短期波動不包括在內），無論就往來於兩岸之間的帆船數、在臺灣沿岸城市所設的郊行數目，或是臺灣與中國大陸之間的進出口商品數量而言，都有所增加。以往有學者認爲臺灣在西力東漸之後轉而依附於英國資本之下，實則清末臺灣非常倚重中國大陸上的山西票號與錢莊資本；清末臺灣由對外貿易所賺取的財富，也可以購買更多的中國大陸物資，這些發展使得清末的兩岸政治經濟關係更爲加強而非式微。

　　清末這段發展，使1895年以前的三百年當中，約有一百八十年的清領初期，中國大陸是臺灣的唯一貿易對象。另外約一百二十年中，海盜或漁民時期約二十五年，荷領、鄭領共六十年及清末三十五年期間，臺灣雖以世界各國爲最終市場，但出售中國大陸商品，或經由兩岸貿易進行世界貿易，與中國大陸一直維持密切關係。

（二）日治時期的兩岸關係

　　由民族主義的觀點，日治時期的兩岸關係，是一段血濃於水的關係，以目前臺灣國中教科書提及日治時期前往中國大陸臺灣

人的歷史為例，只提及臺灣革命同盟會的改隸中華民國政府統治臺灣運動。[7] 但如就真正歷史發展看來，日本領臺卻是兩岸之間由合轉分的重要起點。臺灣與中國大陸之間的貿易須繳納國際關稅，與日本之間則無關稅之徵課，是這項變化的關鍵因素。日本透過現代的交通工具如鐵路、輪運等，更加使臺灣與日本緊密相連。[8] 1936至1945年間，日本、朝鮮、滿洲、臺灣之內所有政府經營的鐵路可用互通的乘車月票，即一張票可以換搭各地的火車。繼1936年之後，此一「交通普羅克」（transportation block）更拓展到陸海空聯運。在以上聯運辦法之下，一張聯絡票可隨處搭火車、飛機或輪船，在終站可加總計價，自行加、退錢。1938年旅客行李在這整個陸海空運輸網之內也可以轉運。[9]

這種將臺灣由中國分出而納入日本的發展，使1895年之後的臺灣與中國有了很大的不同。1895年之後的中國財政因為賠款與戰爭造成長年赤字。在1842至1895年之間，中國雖然也有戰債，在1895年前夕大致均已清償。甲午戰爭的賠款則為清廷常年歲入之三倍，[10] 1905年的庚子賠款更為清廷常年歲入之五倍。民國以後，戰費經常佔政府歲入的80%，由1937至1948年，政府

[7]《國民中學歷史教科書》，第3冊（臺北：國立編譯館出版，臺灣書局經銷，民83年9月改編本五版），頁75-87。

[8] 高僑泰隆，《日本殖民地鐵道史論》（關東學園大學，1995年5月），頁38-39。

[9] 林滿紅，〈臺灣與東北間的貿易（1932-1941）〉，《中央研究院近代史研究所集刊》，期24（臺北：中央研究院近代史研究所，民國84年6月），頁666-667。

[10] 卓遵宏，〈甲午戰爭與清季貨幣金融改革潮〉，《甲午戰爭一百週年紀念學術研討會》，師大歷史所主辦（民國83年6月），頁598-599。

財政赤字更增爲七十七億。[11] 臺灣因受日本統治，不但免於此項
財政負荷，在日本領臺之初，尚受日本財政補助。其後臺灣財政
相當豐富，歲入係以官業收入爲主，田賦次之，臺灣的財政收入
多再用於臺灣，其中以事業費居多。[12]

　　甲午戰爭以後列強競相到中國投資甚而與中國發生衝突，日
本及歐美各國紛紛採用金本位，於是以其棄用之銀傾注中國亦爲
一因。[13] 臺灣則隨日本於1897年改行金本位。[14] 臺灣於1895年
之後免於中國大陸所受戰禍，是臺灣超前中國大陸發展之一重要
張本。

　　在臺灣相對中國大陸免於戰禍的情況下，加上日本政府的政
策，中國少有發展的科學農業在臺灣有了顯著發展。日本政府的
擴張政策，北進一直重於南進，朝鮮則爲日本北進的基地，其經
濟發展以配合軍需的工業爲主，農業不若臺灣強調，1911至
1938年間，朝鮮人口雖約爲臺灣之五倍，但日本政府在朝鮮的農
業投資約僅臺灣的一半。[15] 戰後臺灣循著戰前基礎，以農業扶養

---

11 評介張著，〈「抗戰時期及戰後中國的通貨膨脹螺旋」——兼評周舜莘、楊格
　　的有關研究〉，《中國現代史論集》，輯9，「八年抗戰」（臺北：聯經出版公
　　司，民國69年7月），頁283-287。
12 林滿紅，〈日據時代臺灣經濟史研究之綜合評介〉，前引文，頁180。
13 Hamashita Takeshi, "International Financial Relations Behind the 1911 Revolution: The
　　fall in the Value of Silver and Reform of the Monetary System," in Eto Shinkichi and
　　Harold Z. Schiffrin ed., *The 1911 Revolution in China: Interpretive essays* (Tokyo:
　　University of Tokyo Press, 1981), pp. 229-230。
14 林滿紅，〈日據時代臺灣經濟史研究之綜合評介〉，前引文，頁181。
15 山本有造，〈日本植民地經濟史研究〉，前引書，頁161。

工業，除經濟逐步成長之外，所得分配亦較朝鮮平均。[16] 同時，日治時期草根型的地方領袖逐漸崛起，也奠定戰後臺灣民主運動的初基。[17] 與日治時期農業並行發展的工商業，有些也隨著日本對中國的擴張政策，而拓展到中國。

　　日治時期在中國大陸投資的臺商，除了有些經營非法行業如鴉片煙館、妓女戶等之外，開商店者頗多，日常用品方面包括米店、海產物店、布店、皮革店、橡膠鞋店、藥房、玩具店、線香店、文具店等；現代用品店包括鐘錶、肥料、機械、化學藥品、眼鏡、水泥、酒精、腳踏車零件、醫療器具、船舶修繕、造船材料、乾電池等；在工廠方面的投資，有製香廠、酒廠、製釘廠、製冰廠、製藥廠、汽水廠、煉瓦廠、電池廠及礦山業等；在服務業方面的投資，有旅館、飯店、酒家、房地產、金融業等。此外尚有電話、電燈、鐵路、馬路等大型的現代建設。此類臺灣資本、技術於1895年以後流入中國大陸，如與1895年之前資本、技術普遍由中國大陸流入臺灣兩相對照，可見1895年是一個重要的轉捩點。日治時期資本、技術由臺灣流入中國大陸，且有中國大陸勞工來臺的情況與目前也非常接近。[18]

---

[16] 林滿紅，〈日據時代臺灣經濟史研究之綜合評介〉，前引文，頁173。

[17] 參考：郭雲萍，〈國家與社會之間的嘉南大圳，1920-1945〉，國立中正大學碩士論文（民國83年6月）；趙祐志，〈日據時期臺灣商工會的發展〉，前引文。

[18] 林滿紅，〈經貿與政治文化認同——日本領臺為兩岸長程關係投下的變數〉，前引文，資本與技術轉移部分。

　　這些日治時期前往中國大陸的臺商，常以插著日本旗的船隻開進中國領海。[19] 臺商在中國大陸所開的店，與不平等條約下外商在中國設的公司一樣，稱做「洋行」。臺灣籍民因入日本籍可得到日本領事館的保護，[20] 亦可在中國免繳釐金，並利用日本在中國大陸所設立的學校、醫院及發行的報紙。[21] 在日治時期前往中國大陸的臺灣人中，商人原居多數，高達兩萬。對於日治時期臺灣人前往中國大陸的歷史，以約四百位臺灣人的抗日史，取代約兩萬日本化臺灣商人的歷史，原是民族主義史學的必然結果。在民族主義史學的情懷下談日治時期前往中國大陸臺商的日本化過程，不免是一種傷痛。但以日治時期臺灣人前往中國大陸的歷史為例，民族主義史學並未能寫出較大多數人的歷史。

　　在此同時也看到，1895年以後原來不想當日本人而由臺灣移住中國大陸的臺灣人，在1916年軍閥開始混戰之際，因為臺灣政府已由武人政府轉為文人政府，相對開明安定，紛紛皈依日籍，連原屬中國籍者，亦有設法取得日籍者。[22]

　　由上可見民族主義史觀將清末原本加強的兩岸關係寫成式微，將日治時期原本分裂的兩岸關係寫成結合，由世界框架重新

---

[19] 《中華民國海關華洋貿易總冊》（臺北：國史館史料處，民國4年（1908），1982年重印），1908：89a，1914：919，1915：965。

[20] 福建省檔案館、廈門市檔案館編，《閩臺關係檔案資料》（廈門：鷺江出版社，1992），頁12。

[21] 《臺灣日日新報》（大正14.10.25）。

[22] 《日本外交史料》，臺灣總督府警視總長湯地幸平（大正5年6月13、19日）。

審視兩個時期的兩岸關係之後，卻可看見其由合轉分的關鍵性發展。

五、以世界框架寫中國人近代史的必要性

有關兩岸的分歧，目前無論臺灣或中國大陸的政府，都說是1949年以來國共對立的結果，是中國的內部問題。1945至1949年間，約有六十萬有科技知識和行政經驗的人才由中國大陸移入臺灣，對臺灣的發展是一大助力。如與韓國比較，同樣有美援的協助，韓國將約有一半的美援拿來購買肥料，臺灣在像尹仲容這群經濟官僚的領導下，發展肥料的進口替代，而使臺灣的肥料自給率由日治時期約爲十分之一增爲戰後初期約有三分之一至三分之二。以1960年爲例，臺灣肥料產量約爲韓國的四倍強，買肥料之餘的美援，臺灣可用以購買較韓國爲多的機器以發展工業。[23]如與中國大陸比較，則這批臺灣的官僚護持了日本政府在臺灣強化了的中國傳統的農商文明，也是臺灣經濟較中國大陸平順發展的重要理由。

但就1949年以來的兩岸對立而言，國際因素依然重要，戰後臺灣除1945至1949年之外，一直以美日兩國爲主要貿易夥伴。在1952至1991年間東西冷戰的局面下，經由美國的影響，臺灣

---

[23] 陳金滿，〈臺灣肥料的政府管理與配銷（1945-1953）──國家與社會關係之一探討〉（臺北：稻鄉出版社，民國89年2月），頁7、237-238。

與日本的關係較韓國建立得早，也發展較爲良好。[24]

　　日治時期的兩岸分歧加上戰後的兩岸分歧，使由漢人開始大量持續移民到臺灣的1600年算起，至日本領臺的1895年共約三百年間，兩岸之間是合多於分，而由1895至今的一百年，兩岸之間則是分多於合。

　　由於日本的占領臺灣，造成兩岸的百年分裂。而日本之所以占領臺灣，又在於防禦歐美勢力入侵東亞對日本安全所造成的威脅。因此，在深刻體察這段歷史發展過程之後，當不難了解。目前的兩岸關係，如果是問題的話，並不只是中國內部的問題，而是國際問題；如果不願中國人再爲19世紀的帝國主義再做無謂犧牲，則須在這些歷史發展的基礎上審慎處理兩岸關係。

　　這個因1895年的國際因素引發的兩岸分裂，國人卻一直視之爲1949年以後中國的內部問題，再度呈顯國人以中國框架寫中國人的近代史的偏頗。依此類推，整個中國人的近代史都得在世界框架下重新建構。以上兩岸關係史的重建得益於國外圖書館，以及國際會議的討論甚多。在以世界框架寫中國人的近代史過程中，國際合作將有所裨益。

　　在1979年之後，中國大陸隨著改革開放，其與國際經濟的關係不斷加強。1987年以後，美日經濟成長的放慢腳步，臺灣本身以及亞太經濟力的提升，冷戰時期的結束，使臺灣與中國大陸的

<hr>

24 詳參：涂照彥，〈在國際經濟演變中的臺灣經貿關係〉，中央研究院中山人文社會科學研究所第六屆海洋發展史研討會，民國84年3月30日至4月1日。

經濟由長期的分裂轉趨融合。[25] 在這兩岸由分轉合之際，如何看待有深刻國際歷史背景的兩岸關係，亦成為國際人士觀察中國大陸能否擺脫偏狹民族主義而參與國際社會的試金石。

誠如本文所述，偏狹的民族主義經常造成認知差距以及決策方面的遺憾，而這些發展，又弔詭地可以溯源於中國由18世紀以來與世界經濟的緊密相連，從而引發的商貿衝突。鑒於近代以來日本之所以領先中國，在於其人民以世界為其活動及歷史記憶的空間座標，而中國人以中國或以東亞為其活動及歷史記憶的空間座標，在21世紀中國人再度將與世界經濟更加緊密相連之際，兩岸的中國人如何在長期分歧之後，彼此截長補短，共同拓展中國人的世界座標，乃成為當務之急。以世界框架寫的中國人的近代史，建構中國人恢宏的胸襟，是中國人免於再遭國際圍堵，而能積極參與國際社會之一重要精神建設。

---

[25] 詳參：涂照彥，〈在國際經濟演變中的臺灣經貿關係〉，前引文。

與兩岸問題相關的幾個歷史觀 *

　　身為一個關心兩岸問題的歷史工作者，我想試著分析幾個與兩岸問題相關的歷史觀是怎麼形成的，以及該如何面對。

一、狹隘的民族主義史觀一時難以擺脫

　　今天海峽兩岸的中國均遠落後於日本或其他諸多先進國家，雙方卻將原可用來自我增強的精力，花在兩岸中國人彼此較勁的互耗上。這種背離民族大義的中國人行為，很諷刺地，卻來自中國人的民族主義史觀。這個民族主義史觀，表面上看來主要是來自中國大陸，但臺灣方面的中國人，如果反躬自省，不論屬於三黨或無黨無派中的哪一黨，恐怕也並非絲毫沒有。例如主張臺獨

* 此文原為聯合報系與救國團社會研究院，「三黨大陸政策面面觀研討會」（民國 84 年 9 月 23 日）而寫，收入救國團社會研究院，《與全球同步跨越世紀，1995》，民國 85 年；另以〈與兩岸問題相關的幾個歷史觀〉之修訂版發表於《歷史月刊》，民國 85 年 7 月，頁 36-40。

的人喜歡說臺灣人四百年史，而不說臺灣人幾千年史或幾萬年史。其實在說臺灣人四百年史時，這個「臺灣人」已有中國的成分在；因爲這個陳述忘了東南亞來的臺灣人，而僅指四百年前開始大量由中國大陸來的臺灣人。再如日本統治臺灣五十年，由於其積極經營的殖民政策，對臺灣的影響非常深刻。但當討論日治時期的臺灣歷史時，無論臺灣的哪一黨，或中國大陸的歷史學者，幾乎都主要強調中華民族抗日運動的部分，而忽略了日治時期留給戰後臺灣的諸多影響。又如日本占領臺灣這項史實，臺灣人常將根源回溯到外省人——李鴻章身上，因爲「宰相有權能割地，孤臣無力可回天」。中國大陸人中，也有許多只從李鴻章的喪權辱國來謾罵。事實上，日本之所以要占領臺灣，自日本德川末期以來，受中國鴉片戰爭戰敗刺激，積極將日本對西方列強的國防線外延，而包括臺灣的南進思想才是主導因素。將19世紀的帝國主義所造成的問題，只想成是中國人自己的問題，也是我們長期以來以中國爲空間框架的歷史思考方式所使然，而這樣的歷史思考方式又是民族主義史觀的產物。

　　中國人的民族主義史觀之所以如此根深柢固，與近代中國外患接連不斷有關，八年抗戰更使民族主義激昂到極點。與近代日本比較起來，日本除了培里開關之外，沒有太顯著的外患，以致18世紀相當鎖國的日本，反在近代以來發展出向世界擴張的民族主義。內鎖型民族主義史觀在1949年以後的中國大陸原本一直存在，當中國大陸改革開放以後，隨著共產主義的式微，民族主義史觀更被強化以爲取而代之的意識形態。加上蘇聯瓦解之後，美

國勢力越往東亞延伸，與經濟成長中的中國大陸形成兩強相爭的局面，更刺激中國大陸民族主義的昂揚。在中國大陸領導人接班問題仍不明朗的情況下，軍系的抬頭尤使民族主義史觀更被強調。1995年7月底我到江西廬山參加中國大陸國臺辦贊助的臺灣史學術討論會，「臺灣民主國」的心繫祖國、日治時期臺灣的抗日運動、連雅堂的愛國思想等揭櫫民族主義史觀的文章蜂擁而出；鄭氏政權與清廷的十一次和談因鄭經企圖獨立而破裂；美帝國主義是臺獨背後的指使者等文章，也被慷慨激昂地宣讀。在由廬山到南昌機場的車上，我聽到收音機裏以優美的旋律唱出：「我愛毛主席。」民族主義史觀在近代以來透過歌曲、電影、小說、家訓、歷史教科書深深地烙印在中國人的心裏，連我們的臺獨人士都不能免，何況中國大陸被有效灌輸這種思想的十二億中國人！

二、現代化史觀模糊了臺灣的中國傳承

　　中國大陸的民族主義史觀既然難以在短期內動搖，一些說臺灣歷史完全獨立於中國之外發展的言論將對臺灣非常不利。現在臺灣社會上有關臺灣與中國大陸歷史關係的討論，不外乎四百年來臺灣就是獨立發展，與臺灣一直是與中國緊密相連的兩個說法，二者互相抗衡。不少分析者引用馬克思有關利害關係決定意識形態的看法，用以分析這些歷史定位之爭，認為這是爭權奪利的托辭。就野心政客而言，這是可能的。但這些爭執已使沒有權

力野心的一般人風行景從。一般而言，意識形態之爭所以會擴大，除了少數人的利害因素之外，尚須有足以說服一般人的理論基礎。獨派的臺灣歷史獨立發展史觀，與二次大戰結束到1970年代初期，瀰漫在各種社會理論中貶抑傳統的現代化理論可能有關。在這種貶抑傳統的知識傾向之下，台灣的中國文化的傳統自然遭到貶抑。貶抑傳統的知識傾向也影響到歷史學在臺灣社會中的跛腳地位，從而使得社會不易得知歷史上臺灣與中國大陸的眞正關係。

　　大致說來，1895年以前，臺灣所累積的知識與制度，主要係由中國大陸引進。像我們現在所吃的蔬菜、水果，其品種有80%是1895年以前三百年間來自中國大陸。源於中國大陸的犁與牛的使用，水車、早熟稻、私有土地制度等，都提升了臺灣的農業生產力。在中國原本源遠流長的貨幣制度、市集經濟、城市經濟、合夥制度等，也紛紛由中國大陸引入臺灣。雖然臺灣的早期移民草根性較濃，對儒家經典較少興趣，可是到了清朝末年，書院增加速度已爲清初的三倍強。此外，到臺灣的移民也引進各種中國大陸民間信仰，中國式的政治體制亦移植臺灣。在民族方面，先有各族群的對立與衝突，但在1895年前夕，各族群已有日趨融合的發展，這由觀音、媽祖、關公的一般性信仰之逐漸取代開漳聖王、三山國王等鄉土神信仰，族群械鬥減少可以了解。到了1895年日本占領臺灣之後，「中國人」或是「漢人」已成民族運動的重要認同基礎。

　　臺灣的中國傳統，強力影響後來臺灣的發展。同爲日本的殖

民地，臺灣本土商人相對朝鮮的本土商人勢力雄厚。同爲日本殖民地的臺灣與朝鮮之不同，有一部分實即中國與朝鮮之不同。日治時期及戰後的臺灣，中國文化在臺灣相對中國大陸有較多的保留，也是今天臺灣比中國大陸發達的一個重要理由。說臺灣文化獨立於中國之外發展的言論，只會讓民族主義史觀強悍的中國大陸人士更加師出有名。

三、唯心史觀與經濟史觀不能偏廢

經濟史觀一向是馬克思史學的重點，馬克思理論極其著重上層建築（superstructure，指意識形態、國家體制等）與下層建築（infrastructure，指生產方式與生產關係等）的互動關係。但中國大陸一味拿民族主義史觀來談臺灣與中國大陸的歷史關係，實有唯心史觀的偏頗。譬如在廬山的臺灣史會議，臺灣割日之際成立的「臺灣民主國」之心繫祖國，一直被拿來反問何以今天臺灣對中國大陸的認同有如此大的不同？這實在忽略了：人的意志固然可以引導未來歷史的走向，但了解過去歷史的走向，將更能有效推動未來的歷史。民族主義史觀的強調會忽略掉來自經濟方面的影響，以及與民族主義史觀不相符合，但對當前發展具有重大影響的歷史事實。

例如，日治時期有臺灣人前往中國大陸，常被民族主義史家拿來說明當時臺灣與中國大陸的關係依然密切。事實上，日本占領臺灣以後，臺灣原以中國大陸爲主要貿易對象，有時亦擴及西

洋的情況，一轉而改以日本為主要貿易夥伴。這種臺灣與中國大陸商貿關係由密轉疏的情況，除1946至1949年之外，一直到1987年才再由疏轉密。兩岸商貿關係長期分隔時期，與臺灣有密切商貿易關係的日本、美國，則深深影響臺灣生活方式，且與中國大陸走上分歧。

例如，戰前的日本殖民政府與戰後的美援，都鼓勵臺灣以農業輔助工業的經濟發展方向，這個發展方向帶動了經濟成長，也帶動了草根性的民主。此外，日治時期大為改善的衛生條件，對臺灣人的生命觀造成重大影響，使台灣人變得更為積極；透過教育及種種制度安排所加強的臺灣人的紀律觀念，亦影響深遠。日本殖民政府在臺灣所建立的統計制度，據戰後臺灣行政長官公署統計室主任胡元璋指出：「要比日本本國強得多。」根據現有的數據，1950年代初期，臺灣的每人所得為一百美元左右，故今天一萬多美元的每人所得，主要是戰後增加的，但日治時期對臺灣的影響不容忽視。相對而言，這些發展在長期飽受烽火的中國大陸則不顯著。

在1895年「臺灣民主國」挫敗以後，原有不想當日本人而由臺灣移往中國大陸的臺灣人。不過在中國大陸軍閥混戰之際，因為臺灣日趨安定進步，他們又紛紛返臺而歸化日籍；連原屬中國者，也有人設法取得日本籍。由此可見：安定與進步較諸相同民族與文化更能贏取認同；上層建築的建構有賴下層建築相扶持。在強調民族主義史觀的今日中國大陸，馬克思雖為外國人，但其理論較為精湛之處，實亦無揚棄的必要。

四、兩岸宜共同推動以世界為框架的歷史觀

　　將中國人侷限在以中國為範圍的歷史思考框架的知識制度下，歷史學是極關鍵的一環。目前臺灣本身的史學與中國大陸一樣，都還深陷在狹隘的民族主義史觀中。以現在正在使用中的臺灣國中歷史教科書為例，其提及日治時期前往中國大陸的臺灣人歷史時，只提到臺灣革命同盟會的光復臺灣運動。臺灣革命同盟會成員於1942年左右約有400人。但，日治臺灣時期有約二萬的臺灣商人拿著日本護照前往中國大陸，享受日本在中國的治外法權，不少商人甚至為日本提供戰略物資。對於日治時期臺灣人前往中國大陸的歷史，以約400位抗日的臺灣人歷史取代約二萬日本化的臺灣人的歷史，原是民族主義史學的必然結果。在民族主義史學的情懷下，討論日治時期前往中國大陸臺商的日本化過程，不免是一種傷痛。但這種對日治時期大多數人歷史的隱沒，將使一般人對有關二二八事件的了解，只著重中國大陸來臺政權對本地人的壓迫，而忽略了經歷過日本屠殺而堅決抗日的中國大陸人，與經過五十一年日本化之後的臺灣人如何相處，原是戰後臺灣族群關係的一大難題。這也使兩岸的中國人都未注意到今天談兩岸問題，須兼顧日本領臺這項國際因素的影響。

　　近代以來中國所以遠遠落後在日本之後，而遭受從甲午戰爭到日本大東亞戰爭的種種摧殘，與近代以來日本人民以世界為其活動的空間座標，中國人以中國或以東亞為其活動的空間座標也

有所關連。如果兩岸中國人在如此形成的歷史觀驅使下走上自相
殘殺，那中國人還有什麼驕傲可言？若將兩岸的歷史思考框架稍
稍放寬，改以世界為思考框架，兩岸攜手跨步國際舞臺的合作將
較易展開。兩岸的下層建構由合作而拉近之後，兩岸上層建構的
趨近亦將是水到渠成之事。

傳承與蛻變篇

有等級區分的均富思想
——論中國文化的一個關鍵概念及其
在臺灣歷史中的實現*

一、導論

　　自有Karl A. Wittfogel的「東方專制論」以來，中國文化具有極權傾向的認識，相當根深柢固。本文的目的並非質疑或支持該項理論，特別是當我們理解到，該項理論是針對一個大規模官僚體系立論的。本文所要論證的是，中國文化中有個底層寬厚的經濟基礎，足以培育草根民主。這個經濟基礎是由經濟思想和經濟制度所共同組成，兩者都可以追溯到中國文明起源期，並在歷史發展過程中互相影響與結合。此項傳統在中國人遷移至臺灣的四

---

* 此文原以："Equal Wealth with Status Differentiation" 發表於 First International Conference on Culture China and Taiwanese Consciousness, jointly sponsored by Harvard-Yenching Institute and Hsin-yi Foundation. Cambridge, Mass., Nov. 6-9, 1997，經哈佛燕京社安排中譯發表於：《香港社會科學學報》，第12期，香港：香港城市大學當代中國研究中心，1998年秋季，頁101-129。

百年歷史過程中，有充分的發展。

在《中國經濟思想史》一書中，有五十九位中國歷代學者曾提出經濟方面的思想。有趣的是，其中每個人都提出「均富」的想法。[1] 中國古代的均富思想有兩大系統，一種是墨家的，主張「沒有等級區分的均富」；另一種是儒家的，主張「有等級區分的均富」。更有趣的是以上大多數思想家都是遵循儒家的均富思想。[2] 本文將財富的意義限制為經濟上的，而非廣義的財富，基於此而探討中國農業和商業制度是如何的扶持這個主流的均富思想。本文亦將探討農業和商業在臺灣的特殊發展，如何使中國文化中之此一核心概念，與臺灣之財富更加平均分配或民主發展相結合。此一長期的歷史過程，構成了臺灣生活的重要基軸，縱然平時一般人並未意識到，但當臺灣人遭遇其他具有較大階級區分之社會時，他們就會有所自覺。

二、中國文化中的均富成分

（一）扶持均富的經濟制度：小規模的生產和交易單位

1. 小規模的生產單位

三千年來，一個 5.5 口的農村家庭，耕種大約十五畝的土

---

[1] 周金聲，《中國經濟思想史》（臺北：作者印行，民國 59 年），頁 429。
[2] 李權時，《中國經濟思想小史》（上海：世界書局，民國 7 年），頁 18-19。

地，是中國農民的常態。[3]

　　由於缺乏大量畜力協助，中國的生產規模變得很小。尤其在漢代以後，更是如此。舉例而言，同時使用數頭牛和數張犁的大規模農耕單位，在西漢（206 B.C.-A.D. 9）因為牛隻不足，改為使用一頭牛和一隻犁的較小規模農耕單位。[4] 到了東漢（25-220），一畝（約1,000平方公尺）地採用較多人力耕種的農耕單位，取代了西漢時出現的約3,600平方公尺之耕地單位。[5] 根據約西元前153年的漢墓簡牘，每個農戶平均農作規模為20畝至30畝，每人5畝至7.5畝，或者每一個勞動力6.6畝至10畝。[6] 既然一單位的土地所種植的作物，其所含的能量高於牧養動物所能得到的能量，為了維持龐大的人口，畜牧業的發展更加受到限制。[7] 此種開發勞力密集技術的傾向，在宋代（960-1279）以後更加強化。此乃因為當時中國的歷史重心由北方移往南方，而南方由於

---

[3] John D. Durand, "The Population Statistics of China, A.D. 2-1953," *Population Statistics*, Vol. XIII, Part 3 (March, 1960) 中指出，中國家庭自西元2至1929年的平均人數是5.5。天野元之助，《中國農業史研究》（東京，1962年）自序中指出，井田制下的每塊土地有1.9頃。吳文暉，《中國土地問題及其對策》（上海：商務印書館，民國36年），頁49則指出當時中國的平均土地面積是1公頃。

[4] 王志瑞，《宋元經濟史》（臺北：臺灣商務印書館，民國53年），頁100。李劍農，《先秦兩漢經濟史稿》（臺北：華世出版社，民國70年），頁155。

[5] 李劍農，《先秦兩漢經濟史稿》，頁156-158。

[6] 許倬雲著，程農、張鳴譯，《漢代農業：早期中國農業經濟的形成》（南京：江蘇人民出版社，1998），頁117。

[7] 馬嘉著，宗華譯，《近代農村經濟的特性》，中央研究院社會科學研究所農村經濟參考資料之三（上海：北新書局，民國19年），頁195、208。

人口密度更高，瘟疫更加普遍，所以畜力更為不足。[8] 以人挽犁的情形較以牛挽犁為普遍。[9] 縱然中國有地主制度，可是其土地分佈通常是零散的，且農地面積小，這是因為農地很可能是在不同時期購入，或均分給數個兒子，或由若干佃農來耕種。[10] 雖然前輩學者以莊園經濟稱呼漢代至南北朝（220-589）期間中國北方的農村經濟，然而該等農村經濟平均農地只有22.5畝，耕種者約十人。[11] 中國地主所擁有的土地，可以多達15,000畝（1,000頃），[12] 但遠不能如佔地幾萬頃（1頃約15畝）的歐洲莊園。[13] 中國傾向於較小的生產規模和產權，為中國的社會層級結構提供了較為寬廣的基礎。

2. 小規模的交易單位

中國相對其他國家使用銅錢的時間特別長久與顯著，是小規

---

[8] 王志瑞，《宋元經濟史》，頁99-100。

[9] 吳永猛，《中國經濟發展史》（臺北：華岡出版社，民國66年），頁173。馬嘉著，宗華譯，《近代農村經濟的特性》，頁209。周藤吉之，《宋代經濟史研究》，頁73-138。

[10] 吳文暉，《中國土地問題及其對策》，頁55-56。

[11] 渡邊信一郎，〈漢六朝に於ける大土地所有と經營〉，（上）、（下），《東洋史研究》，卷33，號1、2（1974年）。

[12] Harry A. Miskimin, *Money and Power in Fifteenth-Century France* (New Haven: Yale University Press, 1984), pp. 127-260; Frank C. Spooner, *The International Economy and Monetary Movements in France, 1493-1725* (Cambridge, Mass: Harvard University Press, 1972), pp. 33-53.

[13] R. H. Tawney, *Land and Labor in China* (Boston: Beacon Press, 1966), pp. 31-32.

模商業交易在中國歷史興盛的明顯表徵。在神農、黃帝、唐堯等傳說時代的帝王時期，據聞即有物物交易的商業制度，然而當甲持有之物爲乙所需，但乙所售之物不能供甲所用時，貨幣制度即應運而生。中國銅錢用文字來做爲圖飾，而非如西方貨幣之用花鳥、人像做爲圖飾，表明中西貨幣制度分屬不同體系。中國早在商代（？1523 B.C.-？1027 B.C.）已有貝幣。西周之時（？1027 B.C.-771 B.C.），中國人開始鑄造銅貝。戰國時代（403 B.C.-221 B.C.），中國人依照重要的生產工具之形狀，如刀、布（鏟形的挖土工具）、紡輪等，用青銅等貴金屬製成貨幣。[14] 形如紡輪的圓孔環錢，在戰國後期演化爲外圓內方的銅錢。[15] 此後，銅錢成爲中國零售交易最主要的貨幣，流通兩千年之久。[16]

　　如以日本爲例，公元17世紀時，其德川幕府鑄貨幣約有四分之三是以金或銀鑄成的，此一比例在18世紀降爲一半，而在19世紀升爲90%。[17] 如果看近代初期的法國，王家鑄幣局鑄造的貨幣主要也是金質和銀質的，只有當金銀短缺，而日本黃銅在17世紀輸入法國後，才鑄造一些銅幣，供窮人使用。[18] 中國鑄幣所用

---

[14] 彭信威，《中國貨幣史》（上海：群聯出版社，1954年），頁22-25。

[15] 彭信威，《中國貨幣史》，頁47。

[16] 彭信威，《中國貨幣史》，頁67-92。

[17] Takehiko Ohkura and Hiroshi Shimbo, "The Tokugawa Monetary Policy in the Eighteenth and Nineteenth Centuries," *Explorations in Economic History* 15, 101-124 (1978), pp. 118-119.

[18] Miskimin, *Money and Power in Fifteenth-Century France*, pp. 127-260; Spooner, *The International Economy and Monetary Movements in France, 1493-1725*, pp. 33-53.

的黃銅，在1800年的價值，僅約爲白銀的1%。[19] 銀價與金價的比例，從地理大發現迄1870年代採用金本位之際，約均維持在1:14.5至1:15.1之間。[20] 所以中國雖使用白銀，但政府並未鑄造銀幣，而只鑄造銅幣。由於低價的銅幣主要用於小額零售，銅幣在中國長期廣泛使用，與日本和歐洲相較，更顯示出小規模交易在中國經濟中之主導地位。

甚至在明清時期，中小貿易商人也曾爲中國長程貿易的重要推動者，劉廣京教授對會館的研究便透露這種消息。會館是由來自同省份的商人所共同組成的，因爲他們是在外省做生意，極可能便是長程貿易的代理商。劉教授舉例指出，清雍正7年（1729年）蘇州某會館的15名商人，捐助了六至六十六兩銀子，其他210名商人捐助了一至五兩，以修繕會館的房舍。這些現象透露出清代初期、中期，從事長程貿易的商人以中、小貿易商人爲主。[21]

中、小貿易商人也加入了國際貿易，例如1850年舉家由福建前往長崎定居，從事日本、臺灣、中國之間貿易的泰益號，僅有少量的資本，僱員僅約十名。[22] 明清時期中國的貿易市鎮，有時

19 林滿紅，〈銀與鴉片的流通及銀貴錢賤現象的區域分佈（1808-1854）——世界經濟對近代中國空間方面之一影響〉，《中央研究院近代史研究所集刊》，期22（民國82年），頁100。

20 彭信威，《中國貨幣史》，頁611。

21 劉廣京，〈經世制度與商人〉，《經世思想與新興企業》（臺北：聯經出版事業有限公司，民國79年），頁317。

22 朱德蘭，〈明治時期長崎華商泰昌號和泰益號國際貿易網絡之展開〉，《人文及

比官府所在的市鎮還要繁榮，部分原因即在於它們是國內和國際貿易的樞紐。[23] 是故，從中國的區域間和國際間的長程貿易，都可以看出中國社會的寬廣基礎。

（二）促進等級區分的制度

雖然中國的生產和交易單位傾向小規模，有利於在較寬廣的基礎上維持均富，但中國也有促進等級區分的制度。

1. 地主制度

中國的家庭小農制，可追溯至新石器時代。在家庭小農制出現之前，是採集經濟與財產共有制並行，由於採集的成果受到運氣影響的成份大於人的努力，財產制度也就傾向於共有制。而當一對夫婦定居下來農墾時，土地產權概念就成為一個誘因。[24] 中國大陸學者認為古代中國大部分時間都是封建的。封建一詞來自馬克思有關歐洲中古社會的描述。但歐洲當時的農民是封建領主的農奴，不能購買與擁有土地，[25] 而在中國，從春秋時期（西元前722-481年）開始，土地即可私有，「地主」一詞則出現於魏

社會科學集刊》（中央研究院中山人文社會科學研究所），卷12，期2，頁53-75。

[23] 劉石吉，〈明清時代江南地區的專業市鎮〉，《食貨月刊》，卷8，期6、7、8（民國77年9-11月）。

[24] 鄧初民，《中國社會史教程》（桂林：文化供應社，民國31年），頁45-46。

[25] 林滿紅，〈封建制度在盎格魯薩克森社會的萌芽，449-1066〉，《史繹》（國立臺灣大學歷史學系），期9（民國61年9月）。

晉時期（220-420）。[26] 即使在北朝（386-581）至唐代（618-907）
的均田制度下，仍有私有土地。均田制度只是把戰爭取得的公有
地分配給受到戰禍而無田的人民。公家分配的土地裏，也還有一
部分是可以傳給子孫而成爲私有地的。[27] 宋朝（960-1279）以
後，土地所有人可取得地契，以保障其產權。[28] 外族建立的遼
（907-1125）、金（1125-1234）、元（1279-1368）、清（1644-1911）
等朝，和漢人建立的明朝（1368-1644），都有皇族霸佔土地的情
形，但這些土地仍是私有，而非國有。1865年時，私有地佔全國
土地的92.2%，公有地包括學田、籍田、祭田、屯田，僅佔
4.1%。1947年時，私有地佔全國土地的93.3%，而公有地如學
田、籍田、寺地、軍屯田、義田等僅佔5.7%，官有地僅佔
1.0%。[29] 土地私有化促使一個以土地爲基礎的社會分殊出大地
主、小地主、佃農等等社會等級。

2. 技術進步

　　造成社會等級分化的原因，除了土地交易和私有產權的存在
之外，技術進步也有影響。1920年代來過中國的的名經濟史家R.
H. Tawney 說過：「當中國使用鐵犁時，西方仍用著木犁，但當

26　束世徵，〈漢宋間的佃農地位〉，《中華文史論叢》（臺北：臺灣中華書局，民
　　國52年），頁33-64。

27　束世徵，〈漢宋間的佃農地位〉，頁46。

28　王志瑞，《宋元經濟史》，頁118-119。

29　吳文暉，《中國土地問題及其對策》，頁108-109。

西方使用鋼犁時，中國仍用著鐵犁。」[30] 著名電影《河殤》也充分表達傳統中國缺乏技術創新的意象，這也是天安門事件背後的意識形態基礎。事實上，中國的農業技術不是在發明鐵犁之後就停滯不前的。

　　小麥、大麥、鐵、牛、羊、車輪，是西元前13世紀由西方經西伯利亞引進中國的，玻璃製法、木棉、胡瓜、葡萄，是漢朝時由西方引進，茶和木棉也是漢朝時由東南亞引進。[31] 春秋戰國開始的渠盛行於西漢，陂盛行於東漢，[32] 翻車（利用平置齒輪將低處的水汲取到高處，為龍骨車前身）發明於漢末，[33] 明代又有水閘之發明。此等技術的發明都有助於灌溉。[34] 作物輪種制度的改革包括：(1)漢代開始取消休耕；[35] (2)東漢時將耕地單位縮小，方便更仔細地耕耘、溉水與施肥；(3)漢末時同一地面的收成由一種增為兩種或多種，當時發明的水碓、水磑用以磨麥，使夏稻冬麥的耕作方式開始發展。唐宋之際中國南方由北方引進桑、麻、茶、小麥種植，11世紀由安南引進早熟稻，15、16世紀由美洲

[30] R. H. Tawney, *Land and Labor in China* (Boston: Beacon Press, 1966), p. 1.

[31] Ping-ti Ho, *The Cradle of the East*, pp. 352-353; J. K. Fairbank, Edwin O. Reischauer, Albert M. Craig, *East Asia: Tradition and Transformation, New Impression* (Boston: Houghton Mifflin, 1978), ch.2; 劉伯驥，《中西文化交通小史》，第四章〈西方文化對中國之影響〉（臺北：正中書局，民國40年）。

[32] 黃耀能，《中國古代農業水利史研究》（臺北：六國出版社，民國67年）。

[33] 李劍農，《魏晉南北朝唐經濟史稿》（臺北：華世出版社，民國70年），頁45。

[34] 李約瑟著，陳立夫譯，《中國之科學與文明》（臺北：臺灣商務印書館，民國60-62年），冊9，頁44。

[35] 李劍農，《先秦兩漢經濟史稿》，頁155。

引進蕃藷、玉米、花生、馬鈴薯等作物，都增加了中國土地的可利用程度。[36] 一旦有了技術進步，就有享受技術進步好處的人，較容易在社會階層中爬升。

3. 商業與金融體系

　　由於土地廣袤，不同地區有不同產物，傳統中國的商業和金融體系高度發達。戰國時期至漢代，高純度的金和高品質的青銅，是財富貯藏和大宗交易的媒介，而在漢代，有時白銀和鹿皮也是收藏財富的手段。在六朝和唐代，其經濟以物物交易為主，絹帛是主要媒介，這是北方民族入侵，導致信用匱乏所使然。由宋代至明代初期，紙幣主要用於大宗交易。而由明代中葉至1933年，白銀取代紙幣，作為大宗交易的媒介。[37]

　　隨著商業交易的發展，市場、城鎮、商人應運而生。趕集式的市集和常設的商店同時存在，而其中有兩項重大演變：(1)唐宋以降，減少商業組織開設地點和營業時間的限制。(2)鄉村的趕集式市集和商店，從唐宋之際直到19世紀日趨發展。[38]

　　商代雖已有物物交易，卻尚未有商人，原因是交易者即是生產者本人。至西周才有專業的商人出現，當時商人主要是為封建

---

[36] Ping-ti Ho, "Early-ripening Rice in Chinese History," *Economic History Review* 9 (1956-1957)；Dwight Perkins, *Agricultural Development in China, 1368-1968*, p. 41；馬嘉著，宗華譯，《近代農村經濟的特性》，頁203。

[37] 彭信威，《中國貨幣史》，頁257-290、370-392、429-460、521-565。

[38] 加藤繁著，杜正勝、蕭正誼譯，《中國社會經濟史概說》（臺北：華世出版社，民國65年），頁26-27。

貴族服務。知名商人弦高為鄭國勸退進襲的秦師，即發生在他前
往周天子王畿做生意的途中。要到春秋戰國時期，農業技術有長
足進步，一般家庭開始有剩餘財富，專業商人才開始為一般人民
服務。[39]

　　周代以降，商人即依據家族關係，組成同業組織。[40] 然而在
隋唐之際，由於商人必須在限定區域開設商舖，故商人同業組織
隨而建立在地緣關係之上，商人同業組織的領袖，負有代替政府
監督商人的責任。隋（589-618）、唐（618-907）以後，取消店舖
開設地點的限制，商人可以在各處開業，所以不同地區的商人，
基於各自利益而籌組行會，此時業緣的成份變重。明清以降，長
程貿易商依據他們原籍的省份組成會館，象徵了區域之間人與物
的往來更加頻繁。[41]

　　長程貿易包括國際貿易，在歷史上，中國與滿洲、蒙古、中
亞、西南夷有陸上貿易，與南洋、東洋、甚至非洲有海上貿易。
陸上貿易以唐初和元代最盛，漢至魏晉南北朝雖有而不盛，宋、
明、清則甚衰竭。相形之下，海上貿易自唐代以來，除明初、清
初各有海禁之外，大抵皆曾蓬勃發展。[42]

　　貿易網路的開展，塑造了各種大於趕集式市集所構成的標準

---

[39] 薩孟武，《中國社會政治史》，冊1（臺北：三民書局，民國55年），頁29。

[40] 全漢昇，《中國行會制度史》（臺北：食貨出版社，民國24年上海初版，民國
　　67年臺灣再版）。

[41] 加藤繁著，杜正勝、蕭正誼譯，《中國社會經濟史概說》，頁68-69。

[42] 加藤繁著，杜正勝、蕭正誼譯，《中國社會經濟史概說》，頁80-88。

市鎮（standard market），像是中介市鎮（immediate market town）、中央市鎮（central market town）、地方城市（local city）、較大城市（greater city）、地域性的城市（regional city）、地域性的都會（regional metropolis）、中央級的都會（central metropolis）等 William G. Skinner 所述的各級城鎮。[43]

（三）社會具有寬廣基礎及相當活潑的上下流動

在不同等級的城鎮，有相應之不同等級的社會階層和制度。例如白銀的價值比銅錢貴重，銀較常用於城市，銅錢則較常用於鄉村。大城市的士紳有全國性知名度，省城的士紳有省級的知名度。大城市有錢莊，小城市只有當舖。兵制中的將軍、提督、總兵、汛兵，亦依城鎮等級配置。

雖然個別城市所控制的資源，比一個鄉下地區能控制的多，但是所有城市所控制的資源總量，不如鄉間所控制的多。即使到了民國時期，鄉間的農產品賣到三十里以外地區的，只有5-7%而已，[44] 而清代的城市只含有總人口的5-6%。[45] 政府稅收實質上也是一種鄉間運往城市的資源，而清代全國田賦只約佔國民所

---

[43] William G.Skinner, "Marketing and Social Structure in Rural China," *Journal of Asian Studies*, vol. 24 no. 1-3 (Nov. 1964, Feb. and May 1965).

[44] 參見：Wang, Yeh-chien, "Grain Prices and Market Regions in Ch'ing China," unpublished paper, 1985, p. 2指出 William G.Skinner 之此一主張。

[45] William G. Skinner, "Regional Urbanization in Nineteenth-Century China," in *The City in Late Imperial China* (Stanford: Stanford University Press, 1977), Table 4.

得的2.4%。[46]

　　雖然中國社會具有草根性的寬廣基礎，但並沒有演變爲城鄉之間相互隔閡的莊園經濟，中國的城市與鄉間有緊密的紐帶。城市的上流階層，包含了士紳和商人。由於科舉考試沒有嚴格的階級限制，所以頗多士紳來自鄉間。1947年潘光旦和費孝通分析了1862至1908年的進士，其中直隸省籍的進士，52.2%出身大城市，6.3%出身市鎮，41.2%出身鄉間。江蘇、浙江兩省籍的進士，其出身大城市者，分別有75%和47%。山東、安徽、河南、山西的進士，出身大城市的有36.6%，出身市鎮的有7.6%，出身鄉間的有55.9%。[47] 由於中國佃農不必束縛於所耕種的土地上，他們可以像自耕農一樣出外經商。既然做生意的風險較大，傳統的法律保障又不明確，商人傾向於找尋同族或同鄉的人爲合夥人，所謂同鄉大約就是同一個周期性市集的所構成的標準市鎮範圍，他們也從這一範圍內找學徒、夥計，這樣的人，其父母是老闆家庭認識的。於是中國商人形成各個團體，如陝幫、晉幫、徽幫、閩幫、廣幫等。陝幫之中又再分爲太谷幫、平遙幫等等。傳統商業組織如錢莊、當舖、廣東行商，以及19世紀中葉出現的買辦商人，亦皆以血緣、地緣爲結合紐帶。[48]

---

[46] Yeh-chien Wang, *Land Taxation in Imperial China, 1750-1911* (Cambridge, Mass.: Harvard University Press, 1973), p. 133.

[47] William G. Skinner, *The City in Late Imperial China*, pp. 266-267.

[48] Rhoads Murphey, *The Outsiders-The Western Experience in India and China* (Ann Arbor: The University of Michigan Press, 1977), pp. 180-196.

遷往城市的士紳和商人，有時會把家人留在鄉下。他們在城市賺的錢財，有時會匯回家中，周濟親族，或購置土地。1941年農產促進委員會調查後方十二省二十六縣，發現在鄉地主佔72.6%。[49] 在鄉地主並不能形成自給自足的莊園，是故中國的城鄉關係遠較西方來得密切。[50]即使與日本比較，清代社會結構的基礎，也比江戶時期寬廣得多，江戶時期的東京人口和北京差不多。若將城鎮劃分為七種等級，最低等級的城鎮在日本很小，且在江戶末期瀕臨消失，可是清代卻是寬廣和頻增。中國的城鄉之間有許多社會流動，相形之下，日本的城鄉之間有道鴻溝，天皇世胄、諸侯、武士、寺院在城市的生活方式，與鄉下人極為不同。[51]

在成長和衰退的經濟循環當中，中國城市和鄉間的紐帶，仍極為緊密。當農村經濟成長時，可以為城市提供市場、資本和勞力；當城市經濟衰退時，若無其他因素介入，農村經濟亦會唇亡齒寒。經濟危機既可來自農業區域，亦可來自城市地帶，來自農村的危機，多半因為人口增加速度超過經濟成長率，來自城市的危機，則多半因為市場萎縮。[52]

---

[49] 吳文暉，《中國土地問題及其對策》，頁116。

[50] F. W. Mote, "City in Chinese History," in James T. Liu and W. M. Tu, *Traditional China* (Englewood Cliffs, N. J.: Printice-Hall, 1970).

[51] Gilbert Rozman, *Urban Networks in Ch'ing China and Tokugawa Japan* (Princeton, N. J.: Princeton University Press, 1973）.

[52] Owen Lattimore, *Inner Asian Frontiers of China* (New York: 1940; Beacon edition 1962); 非斯，〈中國社會史分期之商榷〉，《食貨》半月刊，卷2，期11（民國24年

三、「均富」概念在臺灣歷史發展過程中的實現

（一）漢人移民成為主要人口

除澎湖群島在宋代已有漢人移民以外，漢人主要在西元1600年左右才大舉移入臺灣本島。[53] 扶持均富的概念和制度，在中國發展了數千年之後被引進臺灣。在19世紀後期之前，漢人移民尚未進入深山墾居，故與本地高山原住民並無直接接觸。高山原住民在山區定居，是因為他們的農業器具和火耕方法，較適宜在山坡上施展，且瘧疾在高山上比低矮山地上少。1906年時，高山原住民的人口為十一萬三千一百六十三人，佔臺灣總人口的3.6%。[54] 從1945至1961年，高山原住民人口由八萬八千七百三十五人，增加至十一萬六千四百六十五人，與1906年的人口數差

11月1日），頁1-13；Albert Feuerwerker, "China's Economic History in Communist Chinese Historiography." Man-houng Lin, "From Sweet Potato to Silver: The New World and Eighteenth-century China as Reflected in Wang Hui-tsu's Passage About the Grain Prices," in Hans Pohled, *The European Discovery of the World and Its Economic Effects on the Pre-industrial Society* (Germany: Franz Steiner Verlag Stuttgart, 1990)；林滿紅，〈與岸本教授論清乾隆年間的經濟〉，《中央研究院近代史研究所集刊》，期28（臺北：中央研究院近代史研究所，民國86年12月），頁235-252。

[53] 參閱林滿紅，〈經貿與政治、文化認同：日本領臺為兩岸長程關係投下的變數〉，《中國歷史上的分與合學術研討會論文集》（臺北：聯合報系文化基金會，民國84年），頁336-338。

[54] 臺灣省文獻委員會，《臺灣省通誌》，卷2〈人民誌・人口篇〉，冊2，頁157。

距不大。[55] 至於平埔族的人口，從17世紀至1920年代，維持在四萬至六萬人之間。[56]

在臺灣的漢人，當荷蘭人占領臺灣時期，人口由一千人增為三萬人。[57] 17世紀後期，更增加到十萬人。從1683至1860年的一百七十七年間，臺灣的中國人增加了十倍，達到二百萬。現今多數臺灣漢人的祖先，是在此期間內移民至臺灣的。1895年時，臺灣漢人增加為二百五十萬，1945年時為六百萬。[58] 現在是二千一百萬。[59]

平埔族與早期來臺的漢人直接接觸，其中有和諧，也有衝突。在接觸過程中，漢人曾採用了平埔族的若干編織技術和宗教儀式。臺灣中部的大甲蓆技術，宗教儀式中的牽紅（尪）姨，是漢人向平埔族學來的。而平埔族則採用中國姓名，學習中國語文，穿著中國服飾，信仰諸如媽祖的中國神祇，只有在墓碑上，他們刻上部落的名字，作為祖籍，而非中國大陸的地名，這才能

---

55 臺灣省文獻委員會，《臺灣省通誌》，卷2〈人民誌・人口篇〉，冊4，頁351-352。

56 詹素娟，〈清代臺灣平埔族與漢人關係之探討〉，《近代中國區域史研討會》（臺北：中央研究院近代史研究所，民國85年），頁218。

57 江樹生，〈荷據時期臺灣的漢人人口變遷〉，北港朝天宮董事會，媽祖信仰國際研討會，民國85年8月12-14日。

58 陳紹馨，〈臺灣的人口變遷與社會變遷〉（臺北：聯經出版事業公司，民國68年），頁18、29；*British Parliamentary Papers: Embassy and Consular Commercial Reports* (Irish University Press, 1971), vol. 6, p. 116.

59 行政院經濟建設委員會，*Taiwan Statistical Data Book*（臺北：正中書局，民國87年），頁8。

看出來他們是平埔族。他們的墓碑上列有女性祖先的名字，亦顯出他們從前有過母系的部落社會。[60]

　　1949年前後，新一批由中國大陸移入臺灣的人，佔臺灣總人口的12.2%。[61] 其餘87.8%的臺灣漢人祖先，是在1895年日本占領臺灣之前，由中國大陸移入。1926年日本政府的人口調查顯示，臺灣人之中83.1%來自福建，而15.6%來自廣東。[62] 這些中國移民將均富的觀念和相關的中國傳統制度帶到臺灣。福建和廣東的移民特別還帶來他們的海外貿易網絡，因為這兩個省份長久以來已有國外貿易的發展。

（二）臺灣歷史上對農業的重視是為關鍵

　　在臺灣，實現中國傳統均富概念的基本機制是各階段的農業發展：

1. 1600-1895年

　　17世紀末期以前，中國人已到臺灣捕魚和貿易，但他們並沒有即刻成為定居移民，而經常是夏季來臺，秋季又回到中國大陸的季節性移民。而在17世紀末期，由於明清鼎革造成巨幅政治動盪，以及江戶幕府的日本需要大量臺灣鹿皮以製作皮革兵器，荷蘭人和西班牙人有意將臺灣發展為東亞的貿易站，倚靠臺灣移民

[60] 詹素娟，〈清代臺灣平埔族與漢人關係之探討〉，頁218-221。
[61] 臺灣省文獻委員會，《臺灣省通誌》，卷2〈人民誌・人口篇〉，冊3，頁262。
[62] 臺灣總督府，《臺灣在籍漢民族舊慣例調查》（臺北，1928年）。

採集鹿皮，賣往日本，從日本取得白銀，至中國購買絲綢，銷往日本、歐洲。結果造成漢人在此期間大量移民臺灣，定居屯墾，以供應本地和外地市場所需。[63]

移民和祖國之間，除了原有的社會紐帶以外，臺灣與中國大陸間的資源秉賦也逐漸創造出了兩地之間的經濟紐帶。臺灣的炎熱氣候，不適宜種植棉花和桑樹，中國大陸的手工業技術是數千年經驗累積的結果，臺灣難以一時迎頭趕上，更何況新移民並沒有那麼多的資本和技術。臺灣的新開墾土地，較爲肥沃，其炎熱氣候亦適宜生產稻米和蔗糖。因此，一種區域的分工產生了：臺灣將其剩餘稻米輸往中國大陸，將蔗糖輸往華中、華北等不可能生產蔗糖的地區；中國大陸則爲臺灣提供手工業製品和其他日常需要的物資，如棉花、絲線、布、紙、壺、肥料、建材、石材等。[64]

臺灣的農業技術，自17世紀以來，有緩慢的進步。臺灣不再像荷領時期及鄭領時期要倚賴中國大陸輸入稻米，反而成爲中國的一個重要糧倉。此外，蔗糖業也更爲拓展。[65]

即使在1858年《天津條約》規定臺灣對各國開口通商之後，臺灣與中國大陸的貿易仍然繼續維持。到日本占領前夕，有二千

---

[63] 黃福才，《臺灣商業史》（南昌：江西人民出版社，1990年），頁12。

[64] 林滿紅，《茶、糖、樟腦業與臺灣之社會經濟變遷，1860-1895》（臺北：聯經出版事業公司，民國86年），頁7-9。

[65] 陳秋坤，〈臺灣土地的開發〉，《臺灣史論叢》（臺北：眾文出版社，民國69年），冊1，頁179。

八百艘沙板船航行於臺灣和中國大陸之間，當時由臺灣賣往華中、華北部的蔗糖和1860年時的數量相當。而由於1860至1895年間的對外貿易使臺灣賺取更多外匯，臺灣也向中國購買更多物資。[66]

2. 1895年-1965年

　　日本占領臺灣後，臺灣與中國大陸的貿易仍有七年維持從前的盛況，其後漸爲臺灣與日本的貿易所取代。此一轉向主要是由於日本與臺灣之間的國內稅，遠較臺灣與其他國家之間的關稅爲低。日本對於稻米和蔗糖的需求，導致兩者成爲臺灣的出口大宗，不過茶和樟腦也仍然持續出口。臺灣所需的布匹和工業產品，幾乎完全由中國大陸進口改爲由日本進口。除了1937至1945年戰爭期間設立的軍事工業，以及若干農產加工工業外，日本政府並不刻意促進臺灣的工業發展。所以除了一些基礎建設如鐵路、灌溉設施、銀行等之外，此時期臺灣的經濟發展主要在農業方面。

　　戰後臺灣的中華民國政府接受美援，仍舊鼓勵農業發展。以肥料工業爲例，戰後初期政府對臺灣的干預，較1949年以前中華民國政府在中國大陸上的干預，或日本殖民政府對臺灣的干預，都來得大。日領臺灣時期，肥料公司爲日本財閥所私有，然而在

---

[66] 〈清末中國大陸來臺郊商的興衰──臺灣史、中國史、世界史之一結合思考〉，《國科會研究彙刊》（人文及社會科學），卷4，期2（民國83年7月），33頁。

戰後初期（1970年代之前），則爲中華民國政府所公有。到1980
年代，公營的肥料公司，生產臺灣使用肥料的86%。1949年以前
中國大陸上的肥料工業，是政府在抗戰期間（1937-1945）設立
的，由於戰事和資金短缺的緣故，其規模較小，結果中國使用的
肥料主要仰賴外國貿易商進口，及國內貿易商的配銷。戰後臺灣
的中華民國政府不只擁有肥料公司，且利用日本建立的農會組
織，配銷肥料。日領臺灣時期民間商人得進口肥料以供應市場，
且農民得以現金購買肥料。但在戰後初期，規定農民必須以穀物
換取肥料。不過在另一方面，日本殖民政府採用強制力以促進肥
料之使用，而在美援影響下的中華民國政府採用誘導的手段加以
推動。[67]

　　1868至1907年間日本的農業年成長率是2.3%，而臺灣在
1901至1960年間，農業年成長率是3.14%。[68] 成長的主要動力來
自引進新品種稻米、採用化學肥料和灌溉之增加。[69]

　　臺灣農業的急速成長，滋生了臺灣農村的草根民主。1905至
1945年間臺灣人口的複合成長率是2.5%，比世界的0.5%高得

---

[67] 陳金滿，〈臺灣肥料的政府管理與配銷（1945-1953）：國家與社會關係之一探
　　討〉（臺北：稻鄉出版社，民國90年）。

[68] Yhi-min Ho, *Agricultural Development of Taiwan, 1903-1960* (Venderbilt University
　　Press, 1966)；李登輝，《臺灣農工部門間的資本流通》（康乃爾大學1971年原
　　版，張溫波譯，臺灣銀行，民國61年），頁8亦提到1911至1960年間臺灣農業
　　的年成長率是3%，高於日本由1877至1960年的1.17%年成長率。

[69] 林滿紅，〈日據時代臺灣經濟史研究之綜合評介〉，《史學評論》，期1（民國
　　68年7月），頁189-190。

多，[70] 然而即使如此，臺灣的人口成長率仍然低於農業成長率，因此臺灣可以保有剩餘財富。此時因整體經濟仍建立在農業之上。三分之二的人口住在兩萬人口小鎮以下的農村地區，遷徙大多不出二十里範圍。在所有的行政層級裏，五萬人的城鎮增加得最為顯著。[71] 農業留下的剩餘財富以及人口主要集中在農村地區，兩者都刺激了鄉間商業。1938年臺灣有九十三個商工會，會員一萬三千五百人。在1920至1937年間設立的商工會中，有60%是設在人口少於二萬人的小鎮；而人口低於二萬人的小鎮中，有80%強設有商工會。大部分的商工會會員是米商、肥料商與雜貨商，顯示出新興的商人階級和臺灣農業有某種關連。

臺灣的商工會頗為民主，平均約每6.8個會員就有一個幹事。內部組織階層不多，幹事由直接選舉產生，任期一年，且經常由會員輪流出任。由於會費低廉，小商人亦可參與商工會。商工會對會員所從事的商業種類，亦無限制。

商工會的幹事，來自日本政府授勳的世家漸少，而來自於商人階層的漸多，顯示出大量的向上流動。許多日領臺灣時期商工會的重要幹事，在臺灣戰後的商會依然活躍。[72]

在日領臺灣時期擁有一至三甲土地（約當一公頃）的地主增

---

[70] G. Barclay, *Colonial Development and Population in Taiwan* (Princeton, New Jersey: Princeton University Press, 1954), p. 13.

[71] G. Barclay, *Colonial Development and Population in Taiwan*, p. 106.

[72] 趙祐志，《日據時期臺灣商工會的發展（1895-1937）》（台北：稻鄉出版社，民國87年6月）。

加最為明顯。[73] 1895年以前，灌溉設施常由地主聯合控制，而在日領之後，他們向日本政府請願，希望能建設現代化的灌溉工程，並組成水利會以做為政府和地主之間的橋樑，戰後許多水利會的地方菁英成為民意代表，[74] 農會則為組織農民的機構，曾送農民到滿洲、東南亞、日本考察，學習新農技和了解市場。[75]

在日領時期臺灣史的研究方面，矢內原忠雄的開拓性研究，強調臺灣是透過糖廠和其他現代化的基礎設施而資本主義化。[76] 川野重任則從佃農、地主和小型農地等農業組織的存在，強調傳統的持續。[77] 但由前此之分析可以看出，農業部門本身也出現了不少現代性。除了大家常提到的，資金由農業部門流向工業部門之外，農業也為臺灣的民主發展鋪路。

（三）臺灣的貿易發展促進了等級區分

1. 貿易的發展

除了農業之外，臺灣的貿易發展亦提供了社會等級區分的一

[73] 涂照彥，《日本帝國主義下の臺灣》（東京：東京大學出版會，1975年），頁221、257。

[74] 林滿紅，〈臺灣與東北間的貿易〉，《中央研究院近代史研究所集刊》，期24，第二分。林滿紅，〈一九三二至一九四一年間臺灣與東北貿易加強的社會意涵〉，《近百年中日關係史論文集》（臺北：中央研究院近代史研究所，民國85年）。

[75] 郭雲萍，〈國家與社會之間的嘉南大圳（1920-1945）〉（嘉義：國立中正大學碩士論文，民國83年7月），頁124-125。

[76] 矢內原忠雄，《日本帝國主義下的臺灣》，臺灣銀行研究叢刊，第39號（東京：岩波書店，1929原版，周憲文譯，臺北：臺灣銀行，民國45年）。

[77] 川野重任，《臺灣的米穀經濟》，臺灣銀行研究叢刊，第102號（東京：有斐閣，1940年原版，林英彥譯，臺北：臺灣銀行，民國58年）。

個動因。17世紀漢人往臺灣移民，是亞洲內部貿易在世界貿易刺激下而有所延伸的發展。此時荷蘭、葡萄牙、西班牙等歐洲國家湧向東方，用從新世界取得的財富，購買亞洲的貨品。那時的航海技術倚靠島對島的航行，故歐洲人必須倚靠散居東亞的中國移民。[78] 前往臺灣的福建、廣東移民，在某種意義上也是離開中國而在東亞經營的一個散居點。而荷蘭東印度公司即倚靠鄭成功屬下的中國商人供應貨物，以進行國際貿易，這可以解釋爲何1661年鄭成功很輕易便從荷蘭人手中奪得臺灣。[79]

　　從荷蘭占領到明鄭滅亡的約六十年間，臺灣的鹿皮銷往日本，魚、鹿肉、藤條、硫磺、藥草等銷往中國大陸。日本的白銀和黃銅則出口至臺灣，其中部分再出口至中國大陸。東南亞的香料、藥草、錫、鉛與中國大陸的米、磁器、棉布銷往臺灣，磁器和絲綢則經由臺灣銷往日本。臺灣的蔗糖銷往日本、波斯、和歐洲。由於此時臺灣的稻作才剛開始發展，其產量尚不敷島內所需，而得倚賴中國大陸進口。臺灣出產的硫磺和鹿皮之價值，不能與轉出口的絲綢和白銀相比。在貿易上，轉出口和轉入口的比例，比直接進出口要來得高。[80]

---

[78] 張彬村，〈十六、十八世紀華人在東亞水域的貿易優勢〉，《中國海洋史會議論文集》，期3（臺北：中央研究院中山人文暨社會科學研究所，民國78年3月）。
[79] 曹永和，《臺灣早期歷史研究》（臺北：聯經出版事業公司，民國68年），頁375。
[80] 岩生成一，〈荷鄭時期臺灣與波斯間的糖茶貿易〉，《臺灣經濟史》，冊2，臺灣研究叢刊，第32號（臺北：臺灣銀行，民國44年）；James Davidson, *The Island of Formosa*，蔡啓恒譯，臺灣研究叢刊，第107號（臺北：臺灣銀行，民國61年），頁10-11。

　　17世紀臺灣和中國大陸的貿易關係，唯有在明鄭時期短暫中斷。由1683至1860年之間的一百七十七年裏，臺灣和中國大陸的經濟關係更為加深。 1860至1895年間，臺灣北部出產的茶和樟腦，與臺灣南部出產的稻米，佔了臺灣總出口的94%。臺灣主要出口的烏龍茶，90%輸往美國，剩下5%輸往英國。樟腦銷往德國、英國、和美國。臺灣的蔗糖除了輸往中國北部和南部，亦大量輸往日本。[81] 清代初期，中國大陸和臺灣海路上的舢板有一千至二千艘，[82] 1896至1898年時，已約有二千五百艘。[83]

　　如將日本統治下的臺灣人和朝鮮人做一比較，可以看到臺灣人有一顯著特色，即高度的市場取向。矢內原忠雄在1929年時指出，當時臺灣的每人平均出口值高於朝鮮。他除了將其原因歸諸於日本政府外，也歸功於臺灣人民的勤奮精神和營利取向。[84] 川野重任在1940年撰書指出，朝鮮農民或地主不願接受新的農業技術，常需政治強迫，才會採行，而臺灣人則只要告以新技術將帶

---

[81] 林滿紅，《茶、糖、樟腦業與臺灣之社會經濟變遷，1860-1895》（臺北：聯經出版事業公司，民國86年），頁2、3、19、22、25、38。

[82] 臨時臺灣舊慣調查會，《第二部調查經濟資料報告》，下卷，頁71、319；林東辰：《臺灣貿易史》（日本開國社臺灣支局，1932年），頁253；東嘉生：《臺灣經濟史研究》（臺北：臺北帝國大學，1944年），頁104。

[83] 臨時臺灣舊慣調查會，前引書，頁319。該資料另指出：由日本往來之或戎克船1500艘。但臺灣拓殖株式會社調查課，《臺灣を中心とした戎克貿易に就て》（昭和17年8月），頁33，謂1896至1898年間每年進入臺灣沿海各港的戎克船在4,000艘左右係包括由中國大陸及由日本來的戎克船。

[84] 矢內原忠雄，《日本帝國主義下的臺灣》（中譯本），頁20。

來更大好處即可。[85] 臺灣獨特的市場取向，在日本占領之前便已相當活躍。在1868至1894年間，臺灣的每人平均貿易額是3.9以海關兩計算的銀兩，而1901年的中國只有1.09以海關兩計算的銀兩。[86]

2. 貿易發展出臺灣的小規模商人

1895年以前，臺灣的對外貿易大部分由中國大陸來的商人所經手。[87] 由清代末期迄今，則有本地的大規模商人興起，如板橋林家、霧峰林家、高雄陳家等。[88] 此外本地的中、小規模商人也很活躍，特別是在日領時期。在此時期，當在日本的泰益號和在基隆批發商做生意時，它的生意對象通常是臺灣商人，特別是中、小規模商人，而鮮少日本商人。[89] 做華南和中國東北（或滿

[85] 川野重任，《臺灣的米穀經濟》（中譯本），頁14-15。

[86] 林滿紅，〈清末臺灣與我國中國大陸之貿易型態比較（1860-1894）〉，《國立臺灣師範大學歷史學報》，期6（民國67年），頁210。

[87] Man-houng Lin, "Economic Ties Between Taiwan and Mainland China, 1860-1895: Strengthening or Weakening?" *Tradition and Metamorphosis in modern China*, Symposium in Commemoration of Prof. Liu Kwang-ching's 75th birthday (Taipei: the Institute of Modern History, 1998）.

[88] 林滿紅，《茶、糖、樟腦業與臺灣之社會經濟變遷，1860-1895》，頁174-176。

[89] 朱德蘭，〈日據時期長崎華商泰益號與基隆批發行之間的關係〉，《中國海洋史論文集》，輯5（臺北：中央研究院中山人文社會科學研究所，民國82年），頁427-465。

洲國）生意的臺灣商人，絕大部分也是中、小規模商人。[90]

　　1895年臺灣割讓給日本之前，臺灣商人中極少有人有直接對外貿易的經驗，他們的對外貿易絕大部分由西洋商人經手。日領時期的臺灣商人，從他們和華南、東南亞或滿洲國的貿易中，得到了向外國直接投資和行銷的經驗。他們向日本商人學取多種商業手法。這種經驗為1945年後臺灣對外貿易的急遽擴張鋪路。此外，日領時期臺灣商人亦倒轉了兩世紀以來資金和技術由中國大陸流向臺灣的歷史傳統，改而為今日資金和技術由臺灣流向中國大陸的局面。[91]

　　二次大戰後由1945至1970年代，約有80%的臺灣私人企業是中、小規模。[92] 這些企業是臺灣經濟起飛時出口產業的主要推動者。即使美援催促臺灣政府成立中小企業銀行以資助中、小企業發展，其創業基金仍主要來自親戚或朋友。

　　是故，臺灣歷史過程中所發展的貿易和商業也有社會基層人口的廣泛支持，而在另一方面，臺灣上層的商業菁英也羽翼日豐。

---

[90] 林滿紅，〈臺灣與東北間的貿易（1932-1941）〉；林滿紅，〈一九三二至一九四一年間臺灣與東北貿易加強的社會意涵〉。

[91] 林滿紅，〈臺灣資本與兩岸經貿關係──臺商拓展外貿經驗之一重要篇章〉，《臺灣經驗──歷史經濟篇》（臺北：東大圖書公司，民國82年10月），頁67-139；林滿紅，〈臺灣與東北間的貿易（1932-1941）〉；林滿紅，〈日本政府與台灣籍民的東南亞投資，1895-1945〉，《中央研究院近代史研究所集刊》，第二十八期（台北：中央研究院近代史研究所，民國88年12月），頁1-56。

[92] 黃光國，〈大家族企業的組織型態〉，《中國論壇》，卷13，期7（民國71年1月），頁21。

3. 大商人與臺灣的民主

清領時期的臺灣，大地主擁有土地的所有權，小地主擁有土地的使用權。日本政府用公債收購大地主的所有權，而在相反的方面，農業產能的增加則增加了農家的平均人口數，農業的僱傭勞動力便不像以往那麼需要，同時也有更多的小地主出現。因此，在日領時期社會層級變少了，[93] 有為戰後土地改革鋪路的作用。1949至1952年之間的土地改革，藉股票換取土地產權，而將農業資本轉換為工業資本。中國大陸企業家引進的股市操作方式，也造成許多私人資本流向股票市場。[94]

中華民國政府接收臺灣之際，資本額超過二十萬元的企業中，臺灣人的企業僅佔9%，其餘91%則歸日本政府和日本人所有。那些日本人的企業，雖在二次大戰中受到些許破壞，但都移交給中華民國政府。政府亦由中國大陸遷移若干公營企業，如中央銀行、中央信託局、中國紡織、中國招商局等。[95] 隨著政府諸多鼓勵民營政策，如代紡代織政策，向沒有充分資本的業者提供美國援助的棉花，及付給高額的加工報酬，[96] 民營公司逐漸增加，在各種工廠中，1950年公營共二百四十五家，民營共七千二

---

[93] 涂照彥，《日本帝國主義下的臺灣》，頁221。

[94] 劉進慶，《臺灣戰後經濟分析》，頁232-233。

[95] 鄭月遂，〈現階段公營事業民營化突破性的作法〉，《今日合庫》，卷19，期9（民國82年9月），頁58-59。

[96] 劉進慶，《臺灣戰後經濟分析》（臺北：人間出版社，民國81年），頁214-215。

百二十九家,至1953年,公營共二百六十四家,民營共一萬二千一百七十五家。[97]

　　民間的外國資本到臺灣,主要是1960年代以後的事。在此之前,美援佔了臺灣資本形成的三分之一。[98]美國和日本公司傾向於和本地企業家合作,而著重投資於製造業,特別是政府鼓勵的電子業。華僑則傾向於投資服務業,如貿易公司。

　　到了1980年代,隨著威權體制的消退,迅速的民主化,使得立法院成為政治資源再分配的場所。民間企業可以支持他們所中意的民意代表,去打昂貴的選戰。而國民黨政權則以黨職來買通他們和企業的關係。大商人已可成為國民黨的中常委,參與重要國家決策。但是當每一個企業尋求各自的利益時,它們之間並未協調一致。它們也缺乏足夠的學術長才來評估包括總體經濟政策的政府政策。[99]因此國民黨透過某些再重整,達成了其與民間企業的聯盟。[100]這種聯盟,在民進黨執政以後改變的情況有待進一步研究。即便如此,與國家相對而言,臺灣的商人還是爬到了

97〈臺灣工業統計:臺灣工廠家數〉,《自由中國之工業》,卷1,期4(民國43年4月),頁36-37。

98 趙既昌,《美援的運用》(臺北:聯經事業出版公司,民國74年),頁13-14。

99 朱雲漢著,靳菱菱譯,〈臺灣政權轉型期政商關係的再結盟〉,《中山社會科學季刊》,卷7,期4(民國81年),頁63。

100 王振寰,〈臺灣新政商關係的形式與政治轉型〉,《臺灣民主化中的國家與社會》(新竹:清華大學,民國81年)。有關臺灣戰後的政治經濟關係,本文曾參考劉淑靚、徐麗惠、李旻芳等同學民國84年師大中國經濟史相關學期報告,謹此致謝。

一個史無前例的地位。

四、結論

　　圖一是Gilbert Rozman比較中國清代和日本江戶時期城鄉結構所作的圖，此處借用來說明本文的重點和意涵。

　　本文通篇所闡明的儒家「有等級區分的均富」思想，和用以落實這種思想的中國社會經濟制度，非常符合Rozman圖中的情形，也就是指中國社會雖有階層區分，但社會基層的民力相對江

圖一　中日城鄉結構比較

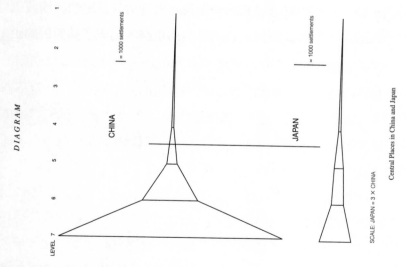

資料來源：Gilbert Rozman, *Urban Networks in Ch'ing China and Tokugawa Japan* (Princeton: Princeton University Press, 1973), p. xv.

戶日本較為寬厚。而漢人向臺灣移民的四百年歷史過程一步步使
上述觀念與制度得以闢展，而為民主催生。

　　從中國文明發軔以來，農業生產和商業交易絕大部分以小規
模的方式經營，這表現在很多方面，如農地單位小，缺乏畜力以
助生產和交易，主要供小額交易之銅錢的持久使用，使物資在鄉
間流通之趕集活動頻繁，小規模商人甚至在明清時期的遠程貿易
亦極顯著。這意味著在中國傳統當中，致富的手段分散在較多人
的手裏，而非集中於少數人。特別是技術發展偏重於土地與勞力
密集方向，比如休耕制很早就廢除了，肥料知識有長足發展，新
的播種制度不斷引進，以加強土地和勞力的利用。土地與勞力往
往最受關注，這解釋了為何在地理上中國的經濟資源主要是集中
在農村地區，直到民國時期都無改變。

　　雖然經濟資源是廣泛分布在社會基層，亦有若干社會機制用
以分化社會階層。家庭小農制、土地私有制、興盛的商業活動，
為大額交易和財富累積而有貴重金屬與紙幣充當貨幣，乃至不同
等級的城市之存在，這些社會機制分化了社會等級，卻沒有造成
社會階級對立，因為技術或非技術勞工不斷由鄉間流向城市，而
資金與生活方式則由城市流向鄉間。

　　在過去四百年漢人移民臺灣的過程當中，由於漢文化從17世
紀開始就是臺灣的強勢文化，以上的中國文化特色，便發展得特
別良好。中國文化在臺灣發展之前，臺灣原有原住民文化，但大
部分原住民留在高山上，居住於平地的平埔族從17世紀漢人加速
移民臺灣時起，就轉為少數民族。雖然高山族的人口較平埔族為

多，也較17世紀在臺灣的漢人多，但當19世紀漢人和高山族接觸時，漢人人口已增至高山族的七倍之多。

　　臺灣之所以盛行中國文化中所強調的「有等級區分的均富」理念，深受臺灣特別重視農業和商業發展的影響。1600至1900年的三百年間，臺灣和中國大陸的區域分工，加強了臺灣的農業和商業發展。此種區域分工，在1895至1945年之間又在臺灣和日本之間上演。臺灣在世界市場中延伸其觸角，不論是在17世紀還是在1860至1895年的期間，都未對臺灣經濟結構造成太大改變，其基礎主要仍在農業和商業。不過，1950年代以後臺灣在世界拓展市場，逐漸造成臺灣經濟結構的工業化，除了過去學者指出的農業資本轉變爲工業資本之外，本文更指出農業發展爲草根民主鋪路。

　　如將臺灣與中國大陸比較，中國大陸自清代末期以後比較沒有發展現代農業的可能性。從清代末期開始，中國政府對商業稅的倚賴程度，高於農業稅。雖然所有開發中國家都傾向於強調迅速發展現代工商業，但有些也會同時發展現代農業。中國未充分發展現代農業，這是因爲不斷的外在威脅，使得中國需要武器和迅速獲取財富的工商業，以維持國家安全。另一個原因是在知識傳播上，城鄉之間的距離甚爲遙遠，因此現代農業的知識不易傳播到鄉區。[101]

---

[101] 林滿紅，〈晚清的鴉片稅〉，《思與言》，卷16，期5（民國68年），頁49；林滿紅、呂實強，〈現代經濟的起步〉，秦孝儀主編，《中華民國經濟發展史》，冊1（第一編〈由傳統到現代〉，第一章〈中華民國經濟發展史的序幕〉，第一

從1821至1911年，中國的農業成長率不斷下降，其指數由一百降為七十八。[102] 中國每年的農業成長率，從一次世界大戰（1914-1918）至1957年間，是0.7%，[103] 遠低於臺灣從1901至1960年間的3.14%年成長率。

Rhoads Murphey 以「雙元經濟」描述1840年以後通商口岸和中國內地的關係。他認為進口物資的消費完全限於通商口岸和其週邊縣份，與中國農村沒有連結，這與中國傳統城市之密切與鄉村連結有別。[104] 本人曾將Rhoads Murphey 的理論加以修正。從1870年代後期至1906年，某些利潤高於由內地運往沿海之運輸成本，與僅需使用邊際土地或勞力生產的產品，如鴉片、豬鬃、棉布；或僅需少量資本與技術極易學習的產品，如火柴；或如生產原料是在鄉間的產品，如陶器，當中國更加納入國際經濟之際，這些產品曾促進了中國區域之間的整合。另外，1937至1945年中日戰爭期間，中華民國政府遷往重慶。除了1870至1906年及1937至1945年的這兩段時間之外，在1850至1949年的

節）（臺北：近代中國出版社，民國72年）；林滿紅與孫震、梁啓源合著，〈戰後復原與通貨膨脹〉，秦孝儀主編，《中華民國經濟發展史》，第二編〈戰火蹂躪下的經濟〉，第二章（臺北：近代中國出版社，民國72年），230頁。

[102] D. Perkins, *Agricultural Development in China (1368-1968)* (Chicago: Aldine Publishing Company, 1969), pp. 26-27.

[103] Alexander Eckstein, *China's Economic Revolution* (Cambridge: Cambridge University Press, 1977), p. 212.

[104] Rhoads Murphey, *The Treaty Port and China's Modernization: What Went Wrong?* (Ann Arbor, Michigan: University of Michigan Press, Center for Chiense Studies, No.7, 1970), pp. 52-57.

百年間，中國沿海與國際經濟緊密結合，而內地則不然，這是因為出口的農產品主要產於沿海省份。1911年爲時二千年中華帝制的崩潰，和1870年代後期至1906年間，原本相當整合的中國空間經濟趨於解體有某種關連。中華民國政府在抗戰時的通貨膨脹政策，和日本在1937、1938年間占領中國沿海資源高度集中的區域，也有很大關係。最後，通貨膨脹成爲國民黨在中國大陸政權瓦解的重要因素。1949年後，儘管中華人民共和國政府投下許多心力，中國的雙元經濟問題至今仍然嚴重。[105]

　　臺灣在1960年代以前的出口物資，主要是來自鄉間的農產品，其出口貿易將鄉間和國際經濟連結在一起。因此臺灣農業發展的結果，不但造成社會有較寬廣的草根基礎，在區域整合方面亦有較深的草根基礎。1960年代以後，勞力密集產業更加強了這種趨勢，不過隨著工業化的腳步，均富的觀念與制度逐漸和土地脫離關係。

　　這些發展，使得臺灣在中華民國政府來臺以前，已爲實現儒家均富理想的更佳場所。當朝鮮和臺灣同受日本殖民統治時，日本商人的勢力深入了朝鮮的中小城鎮，而臺灣中、小規模商人在鄉鎮的勢力，則足以抗拒日本商人。[106] 略可說明在中國發展了

---

[105] Man-houng Lin, "Fluctuations of the Spatial Integration of China with the Asian International Economy, 1850-1949," Paper presented at the *Workshop on China in the Asian International Economic History, c.1850-1945*, Osaka University, Japan, 22-23 May, 1993；蔣清海，《中國區域經濟分析》（重慶：重慶出版社，1990）。

[106] 此觀點得自中央研究院經濟學者梁啓源，謹此致謝。

幾千年，而在1895年之前移植臺灣的制度，促成臺灣擁有較韓國更爲寬廣的草根基礎。中華民國政府所提倡的三民主義宣示要結合儒家和西方思想，所強調的也是「有等級區分的均富思想」。經由中華民國政府的各種政策，在1986年時，臺灣的所得分配，是全世界國家中最平均的。此一成就在過去一、二十年，由於金錢遊戲蔓延和人口老化，而稍呈惡化。不過，隨著技術勞動力密集工業的發展，均富的理想將更與每個個人結合發展。[107] 表一顯示在臺灣的中華民國是世界上所得分配最平均的國家之一。

　　1979年以來，中華人民共和國的發展，主要也是在鄉鎮層次推進。1979至1989年間，與地方政府有某種責任關係的鄉鎮企業所構成的集體部門，在十年間成長了五倍。在所有部門裏，這一部門是那十年間全國經濟年成長率高達9.5%的最大功臣。這項發展的原因，並非國家的撤手，而是國家和社會在此一層次的合作。[108] 臺灣則至少從日領時期開始，亦即較中國大陸至少早約八十四年，就有如此的草根發展。

　　當然還有許多其他因素可以解釋臺灣今日獨特的均富現象，也有許多因素可將臺灣的均富和民主連結起來，本文只是指出文化中國內的一個重要成份，而這一成份在中國人移民臺灣的四百年間得以較充分展現。

---

[107] 趙祐志，〈日據時期臺灣商工會的發展〉（台北：國立臺灣師範大學歷史研究所碩士論文，民國84年），頁57-72。

[108] Philip Huang, " 'Public Sphere' / 'Civil Society' in Taiwan? The Third Realm Between State and Society," *Modern China*, vol. 19, No. 2 (1993) pp. 238-239.

表一　世界各國地區所得分配狀況

國　名	年別	所得按戶數五等分位組之所得分配比(%)		最高所得組為最低所得組之倍數(倍)	吉尼係數
		最低所得組20%	最高所得組20%		
一、低收入國家地區					
1. 宏都拉斯	1992*	3.80	57.40	15.11	0.4768
2. 中華人民共和國	1992*	6.20	43.90	7.08	0.3540
二、中收入國家地區					
1. 中華民國（臺灣）	1980	8.82	36.80	4.17	0.2771
	1988	7.89	38.25	4.85	0.3030
	1996	7.23	38.89	5.38	0.3169
2. 韓國	1993	7.47	39.29	5.26	0.2945
3. 智利	1994*	3.50	61.00	17.43	0.5055
4. 哥斯達黎加	1989*	4.00	50.70	12.68	0.4248
5. 委內瑞拉	1990*	3.60	58.40	16.22	0.4867
6. 馬來西亞	1989*	4.60	53.70	11.67	0.4412
7. 巴西	1989*	2.10	67.50	32.14	0.5697
8. 哥倫比亞	1991*	3.60	55.80	15.50	0.4688
9. 羅馬尼亞	1992*	9.20	34.80	3.78	0.2400
10. 保加利亞	1992*	8.30	39.30	4.73	0.2855
三、高所得國家					
1. 日本	1994	8.07	38.03	4.71	0.2789
2. 香港	1996	5.02	44.98	8.96	0.3736
3. 瑞典	1981	8.00	36.90	4.61	0.2764
4. 瑞士	1982	5.20	44.60	8.58	0.3568
5. 荷蘭	1988	8.20	36.90	4.50	0.2720
6. 澳大利亞	1985	4.40	42.20	9.59	0.3572
7. 英國	1988	4.60	44.30	9.63	0.3748
8. 加拿大	1987	5.70	40.20	7.05	0.3272
9. 美國	1995	5.20	44.10	8.48	0.3608
10. 德國	1988	7.00	40.30	5.76	0.3145
11. 義大利	1986	6.80	41.00	6.03	0.3196
12. 西班牙	1988	8.30	36.60	4.41	0.2649
13. 以色列	1979	6.00	39.60	6.60	0.3184
14. 法國	1989	5.60	41.90	7.48	0.3372
15. 新加坡	1992-93	5.70	48.23	8.46	0.3874

註：表中＊爲平均每人所得資料。吉尼係數除臺灣採位分組資料計算外，其餘各
國均採五等分位組資料計算。

資料來源：世界銀行發行，*World Development Report 1996*；南韓資料來源爲韓國
社會指標（1996）；日本資料來源爲全國消費時態調查報告（1994）；美國資料
來源爲 *Income, Ppoverty, and Valuation of Noncash Benefits*（1995）；香港資料來源爲
Population Census Main Report（1996）；新加坡資料來源爲 *Household Expenditure
Survey*（1996）；中華民國資料來源爲行政院主計處，《中華民國臺灣地區八十
五年家庭收支調查報告》（臺北：正中書局等經銷，民國85年），頁24。

「黑潮文明經濟圈」
的歷史與文化：臺日關係篇*

　　黑潮源起於北赤道的海流，當西向的北赤道海流受阻於菲律賓陸地時，分成南北向二海流，南向的海流稱之爲岷答那峨（Mindanao Current）海流，北向的海流即是黑潮（Kuroshio）。黑潮沿菲律賓、臺灣東岸及東海陸棚邊緣北上而至日本（見圖一）。

　　海流對經濟的影響是多元的，它可以帶來瘟疫與污染物質，也可以帶來動物的卵子、植物的種子或大量的魚群，海流亦影響所經地區氣候。[1] 本文將側重它的兩個作用來談黑潮對臺日兩地

* 原爲：日本亞細亞公開論壇 1998 年 11 月 7 至 8 日於島根縣立產業交流會館主辦，第十屆亞洲展望研討會會議論文，日文譯文登會議當天《中華週報》，並上網路：http://www. Roc -taiwan. or.jp/news/week/1890/109.html），中文版收入許光泰主編，《亞洲共同課題的挑戰》（臺北：國立政治大學國際關係研究中心，民國 88 年 1 月），頁 68-103。

[1] 臺大海洋研究所唐存勇教授提供資訊，並參：劉康克，〈黑潮與東海：從個體到整合、從本土到國際〉，《科學發展》，26：3（臺北：行政院國家科學委員

圖一　黑潮的流向

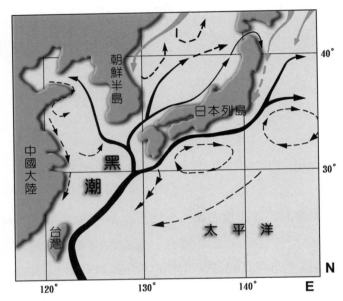

資料來源：劉錫江教授與中央研究院計算中心GIS小組協助提供。

建構密切歷史文化關係的深遠影響。兩個作用：一為海上商貿網絡之締築，一為建構相似的農業發展條件。

　　海流與季風都影響海船航行，黑潮在經菲律賓和臺灣東海岸北上日本的過程中，部分黑潮海流於呂宋海峽入侵南海，並與南海海流結合後，其部分海流經臺灣海峽，可能再度與黑潮主海流會合，黑潮部分海流於臺灣東北角流入東海，並與當地海水交匯

　　會，民國87年），頁247-249；中田千畝，《黑潮につながる日本と南洋》（東京都：郁文社，1941年），頁386-406。

後，再度流出東海與北海上的黑潮主流會合。黑潮主流是沿著東海陸棚邊緣與日本西南諸島之間海域北上，至奄美大島西北入日本海並分出對馬暖流，主流則轉爲九州、四國、本州東岸深藍色而成帶狀之海流北上。[2] 黑潮本身尚有迴流，[3] 由於船運較陸運更有利於遠程運輸，黑潮爲臺灣與日本之間構築了便利的天然橋樑，也使臺灣成爲日本往東南亞甚或東北亞發展商貿網絡的重要中途站。

　　由於黑潮源於北赤道海流，將溫暖的熱帶海水帶往北方，此溫暖海水，提供利用其熱能發電的契機，科技上已能成功地利用溫差來發電，唯其成本仍高，尚未商業化。此暖流攜帶的熱能非常可觀，[4] 即使迢迢流日本，仍是一股暖流，影響當地氣候，使緯度與中國北方同高的日本竟然與中國南方一樣，以稻作爲傳統經濟的主要基幹，[5] 也使臺灣與日本較能共享農業發展經驗。

　　兩者對臺日兩地的歷史關係有如下影響：

一、17世紀漢人開始大量拓殖臺灣深受臺日貿易影響

　　黑潮對臺日關係的影響可溯源至先史時代，關於這段發展可

---

[2] 唐存勇教授提供資訊，並參：黑潮文化の會編，《黑潮の民族・文化・言語》（東京：角川書店，1980年），頁1。

[3] 經劉益昌先生告知。

[4] 琉球新報社等，《われら黑潮民族》（那霸：琉球新報社，1992年），頁264。

[5] 黑潮文化の會編，《黑潮の民族・文化・言語》，頁1。

參考曹永和先生〈環中國海域交流史上的臺灣與日本〉一文，[6]
本文將著重有文字記載的歷史時期。歷史學家認為《隋書·陳稜傳》是漢人來臺的最早記載，[7] 這是西元7世紀的事。但是到了13、14世紀的宋、元時期，漢人與澎湖以外的臺灣本島地區之間仍少有往來。宋元時期中國、南海間貿易繁盛，與臺灣極為接近的泉州，係中國對外貿易的主要港埠。[8] 漢人與臺灣本島少有往來，或因當時臺灣尚屬待開發地區，產物不多，又無當時國際重視的象牙、琉璃、香料、犀角、珍珠、琥珀等貿易品所使然。[9]曹永和先生指出，先史時期循婆羅洲、菲律賓、臺灣、琉球至南日本以及由中國江南經朝鮮至北日本的航線，至此期間，轉由中國江南直接至日本中部的航線、長安至中亞的絲路、廣州至印度的海上航線所取代，可能是臺灣轉而孤立於國際航線之外的原因。[10]

在16世紀的60到80年代，有以林道乾、林鳳等為首的大規模海上武裝集團進駐臺灣。他們可以聚眾五千到萬人，擁船一

---

6 原文為〈環アジア海域交流における臺灣と日本〉，收入箭內健次編，《鎖國日本の國際交流》（東京：吉川弘文館，1988年），中譯見於《臺灣風物》，卷41，期1（臺北，1991年3月）。

7 黃福才，《臺灣商業史》（南昌：江西人民出版社，1990年），頁3，引王芸生，《臺灣史話》（1978年），頁9-10。

8 參見，黃福才，《臺灣商業史》，頁5；李東華，〈宋元時代泉州海外交通的盛況〉，《中國海洋發展史論文集》（臺北：中央研究院三民主義研究所，民國73年12月），頁1-40。

9 黃福才，《臺灣商業史》，頁4。

10 曹永和，〈環中國海域交流史上的日本〉，頁24。

百，以臺灣爲基地，與柬埔寨及呂宋貿易。[11] 這些海上武裝集團
旋爲明朝政府所弭平，但因其進駐臺灣，也引起明朝政府對臺灣
的注意。[12] 不過，即使1587年明政府解除海禁，1589年福建巡
撫不限定到臺灣的船隻數目，但當年往返於兩岸間的船隻才「有
四、五隻或七、八隻不等」。[13] 至1600年左右，往來兩岸的船隻
則增至三、四百艘，[14] 而後漢人陸續增加來臺。故1600年左右是
漢人來臺之重要起點。

　　當荷蘭人占領臺灣的1624至1661年，臺灣的漢人人口由一
千人增爲三萬人。[15] 17世紀後期，更增加到二十萬人。[16] 在19世
紀後期之前，漢人移民尚未進入深山墾居，與高山原住民並無太
多接觸，所接觸的主要是平埔族，該族人口，從17世紀至1920
年代，維持在四萬人至六萬人之間。[17] 故17世紀也是在臺漢人由

[11] 林仁川，《明末清初私人海上貿易》，頁108-110；黃福才，《臺灣商業史》，
頁8-10。
[12] 黃福才，《臺灣商業史》，頁10。
[13] 黃福才，《臺灣商業史》，頁11。
[14] 曹永和，《臺灣早期歷史研究》（臺北：聯經出版事業公司，民國68年），頁
10。
[15] 江樹生，〈荷據時期臺灣的漢人人口變遷〉，北港朝天宮董事會，媽祖信仰國
際研討會，民國85年8月12-14日。
[16] 陳紹馨，《臺灣的人口變遷與社會變遷》（臺北：聯經出版事業公司，民國68
年），頁18、29；*British Parliamentary Papers: Embassy and Consular Commercial
Reports* (Irish University Press, 1971), vol.6, p. 116.
[17] 詹素娟，〈清代臺灣平埔族與漢人關係之探討〉，《近代中國區域史研討會》
（臺北：中央研究院近代史研究所，民國85年），頁218。

少數族群轉為多數的關鍵年代。

　　至於高山原住民的人口，1906年時為十一萬三千一百六十三人，如以此數字與平埔族人口相加，在17世紀時仍多於漢人，但高山原住民分成諸多互不往來的部族，且當其於19世紀下半葉與漢人有較直接接觸時，漢人人口已居於絕對多數。從1683至1860年的一百七十七年間，漢人人口增加為十倍，達到二百萬。1895年時，臺灣漢人增加為二百五十萬，1945年時為六百萬。[18] 現在則約為二千一百萬。[19] 1949年前後由中國大陸移入臺灣的人，佔臺灣漢人總人口的12.2%。[20] 其餘87.8%的臺灣漢人祖先，是在1895年日本占領臺灣之前由中國大陸移入。[21] 1906年時高山原住民人口佔臺灣總人口的3.6%。從1945至1961年，高山原住民人口由八萬八千七百三十五人，增加至十一萬六千四百六十五人。1961年之後再增至十六萬二千零三十一人，佔臺灣總人口的2.5%。[22]

　　由此可見即使7世紀起就有漢人來臺的記載，但一直到17世紀，才是漢人開始大量來臺拓殖，並轉為多數族群的重要起點。

---

18 陳紹馨，《臺灣的人口變遷與社會變遷》，頁19、29；*British Parliamentary Papers: Embassy and Consular Commercial Reports, vol.6,* p. 116.

19 行政院經濟建設委員會，*Taiwan Statistical Data Book*（臺北：正中書局，民國87年），頁8。

20 臺灣省文獻委員會，《臺灣省通誌》，卷2〈人民誌‧人口篇〉，冊3，頁262。

21 臺灣總督府，《臺灣在籍漢民族舊慣別調查》（臺北，民國17年）。

22 臺灣省文獻委員會，《臺灣省通誌》，卷2〈人民誌‧人口篇〉，冊2，頁157；冊4，頁351-352。

這種發展與黑潮或臺日貿易的關連如下：

（一）黑潮締造了豐富魚場

漢人於17世紀大量來臺，先是因爲在1600年左右，中國大陸漁民在今天的北港、高雄（均在今天臺灣西南部海岸）一帶發現很大的漁場。每年往來漁民所捕獲魚量約有一百至一百二十萬斤，漁夫則約有一萬名之多。這些漁夫有些是春間來臺，搭建草寮，兼事農作，至秋收後才又返回中國大陸，成爲季節性移民。[23]臺灣西海岸的魚場除因屬中國大陸棚地形，海底傾斜度緩，海岸淺，海底生物豐富之外，也因「黑潮暖流」之支流與「親潮寒流」交會，迴游魚類特多。[24]

（二）臺日貿易是17世紀漢人來臺之重要原因

17世紀的臺灣宛如一亞太營運中心，漢人紛紛由中國大陸前往臺灣從事以下多角貿易：臺灣的鹿皮銷往日本，魚、鹿肉、藤條、硫磺、藥草等銷往中國大陸。日本的白銀和黃銅出口至臺灣，其中部分再出口至中國大陸。東南亞的香料、藥草、錫、鉛與中國大陸的米、磁器、棉布銷往臺灣，磁器、絲綢則經由臺灣

---

[23] 曹永和，《臺灣早期歷史研究》，頁10。

[24] 參見內藤春吉等編著，《臺灣漁業史》（臺北：臺灣銀行，1957年），頁8；林茂春，〈臺灣之漁業〉，載於《臺灣之水產資源》（臺北：臺灣銀行，民國40年），頁1；陳清春等，《重修臺灣省通志·經濟志·漁業篇》，頁14。轉引自：王良行，《芳苑鄉志》，經濟篇（彰化：芳苑鄉公所，民國86年），頁260。

銷往日本。中國大陸進口至臺灣的蔗糖銷往日本、波斯和歐洲。
由於此時臺灣的稻作才剛開始發展，產量不敷內部所需，亦得倚
賴中國大陸進口。[25]

在以上17世紀臺灣的多角貿易中，以臺灣轉口日本銀到中
國，再轉口中國絲到日本利潤最高。臺灣出產的硫磺和鹿皮等之
價值，不能與轉口的絲綢和白銀相比。[26]

中國於明清之際開始大量用銀以來，本身所產銀數遠遠不足
所需，雲南以外中國內地各省的白銀供應主要仰賴海外。[27] 海外
來銀之中，根據Richard Von Glahn 推估，16世紀末日本銀佔外銀
之60%。[28] 日本白銀輸入中國的數量，從1601到1647年間約值
一千萬墨西哥銀元，[29] 主要用以易換中國的絲綢。[30] 故絲綢易銀

---

[25] 曹永和，《臺灣早期歷史研究》，頁11。

[26] 岩生成一，〈荷鄭時期臺灣與波斯間的糖茶貿易〉，《臺灣經濟史》，冊2，臺
灣研究叢刊，第32號（臺北：臺灣銀行，民國44年）；James Davidson, *The
Island of Formosa: Past and Present* (Taipei, 1903)，蔡啓恒譯，《臺灣的過去與現
在》，臺灣研究叢刊，第107號（臺北：臺灣銀行，民國61年），頁10-11。

[27] 林滿紅，〈與岸本教授論清乾隆年間的經濟〉，《近代史研究所集刊》，期28
（臺北：中央研究院近代史研究所，民國86年12月），頁240。

[28] Richard Von Glahn, *Fountain of Fortunes-Money and Monetary Policy in China, 1000-
1700* (Berkeley: California University Press, 1996), p. 233.

[29] Man-houng Lin, "Vietnam-Burma-Yunnan Silver, Japanese Silver, American Silver and
Their Impact on the 18th Century Transition of China's Maritime Relation,"
International Workshop on Maritime China and Overseas Chinese Communities in
Transition, 1750-1850, Department of History, National University of Singapore 25-27
November, 1999 (to be published by Franz Steiner Verlag Wiesbaden Gambt in
Germany, 2002), Table 1.

是中日貿易最重要的一環。由於明代中國的海禁及日本豐臣秀吉之取締海盜，使中國船、日本船另尋第三地交換絲銀，臺灣介於日本、福建之間，便成爲此第三地之一。連17世紀前來東方的荷、西等國，也希望利用臺灣進行中日貿易。[31] 到了鄭成功家族統領臺灣時期，由於清朝政府在中國沿海實施海禁，臺灣則幾乎壟斷整個中日貿易，1677年時，到長崎的二十九艘唐船中，只有兩艘不受鄭氏家族指揮。[32] 而持有大量的日本銀，亦成爲鄭氏家族在臺建立政權以中興明室的重要憑藉。[33] 因此，臺日貿易是17世紀漢人來臺拓展的重要動因。

二、清末臺日貿易再開影響日本領臺

臺日貿易在清領臺灣之後仍持續一段期間，康熙年間（1662-1722）有許多臺灣蔗糖輸出日本的記載，[34] 但由雍正至咸豐年間（1723-1850），有關臺日貿易的記載甚少，這與中日貿易

---

[30] 全漢昇，〈明中葉後中日間的貿易〉，《中央研究院歷史語言研究所集刊》，卷55，期4（民國73年），頁644。

[31] 曹永和，〈環中國海域交流史上的臺灣與日本〉，頁28-29。

[32] Richard Von Glahn, *Fountain of Fortunes-Money and Monetary Policy in China, 1000-1700*, p. 226.

[33] 木宮泰彥，《日支交通史》（東京，1926；上海：商務印書館，陳捷中譯本，1931年），頁321。

[34] 伊能嘉矩，臺灣省文獻委員會編譯，《臺灣文化志》，中冊（臺中：臺灣省文獻委員會，民國74年），頁345。

航線的轉移及日本的鎖國政策應有關連。

中日貿易航線的轉移發生在清康熙皇帝統領臺灣之後，中國產絲的江南地區與日本之間不復有先前的海禁，即可直接由寧波、南京等地，而不需再經臺灣與日本交易。甚而有福州、寧波商人而非閩南海商將臺灣砂糖連同江南絲織品輸往日本。[35]

而進一步減少日本對外貿易的鎖國政策，則與日本用以對外貿易的白銀減少有關。

17世紀上半葉，日本銀除可出口到中國之外，也可以出口到歐洲。[36] 到了17世紀的下半葉，日本感到本身白銀需保留供國內使用。中國在轉入清朝之後，1648至1708年間，約有價值50,363,910墨西哥銀元的日本白銀進口到中國，1709至1764年間則只進口136,606墨西哥銀元元，1765至1840年間則反而由中國出口9,990,445墨西哥銀元的白銀到日本。[37] 17世紀日本出口到中國的銀，除主要用以易換中國的絲製品之外，亦易換布帛、水銀、瓷器、古幣、繪畫、書法、書籍、中藥、地毯、火藥、漆器及其他物品。在缺乏銀可換取大量外國物資時，日本發展頗多進口替代產業，如絲、漆器、瓷器等等。[38] 雍正年間，日本試圖自

35 曹永和，〈環中國海域交流史上的臺灣與日本〉，頁39-41。

36 Alex. Del Mar, *A History of the Precious Metals, from the Earliest Times to the Present* (New York: Cambridge Encyclopedia Company, 1902), p. 302.

37 Man-houng Lin, "Vietnam-Burma-Yunnan Silver, Japanese Silver, American Silver and Their Impact on the 18th Century Transition of China's Maritime Relation," Table 1.

38 木宮泰彥，《日支交通史》，頁396-398。

產蔗糖以替代臺糖，亦此進口替代之一環。

　　1860年代臺灣對各國開放貿易初期，臺糖市場以中國大陸為主。若將1868至1895年間的臺糖市場分成中國大陸及外國兩部分。中國大陸佔臺糖出口總量比例，1865年是98%，1868及1869兩年是93%。[39] 這個現象很可能即是開港以前的現象，也就是說：康熙至咸豐年間以臺糖貿易為主軸之臺日貿易轉趨沒落。到了1868至1894年間，進口臺糖的外國之中，又以日本最為重要。其主要原因有三：㈠日本的地理位置接近臺灣，交通方便；㈡日人對打狗（高雄）地區所產糖有所偏好；㈢明治維新以後，隨著經濟繁榮，日本更增加對臺糖的需要。[40] 1868至1895年間，日本進口臺糖總額占同期外國進口總額之69.55%，達619萬擔，與中國大陸進口臺糖總額的七百一十八萬擔，僅差一百萬擔。[41] 1885至1895年間，除1886年之外，日本在臺糖輸出外國總額中所佔比例更高達91-99%。[42]

　　構成臺日糖貿易的「日本的地理位置接近臺灣，交通方便」以及日本由幕末以來的「占領包括臺灣在內的西太平洋弧形島嶼群」的南進思想，都與黑潮的流向有關。

---

[39] 林滿紅，《茶、糖、樟腦業與臺灣之社會經濟變遷，1860-1895》（臺北：聯經出版社，民國86年），頁24。

[40] 林滿紅，《茶、糖、樟腦業與臺灣之社會經濟變遷，1860-1895》，頁26。

[41] 林滿紅，《茶、糖、樟腦業與臺灣之社會經濟變遷，1860-1895》，表二.4表二.5及圖二.1。

[42] 林滿紅，《茶、糖、樟腦業與臺灣之社會經濟變遷，1860-1895》，表二.5。

三、臺灣與日本共同擴張大東亞商圈

　　日本占領臺灣後，臺灣與日本的關係大爲加強。由臺灣的角度來看，1895年以前，臺灣與中國大陸貿易的盛況僅維持了七年，其後即爲臺灣與日本的貿易所取代。從日本的角度看，在1919年以前，臺灣的製糖業尚未發達，日本每年約五億斤的糖消費量中約有四億斤仰賴外國輸入。至1919年時，臺灣糖的供給已使日本不但可以自給，更進一步可銷往海外。日本人每人一年約消費十斤的糖，其中約有八斤係由臺灣供應。日本內地不足的鹽和米也從臺灣補充，1916年由於日本米的不足，輸入686,530石的臺灣米、1,168,570石的朝鮮米、309,158石的外國米，以爲補充。[43]臺灣米佔日本輸入之比重雖不如臺灣糖，但仍極爲重要。

　　日本透過鐵路、輪船等現代交通工具更加使臺灣與日本緊密相連。[44]此外，臺灣與中國大陸間的貿易須繳納國際關稅，與日本之間則不課徵關稅，是臺灣與日本貿易關係顯著加強的關鍵因素。日本政府又透過大量津貼日商、專賣制度等等制度安排，使臺灣成爲日本所需的米、糖供應地，而日本紡織品及其他工業產

---

[43] 櫻峽生，〈我民族の南洋發展と臺灣（上）〉，《新臺灣》，號33（臺北：新臺灣社，1918年【大正7年】3月），頁3。

[44] 高僑泰隆，《日本殖民地鐵道史論》（關東學園大學，1995年5月），頁38-39。

品，則漸取代中國大陸手工業產品供應臺灣日常所需。[45]

　　於是，與日本相結合的臺灣，遂進而爲日本大東亞擴張之重要中途站。圖二爲1944年朝日新聞社所繪臺灣爲「大東亞共榮圈」的中心圖。

圖二　臺灣爲大東亞共榮圈的中心

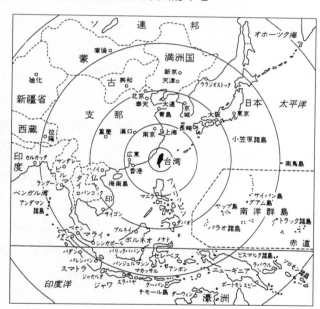

資料來源：原出處：朝日新聞社，〈南方の據點・臺灣〉（東京：朝日新聞社，1944），轉引自：後藤乾一，〈臺灣與東南亞：1930-1945〉，《臺灣史研究一百年》，頁343-358。

---

45 矢内原忠雄，《日本帝國主義下的臺灣》（東京：岩波書店，1929原版，周憲文譯，臺北：臺灣銀行研究叢刊，第39號，民國45年），頁59。

　　1941年臺灣的《臺灣日日新報》更點出「臺灣位於大東亞共榮圈的中心點，被稱為南進基地，……。島內勞力仍須借助日本人的大量移入，……。往南！往南！必須企畫沿著黑潮的一大民族運動」。[46]

　　臺灣銀行與現代交通設施更將臺灣與大東亞地區連結為一體，在中國及東南亞頗多重要城市設有分行，[47] 臺灣與日本之間，與中國大陸及東南亞之間均有重要航線。[48] 1936至1945年間，日本、朝鮮、滿洲、臺灣之間所有政府經營的鐵路可用一張票換搭各地火車。繼1936年之後，此一「交通普羅克」（transportation block）更拓展到陸海空聯運。[49]

　　臺灣遂藉此拓展其大東亞地區的商圈，臺灣包種茶在日本領臺之前，原本透過福建商人由淡水送往廈門，再由廈門輸往東南亞各國，但自1905年開始，逐漸改由日籍華商或臺商經淡水、基

---

[46]〈南方經濟圈の心臟──臺灣產業の獨立強化──新殖產局長に寄する民間各業者の要望〉，《臺灣日日新報》（1941.【昭和16】5.20）。

[47] 滄庵，〈臺灣經濟與南洋〉《臺灣銀行季刊》，創刊號（臺灣銀行金融研究室，民國36年6月），頁151-152；黃瓊瑤，〈日據時期的臺灣銀行，1899-1945〉（台北：國立臺灣師範大學歷史學研究所碩士論文，民國80年6月），頁93；《盛京時報》，〈為日俄戰爭之後日人在瀋陽所辦〉，（1936【昭和11】.6.25、1936.10.2）。

[48] 滄庵，〈臺灣經濟與南洋〉，頁152；周憲文，《日據時代臺灣經濟史》，臺灣研究叢刊第59種（臺灣銀行），頁8。

[49] 林滿紅，〈臺灣與東北間的貿易（1932-1941）〉，《中央研究院近代史研究所集刊》，期24（臺北：中央研究院近代史研究所，民國84年6月），頁666-667。

隆直接輸往爪哇，[50] 且以日本的金本位，而不再以中國的銀本位
與東南亞國家匯兌往來。[51] 1930年代，因日本茶商三好德三郎與
沖繩縣知事折衝結果，沖繩由原本全喝福州茶，全改用臺灣之包
種茶。[52] 有十分之九人口喝茶的中國東北，在滿洲國建立之前，
主要使用江西、湖北、浙江、福建、江蘇、安徽等地的中國茶，
由福州、天津、上海、漢口輸出，再由營口輸入。[53] 在新加坡採
行保護貿易政策，並影響臺灣包種茶對東南亞的輸出之後，滿洲
國通過貿易緊急統制法，引導臺灣茶輸向大連港。[54] 因爲滿洲國
與中國之間有關稅壁壘，而臺灣茶輸出大連可享有較低關稅，是
以臺茶逐漸取代華茶。至1936年，滿洲國和大連的茶商中，有六
成賣的是臺灣茶。[55]

　　臺灣亦爲日本在東亞擴張之一中介，日本統治臺灣期間，透
過臺灣輸出華南的日貨長期較由日本直接輸出華南的日貨爲多。
1925至1929年的五年間，經由基隆的日貨轉口貿易值約爲臺灣對

---

[50] 澹庵，〈臺灣經濟與南洋〉，頁162。

[51] 澹庵，〈臺灣經濟與南洋〉，頁153。陳慈玉，《臺北縣茶業發展史》（臺北：
臺北縣立文化中心，1994年3月），頁135。

[52] 同業組合臺灣茶商公會編，《組合沿革史》（同業組合臺灣茶商公會，民國27
年），頁36。感謝大阪市立大學河原林直人先生提供此一信息。

[53] 臺灣總督府大連臺灣物產紹介所，《臺灣茶と滿洲貿易》（1937年【昭和12年】
8月），頁15。

[54] 《臺灣日日新報》（1936【昭和11】8.19）；《臺灣日日新報》（1936【昭和11】
8.15）；岩滿重，〈臺灣物產の滿洲進出狀況〉，《臺灣殖產年鑑》（臺灣と海
外社，1938年【昭和13年】1月），頁385。

[55] 《盛京時報》（1936【昭和11】3.27）。

華南貿易的二分之一。[56] 1932至1936年間依然維持此一比例，[57]
此期間由臺灣進口到中國的鹹魚、燈油、火柴、綿織品、毛織
品、絲織品、乾魚，幾乎全是日本貨的轉口。[58]

　　臺商更是日本拓展東南亞貿易之幫手，由於華僑在東南亞深
具勢力、臺僑與華僑之間具有文化關係、臺商本身深具商業發展
潛力並且刻苦耐勞，因而日本政府與民間都希望以臺商為中介，
拓展東南亞的經貿活動。[59] 日本政府即透過高等商業學校培育臺
灣人，再派臺灣人到東南亞的日本商社實習，然後使其獨立創
業，再以此種臺商或自行至東南亞的臺商為日商之代理人，以打
通華僑市場。[60]

　　《臺灣省通志》曾指出：日治時期臺灣的對外貿易為日本財
閥及政府所壟斷，臺灣百姓缺乏拓展外銷經驗。[61] 由日治時期臺
商在東南亞乃至全東亞之經貿活動，實可見日本政府與臺商在拓

---

[56] 井出季和太，〈時局と支那貿易概況〉，《臺灣時報》，1月號（臺北市：臺灣
　　時報發行所，1934【昭和9年】），頁100-101。

[57] 枝吉英樹，〈臺灣の仲繼貿易〉，《臺灣時報》，5月號（臺北市：臺灣時報發
　　行所，1035【昭和10年】），頁70。

[58] 岩滿重，〈臺灣物產の滿洲進出狀況〉，頁401。

[59] 櫻峽生，〈我民族の南洋發展と臺灣（下）〉，頁9；吉川精馬，〈實業之臺灣
　　社〉，《臺灣經濟年報》（東京：臺灣經濟年報刊行會，1925年【大正14年】4
　　月），頁41。

[60] 詳見：林滿紅，〈日本政府與台灣籍民的東南亞投資,1895-1945〉，《中央研究
　　院近代史研究所集刊》，期23（民國88年12月），頁56。

[61] 臺灣省文獻委員會，《臺灣省通志》，卷4〈經濟志・商業篇〉（臺北：臺灣省
　　文獻委員會，民國60年6月），頁283b。

展大東亞商圈中的合作。

四、臺日關係強化了臺灣的農業與草根發展

　　農業發展在一個國家的經濟發展中舉足輕重，因為發展中國家的人民多半原以農為生，他們在學習新知識與新技術時，對於現代農業，遠較現代工業勝任愉快，且發展中國家常有人口糧食供需不平衡的困境，農業發展之後，糧食之增產可以緩和人口問題，也可以出口賺取外匯，所賺取的外匯則可進而提供工業發展所需資金，農業部門所增產的經濟作物也可以提供工業生產的原料。農民在增加生產之後的收入也可以用來購買工業產品，為工業發展提供市場；再者農民於發展現代農業中的創新經驗，也將有助於其在工業發展過程中的創新。尤其現代農業的發展，更是發展中國家往現代經濟發展的根本途徑。[62]

　　現代農業與傳統農業的根本差別在於：傳統農業的技術，即使偶有創新，主要來自經驗累積，進步較慢，現代農業的技術則由農學實驗成功之後再傳授給農民採用，又稱科學農業，可以大量推廣。[63]

　　1901至1960年間，臺灣的農業年成長率是3.14%，1868年

[62] W. H. Nicholls, "Agricultural Surplus' as a Factor in Economic Development," *Journal of Political Economy*, LXXI, No. 1, pp. 1-29。

[63] Dwight H. Perkins, *Agricultural Development in China, 1368-1968* (Chicago, Aldine Publishing Co., 1969), p. 37。

明治維新至1917年第一次世界大戰期間，日本的農業年平均成長率爲2.3%。[64] 中國每年的農業成長率，從1821至1911年，不斷下降，其指數由一百降爲七十八；[65] 從一次世界大戰（1914-1918）至1957年間，成長率爲0.7%。[66] 1901至1960年間，臺灣農業的顯著發展主要是因爲有現代農業，而現代農業在臺灣的發展，日本的影響是極關鍵性的因素。

　　雖然現代農業在西方至19世紀上半葉始具規模，日本於1870年代即展開一連串的現代農政改革，如成立農業學校、聘請歐美農業技術專家赴日、參加美國農業博覽會、購置新式農器、開辦農業試驗場、派遣留學生赴美研究農學、調查全國水利分佈情形、研究改進桑茶棉等經濟作物的栽培方法，各地陸續成立「物產會」、「農談會」等等。[67] 之後，又透過地主引導農民實施品種改良。[68] 類似日本的農政改革，在中國一直要到1898年農工商總局成立後才著手進行，而透過地主實施的品種改良則從未大

---

[64] Yih-min Ho, *Agricultural Development in Taiwan*, 1903-1960 (Venderbilt University Press, 1966). 李登輝，《臺灣農工部門間的資本流通》（康乃爾大學，1971年原版，張溫波譯，臺灣銀行，民國61年），頁8，亦提到1911至1960年間臺灣農業的年成長率是3%，高於日本由1877至1960年的1.17%年成長率。

[65] D. Perkins, *Agricultural Development in China* (1368-1968), pp. 26-27.

[66] Alexander Eckstein, *China's Economic Revolution* (Cambridge: Cambridge University Press, 1977), p. 212.

[67] 陳炯彰，〈近代農業改良思想〉（台北：國立臺灣師範大學歷史學研究所碩士論文，民國65年6月），頁182-183。

[68] K. Ohkawa and H. Rosovsky, "The Role of Agriculture in Modern Japanese Economic Development," in *Economic Development and Cultural Change*, vol. 9, Part 2, 1960。

規模推展。而即使在清末開始推展現代農政之後，農業仍不如工商之受朝野重視，如1898年頒訂的京師大學堂章程將農學列爲二十五種課程中之第二十種。[69]

　　如將臺灣與中國大陸比較，中國大陸自清末以來較缺乏發展現代農業的可能性。清末思潮與政策顯著轉而重商，因爲從清末開始，中國政府倚重商業稅的程度，轉而高於農業稅。雖然所有開發中國家都傾向於強調迅速發展現代工商業，但有些也會同時發展現代農業。中國未充分發展現代農業，是因爲不斷的外在威脅，使得中國需要製造武器和迅速獲取財富的工商業，以維繫國家安全。另一個原因是在知識傳播上，城鄉之間的距離甚爲遙遠，現代農學知識不易傳播到鄉區。[70]

　　在日本各殖民地之中，臺灣原爲日本加強發展農業的一個地區。與朝鮮比較，從1911至1938年之間，其人口是臺灣的五倍，然而日本政府在朝鮮的總支出中，用於農業投資的比例，僅爲臺灣的一半。[71]

---

[69] 陳炯彰，〈近代農業改良思想〉，頁188。

[70] 林滿紅，〈晚清的鴉片稅〉，《思與言》，卷16，期5（民國68年），頁49；林滿紅、呂實強，〈現代經濟的起步〉，秦孝儀主編，《中華民國經濟發展史》，冊1，第一編，〈由傳統到現代〉，第一章〈中華民國經濟發展史的序幕〉，第一節（臺北：近代中國出版社，民國72年）；林滿紅、孫震、梁啓源合著，〈戰後復原與通貨膨脹〉，秦孝儀主編，《中華民國經濟發展史》，第二編，〈戰火蹂躪下的經濟〉，第二章（臺北：近代中國出版社，民國72年），頁230。

[71] 山本有造，《日本殖民地經濟史研究》（名古屋：名古屋大學出版社，1992年），頁161。

　　美國的經濟史家Ramon Myers曾比較日治時期的臺灣與同時
期的中國，由於日本政府並未改變臺灣舊有的農村制度，例如地
主制度、借貸制度，兩地的農村制度基本上是相同的，而1900至
1937年間臺灣的農業發展較中國大陸快速，原因是臺灣得以在安
定政治中，引進如品種改良與肥料使用等新的技術，政府在基礎
工程方面的投資也有助於此種發展，而中國大陸沒有這些條件。[72]
何益民、李登輝等經濟學者也都以計量方式指出臺灣的農業成長
主要來自引進新品種稻米、採用化學肥料和灌溉之增加。[73]（參
見圖三）這些現代農業技術能在日治時期的臺灣大量引入，臺灣
與日本的農業形態相近，實為重要因素。而臺灣與日本之所以有
相近的農業形態，黑潮為日本帶來暖流實為平常我們不思考，但
卻是極重要的背景。日治時期臺灣的農業發展，為戰後中華民國
政府依然鼓勵的農業發展奠定良好基礎。

　　有關日治時期臺灣史的研究，矢內原忠雄的開拓性研究，曾
強調臺灣因有糖廠和鐵路、港口、金融、土地改革等基礎設施而
現代化。[74] 川野重任則從佃農、地主和小型農地等農業組織的存
在，強調傳統的持續。[75] 事實上，農業部門本身也蘊含了不少現

---

[72] Ramon H. Myers, "Agrarian Policy and Agricultural Transformation: Mainland China and Taiwan, 1895-1945, " *Journal of the Studies of the Chinese University of Hong Kong*, 3 (2), 1970.

[73] 林滿紅，〈日據時代臺灣經濟史研究之綜合評介〉，《史學評論》，期1（民國68年7月），頁189-190。

[74] 矢內原忠雄，《日本帝國主義下的臺灣》。

[75] 川野重任，《臺灣的米穀經濟》，臺灣銀行研究叢刊，第102號（東京：有斐

圖三　呵護種子、呵護臺灣（種子儲藏倉庫）（約1950）

資料來源：葛壁（中文譯本），《進步中的臺灣農村》（臺北市：中國農村復興聯合委員會，民國49年），頁14。（原件典藏於國立臺灣大學圖書館）。

代性。除了李登輝先生所指出資金由農業部門流向工業部門而促進臺灣的工業化之外，臺灣農業的急速成長也滋生了臺灣的草根民主。

　　1905至1945年間臺灣人口的複合成長率是2.5%，比世界的0.5%高出很多。[76] 即使如此，臺灣的人口成長率仍然低於農業成長率，因此臺灣可以保有剩餘財富。此時因整體經濟仍建立在農

閣，1940年原版，林英彥譯，臺北：臺灣銀行，民國58年）。

[76] G. Barclay, *Colonial Development and Population in Taiwan* (Princeton, New Jersey: Princeton University Press, 1954), p. 13.

業之上，三分之二的人口住在兩萬人口小鎮以下的農村地區，遷徙大多不出二十里範圍。在所有的行政層級裏，五萬人的城鎮增加得最爲顯著。[77] 農業部門留有剩餘財富以及人口主要集中在農村地區，都刺激了鄉間商業。1938年臺灣有九十三個商工會，會員13,500人。在1920至1937年間設立的商工會中，有60%是設在人口少於二萬人的小鎮；而人口低於二萬人的小鎮中，有80%強設有商工會。大部分的商工會會員是米商、肥料商與雜貨商，顯示出新興商人階層和農業的密切關連。這些商工會在日治時期曾爲地方爭取商業學校設置、興建橋樑等公共建設，爲一種草根的民主團體。[78]

許多日治時期商工會的重要幹事，在戰後的商會中依然活躍。臺灣在1895年以前，灌溉設施常由地主聯合控制，而在日治之後，他們向日本政府請願，希望能建設現代化的灌溉工程，並組成水利會以做爲政府和地主之間的橋樑，許多水利會的地方菁英戰後並成爲民意代表。[79] 農會則爲組織農民的機構，曾送農民到滿州、東南亞、日本考察，學習新農技和了解市場。[80] 這些商

---

[77] G. Barclay, *Colonial Development and Population in Taiwan*, p. 106.

[78] 趙祐志，《日據時期臺灣商工會的發展（1895-1937）》（台北：稻鄉出版社，民國87年6月）。

[79] 林滿紅，〈臺灣與東北間的貿易〉，《中央研究院近代史研究所集刊》，期24，第二分。林滿紅，〈一九三二至一九四一年間臺灣與東北貿易加強的社會意涵〉，《近百年中日關係史論文集》（臺北：中央研究院近代史研究所，民國85年）。

[80] 郭雲萍，〈國家與社會之間的嘉南大圳（1920-1945）〉，國立中正大學碩士論文（民國83年7月），頁124-125。

工會、水利會、農會等組織，戰後均成爲草根民主的重要組織。

　　由日本強化的臺灣農業發展，除了有助日本的米、糖供應之外，也曾爲臺灣的工業化與民主化鋪路，可見黑潮所拉近的臺日關係影響深遠。黑潮的暖度除了使日本可以培育與臺灣同一型態的農業之外，也曾在先史時期透過黑潮之路，將薯類、芋類、小米、栗等雜穀傳入日本，而水稻耕作則由江南經南朝鮮或直接由江南傳入日本。[81]

五、結論

　　關西大學教授石田浩指出，日本學界在檢討NIES 成功的因素時，有一派學者提到「開發獨裁」的說法，認爲政府的威權統治是發展的必備條件，石田教授認爲這種說法忽略這些國家長期的歷史發展背景。[82]

　　戰後初期的臺灣，公營企業是主要企業形態。在中華民國政府接收臺灣之初，資本額超過二十萬的企業中，臺人企業僅佔9%，其餘91%則歸日本政府或日本人所有。日人擁有的企業有些受到戰爭的破壞，其餘則全部轉移至中華民國政府手中。政府也由中國大陸遷移中央銀行、中央信託局、中國紡織、招商局等

---

[81] 曹永和，〈環中國海域交流史上的臺灣與日本〉，頁22。

[82] 1997 年3 月13 日在中華民國的中央研究院近代史研究所演講，亦見：石田浩，《共同幻想としての〈中華〉》（東京：田畑書店，1993 年），頁111。

公營企業到臺灣。[83] 以這些資源為基礎，再加上1951年開始的美援，由1953至1980年代，政府與國民黨的技術官僚地位遠遠高於民間企業的雇員。本著毫不受質疑的反共使命以及廣泛的國際承認，戰後初期臺灣的政府相對私人企業具有權威。[84] 商人仰賴政府有利的政策支持，諸如進口替代、有利的匯率、較低的利率、出口擴張、設立科學園區以提升工業技術等等。經濟部所屬的國營企業也比一般企業有較大的向前或向後聯鎖作用。政府的公營企業在經濟蕭條時自行吸收損失，例如中油公司在能源危機時所售油品價格低於進口價格，也有減輕民營企業負擔的作用。[85] 這些發展似乎很能夠印證「開發獨裁」的理論。

　　但這類觀察的確忽略了歷史為這個時期乃至往後的臺灣所奠定的基礎。歷史有來自原住民的部分、有來自荷蘭人、英國人、美國人的部分，有來自中國文化的部分，也有來自日本的部分。忽略這些歷史背景也就會忽略臺灣民間長期積累的力量如何與中華民國政府相配合。

　　以本文所討論的臺日關係史而言，循著商貿網絡與草根發展兩大項目，可看到歷史為戰後臺灣奠定了以下基礎：

---

83 鄭月遂，〈現階段公營事業民營化突破性的作法〉，《今日合庫》，卷19，期9（民國82年9月），頁58-59。

84 朱雲漢著，靳菱菱譯，〈臺灣政權轉型期政商關係的再結盟〉，《中山社會科學季刊》，卷7，期4（1992年），頁63。

85 薛翼書，〈我國國營事業企業化經營之途徑〉，《政治評論》，卷44，期4（民國75年），頁207。

（一）商貿網絡

　　臺灣與日本經貿關係密切，臺灣與日本共同拓展東亞商貿網絡的情形一直延續到戰後。戰後臺灣除1945至1949年間以中國大陸爲主要貿易對象之外，一直以美、日兩國爲主要貿易夥伴。在1952至1991年間東西冷戰的格局下，經由美國的影響，臺灣較韓國早與日本建立關係，也發展出較多的合作。[86] 1950年代，臺灣對日本出口農產品、進口消費品，與日治時期相似。1960年代以後，改由日本進口生產材料，出口製成品至美國。出口品由米、糖，到鳳梨、蘆筍、洋菇等罐頭食品，升級爲合板、塑膠、纖維，再升級爲電器、機器，附加價值逐漸提高。[87]

　　在戰後臺灣拓展出口的初期，除了華僑居間媒介之外，很多是由日本商社在進口日本的生產材料至臺灣之後，進而爲之拓展外銷市場。1960年代後期以來，由於美國大零售店的直接定貨，跨國公司的交易，及臺灣廠商直接銷售增加，才使日本商社扮演的角色相對減少。[88] 但一直到1970年代，日本商社依然重要。1970到1973年間日本三菱、三井、丸紅飯田、伊藤忠等四大商社佔中華民國之貿易比重，在中華民國對日進出口中約佔三分之

---

[86] 涂照彥，〈在國際經濟演變中的臺灣經貿關係〉，頁551-592。
[87] 谷浦孝雄，《臺灣的工業化：國際加工基地的形成》（臺北：人間出版社，民國81年），頁3-8、86。
[88] 谷浦孝雄，〈臺灣的工業化：國際加工基地的形成〉，頁86。

一，在中華民國對外進出口中約佔15%。[89]

在1950年代，大阪、神戶地區的商界，一派主張擴大與中華人民共和國加強貿易關係，一派則與美國和吉田茂首相一樣主張加強東南亞華僑、臺灣與日本的合作關係。[90] 日本前首相岸信介於戰後來到臺灣時，曾向臺灣方面指出，由於東南亞的抗日情緒高漲，日本貨很難銷到東南亞。戰前從事島外經貿活動的臺商之一，戰後為臺灣重要商界人物陳重光向岸信介建議，讓日商到臺灣設廠，將日本的原料、技術引進臺灣，再將中日合作下的「臺灣製」產品賣到東南亞。岸信介請陳重光到日本國會說明這個意見，並得到日本的熱烈回響。[91] 當前也有若干日商與臺灣合作共同開展對中華人民共和國的貿易。這些都是戰後日本與臺灣共同拓展東亞乃至世界貿易關係的例子。

（二）草根發展

同樣在日本的殖民統治下，臺灣的本土商人較朝鮮的本土商人更有力量。在日治時期的朝鮮，日本商人滲入地方基層，但日治時期臺灣地方基層的本土中小商人較日本來臺的中小商人更有

[89] 余慶鎮，〈臺灣之貿易商〉，《彰銀資料》，卷22，期6（臺中：彰化銀行，民國62年1月），頁22。

[90] 古田和子，〈大阪財界の中國貿易論—— 50年代初期——〉，中村隆英、宮崎正康，《過度期としての1950年代》（東京：東京大學出版會，1997年9月初版）。

[91] 中央研究院近代史研究所，《口述歷史》，期5（民國83年），頁141。

勢力。[92] 這可能是臺灣人民利潤導向的長期行為模式與日本現代農業發展互相結合的結果。[93] 臺灣人民利潤導向的長期行為模式，可以清末為例加以說明。在1868至1894年間，臺灣的每人平均貿易額是3.9銀兩，而1901年的中國大陸只有1.09銀兩。[94] 其與現代農業之結合見於東京大學農業經濟系教授川野重任1940年的觀察：朝鮮農民或地主不願接受新的農業技術，常需政治強迫才會採行，而臺灣人則只要告以新技術將帶來更大好處即可。[95] 如前所述，很多地方上的中小商人係因農業發展而崛起為米商、肥料商、雜貨商等。

戰後臺灣的農業發展當然有美援及中華民國政府財經官僚的貢獻，但仍有很多戰前的遺留。以肥料工業為例，1945至1970年代之間，中華民國政府即利用日本政府在臺建立的農會組織配銷肥料。[96] 美援時期，臺灣的農業職業學校有很多也是日治時期的延續。[97] 在戰後初期，農業復興委員會鼓吹創辦的農民雜誌—

---

[92] 趙祐志，《日據時期臺灣商工會的發展》（臺北：稻鄉出版社，民國87年6月初版），頁356-364。

[93] 矢內原忠雄，《日本帝國主義下的臺灣》，頁20。

[94] 林滿紅，〈清末臺灣與我國中國大陸之貿易型態比較（1860-1894）〉，《國立臺灣師範大學歷史學報》，期6（民國67年），頁210。

[95] 川野重任，《臺灣的米穀經濟》，頁14-15。

[96] 陳金滿，〈臺灣肥料的政府管理與配銷（1945-1953）：國家與社會關係之一探討〉（臺北：稻鄉出版社，民國90年）。

[97] 安後暐，〈美援對臺灣職業教育的影響：民國三十九年—五十四年〉（台北：國立臺灣師範大學歷史學研究所碩士論文，民國87年6月）。

—《豐年》仍是中日文並列。[98] 日治之初以股票、債券換取大租戶（擁有土地所有權而沒有土地使用權的地主）的地權。此外，在日治時期，擁有一至三甲土地的自耕農增加最為明顯。[99] 加上衛生改善，勞力密集農業的發展，使小自耕農努力增殖自家人口，而使部分佃農無業可就，遂轉而移向城市發展。[100] 因此，日治時期也為戰後臺灣的土地改革奠定初基。

　　無論是因為有農業部門的積蓄或在農村中無業可就，戰後很多鄉間的農民轉為城市化以後的都市中小商人。[101] 戰後臺灣，以1981年的工商普查為例，中小企業佔企業數99%，佔就業人數62%，佔總產值41%。中小企業是拓展臺灣外銷的開路先鋒，以1985年為例，臺灣的出口總額有90%由其出口。[102] 亞洲金融風暴中，臺灣所受衝擊較小，原因之一即為臺灣多中小企業，大量貸款經營者較少。[103]

　　西方史家布勞岱（Fernald Braudel）曾指出構成歷史的三個基

---

[98] 鍾博，〈豐年雜誌命名由來及其發展〉，《傳記文學》，卷64，期5（民國83年5月），頁81。

[99] 涂照彥，《日本帝國主義下の臺灣》（東京：東京大學出版會，1975），頁221、257。

[100] 林滿紅，〈日據時代臺灣經濟史研究之綜合評介〉，頁173。

[101] 參考：柯志明，《臺灣都市小型製造業的創業、經營與生產組織——以五分埔成衣製造業為案例的分析》（臺北：中央研究院民族學研究所，民國82年）。

[102] 谷浦孝雄，《臺灣的工業化：國際加工基地的形成》，頁3-5。

[103] 金玉梅等，〈下一波經濟風暴將再起〉，《天下雜誌》，期204（臺北，1998年5月），頁43。

本面向。一爲人們時時刻刻的奮鬥，瞬息萬變的政治事件尤爲其中主軸；一爲變遷較慢的社會結構或經濟模式轉變；一爲變遷最慢的氣候或地理條件變化。整部人類歷史是以上三者交互影響推展而成。布勞岱所領導的年鑑（Annales）歷史學派特別重視「不變的歷史」（Motionless history）。[104] 黑潮這樣一個地理現象，在日本社會被視爲是「千古不滅的溫愛」，[105] 是一股非常持續的歷史力量。也許因爲許多歷史關注較爲著重人們時時刻刻的奮鬥，尤其是瞬息萬變的政治事件，黑潮這股持續的歷史力量對臺日關係的深遠影響，卻讓我們「習焉而未察」。

　　經由這次大會的提問，以及此文的嘗試回答，可以讓我們了解到黑潮的影響所及包括：四百年前漢人因有臺日貿易的商機而開始大量拓殖臺灣，一百年前日本政府之要求占領臺灣，臺灣得以在分享日本現代農業發展經驗的基礎之上、由草根推展到今天較爲安定的政治與經濟環境，以及臺灣與日本在近百年間一直共同推展對東亞地區乃至世界的商貿關係。

---

[104] H. L. Wesseling, "The Annales School and the Writing of Contemporary History," *Review* (Binghamton, N. Y.), 1 (1978): 185-94. Cf. Emmanuel LeRoy Ladurie, "Motionless History," trans. John Day, *Social Science History*, 1 (1977): 115-36.

[105] 中田千畝，《黑潮につながる日本と南洋》，頁386。

經貿與政治、文化認同
——日本領臺為兩岸長程關係投下的變數[*]

一、前言

　　漢人自1600年左右大舉遷臺以來，至今約有四百年。本文目的在將此四百年來的兩岸經貿關係，以日本占領臺灣的1895年為分界線，指出其前後的轉變及其政治、文化意含，最後再討論此等變化對兩岸關係的長程發展所可提供的啓示。

　　自從1979年北京政府當局改採經濟解放臺灣政策、1987年底臺灣政府當局准許中國大陸探親，兩岸關係開始解凍至今，兩岸的經貿關係正以越來越快的速度在發展之中。[1] 這樣一個急速

---

[*] 原發表於：《中國歷史上的分與合學術研討會論文集》（臺北：聯經出版社，民國84年9月），頁333-384。另有相關論著經翻譯而以日文版發表為《台灣海峽兩岸經濟交流史》（東京：〔日本〕交流協會，1997年12月），149頁。

[1] 根據香港普查及統計處資料，1978至1988年間陸臺之間經過香港的轉口貿

的發展，會將兩岸關係推到什麼方向，是臺灣、中國大陸，乃至全球都極為關注的問題。固然，現實形勢仍應是推進這個關係最重要的考量依據，但是，了解以往兩岸經貿關係的歷史發展，對當前問題的思考也可以有兩種助益。其一，在處理當前兩岸關係問題時，了解兩岸社會在歷史發展過程中已經有多少的異與同，乃為至要之課題。在臺灣人民的生活當中，對外貿易一直是很重要的一環。[2] 貿易，表面上只是商品的往返，實質上，貿易對象

易，由 4 千 7 百萬美元增為 27 億 2 千萬美元，增加 57 倍（Chung Chin, "Trade Across the Straits," (tran. by Merisa Lin), *Free China Review* Vol. 41 No. 1 (Los Angeles: Kwang Hwa Publishing, Jan. 1991), pp. 38-45）；1990、1991 及 1992 年則分別增為 40 億美元、55 億美元及 74.1 億美元（《工商時報》，第 2 版（民國 80 年 11 月 2 日），1991 年 1 至 8 月臺海兩岸轉口貿易統計；國貿局臺海兩岸轉口貿易概況；經濟部貿易局，〈兩岸間接貿易與依存關係及利弊分析研究報告〉，全國經濟會議討論議題（民國 81 年 1 月 23 日）；《工商時報》（民國 82.3.19））。根據中共海關編纂資料，1993 年兩岸貿易值增為 143.9 億美元（《日本經濟新聞》（1994.1.17）），約為 1978 年的 306 倍。臺灣對中國大陸的投資亦與日俱增，根據國家政策研究資料中心之研究，1979 至 1987 年間，臺商對中國大陸的投資僅一億多美元，1988 年一年則投資了四億美元（張榮豐，《臺海兩岸經貿關係》（臺北：張榮發基金會國家政策研究資料中心，1990），頁 9-10）。1990、1991、1992 分別為 16.7 億、20 億、25 億（石田浩，〈臺灣資本の中國進出と兩岸經濟の進展〉，關西大學《經濟論集》，卷 43，號 1（1993 年 4 月），頁 54-55）。根據中共中新社報導，1994 年上半年中共與臺商協議的投資金額為 130 億美元（《中國時報》，版 1（民國 82.12.28））。

[2] 當清領的 1894 年，臺灣人民每人平均分攤的對外貿易額已是 5 海關兩。中國大陸到 1901 年，才是 1.09 海關兩（林滿紅，〈清末臺灣與我國中國大陸之貿易型態比較（1860-1894）〉，《國立臺灣師範大學歷史學報》，期 6（1978 年 5 月），頁 210）。另外，於 1951 至 1953 年間任東京大學校長的矢內原忠雄曾指出，日治時期的臺灣每人出口值高於同是日本殖民地的朝鮮（矢內原忠雄，《帝國主

與貿易品內容會影響生活方式的演變。尤其對一個高度貿易取向的經濟而言，受貿易的這些影響，將更為深遠。由於貿易在臺灣歷史上的重要地位，由兩岸經貿關係在歷史上的分合，可以看出透過商貿影響的兩岸文化之異同。其二，值此兩岸加速經濟結合，政治方面的分合問題在在引起國人關心的今天，由於過去四百年的發展中，兩岸經貿關係的分合與政治隸屬關係的分合並不一致。由以往的發展，可以看出各種不同政治經濟分合關係的幸與不幸。

而在四百年的兩岸經貿關係史中，由1895年以前的三百年到之後的一百年，大致發生了以下的轉變：

㈠臺灣由人口移入區轉而漸有人口移出；

㈡技術主要由中國大陸移入臺灣轉而頗多由臺灣移入中國大陸；

㈢臺灣資本家在兩岸經貿關係中明顯崛起；

㈣臺灣的貿易對象由以中國為主轉而以美、日為主；

義下的臺灣》（岩波書店出版，1929年原作），周憲文譯，臺灣研究叢刊，第39種（1956年），頁63）。臺灣之每人平均貿易值小於中國東北、上海等地，但高於中國其他地區（林滿紅，〈口岸貿易與近代中國——臺灣最近有關研究之回顧〉，《近代中國區域史會議論文集》（中央研究院近代史研究所，1986年12月），頁876-878），改隸中華民國政府統治以後的臺灣一直是高度貿易取向的經濟體，走過貿易依存度曾經高達一百以上的1960、1970年代，1990年臺灣的貿易依存度仍有87.7%（貿易依存度指出口值加進口值除以國民所得的百分比，1990年數字係由行政院主計處，《中華民國臺灣地區國民經濟統計季報》（民國81年11月），第33表算出）。

㈤臺灣與中國大陸的生活方式由一致轉爲分歧。

貫穿在上述轉變背後的意含則是：

㈠日本強化了臺灣人民的跨國經貿能力（由第㈠、㈡、㈢項
轉變導出）；

㈡日本早已埋下兩岸政治文化認同的困難（由第㈣、㈤項轉
變導出）。

　　以下先分述這些轉變與意含，最後再討論其對兩岸關係的長
程發展所可提供的啓示。其中除對兩岸生活方式，歷史上兩岸之
間各種不同政治經濟分合關係的幸與不幸加以總結之外，由於造
成以上事實的根源是日本在《馬關條約》中索取臺灣，本文將進
一步探究日本領臺的動機，再由此指出兩岸問題形成的一些國際
史的根源。本文論據資料，如係筆者舊著各文出現者，[3] 將盡量
簡省註釋，對新引用者註釋較詳，以便節省篇幅。全文所用資料
有原手史料，也有二手資料，目的在以巨視的角度指出影響中國
歷史分合的一些重要信息。

---

3 林滿紅，《茶、糖、樟腦業與臺灣之社會經濟變遷，1860-1895》（臺北：聯經
出版事業公司，民國86年）；林滿紅，〈清末臺灣與我國中國大陸之貿易型態
比較（1860-1894）〉，《國立臺灣師範大學歷史學報》，期6（1978年5月）；林
滿紅，〈光復以前臺灣對外貿易之演變〉，《臺灣文獻》，卷36，期3、4
（1985年12月）；林滿紅，〈清末中國大陸來臺郊商的興衰——臺灣史、中國
史、世界史之一結合思考〉，《國科會研究彙刊——人文及社會科學》，卷4，
期2（1994年7月），頁33；林滿紅，〈臺灣資本與兩岸經貿關係（1895-1945）
——臺商拓展外貿經驗之一重要篇章〉，《第一屆臺灣經驗研討會會》（臺北：
東大圖書公司，1993年10月），頁67-139。

二、1895年前後兩岸經貿關係的轉變

（一）臺灣由人口移入區轉而漸有人口移出

1. 1600年以前

　　中國大陸對臺灣地區的移民，根據考古研究，可遠溯自約七千年前。中國東南沿海擅長航海而發展成「大坌坑文化」的民族，即曾移住臺灣；在距今約二千年前，淡水河口一帶的「十三行文化人」，也可能往來兩岸之間。[4] 至於漢人之來到臺灣而與先住民有商貿往來，究竟始於何時？歷史學家認為隋唐時期的有關記載較為可靠。《隋書・陳稜傳》記載「流求（指臺灣）人初見船艦（陳稜的軍船），以為商旅，往往詣軍中貿易」，故隋代即有中國大陸商船前來臺灣。[5] 鄭成功的故鄉──泉州安平也留下該地早在唐代即有人航海至臺灣經商的記載。[6] 但是到了宋、元時期，有關兩岸貿易的記載仍然非常薄弱。成書於1225年的宋代記載──趙汝适寫的《諸番志》即說：「其地（臺灣）無他奇貨，尤好剽掠，商賈不通」，《元史・流求傳》也說：「（與該地）亦

[4] *Free China Review*, Vol. 42, No. 6, June 1992.

[5] 黃福才，《臺灣商業史》（南昌：江西人民出版社，1990年），頁3，引王芸生，《臺灣史話》（1978年），頁9-10。

[6] 林仁川，《明末清初私人海上貿易》（上海：華東師範大學出版社，1987年），頁112。

素不通」。「近代諸番市舶，不聞至其國」。有關宋元時期兩岸貿易，目前較肯定的證據只有元代汪大淵《島夷志略》一書中的琉求條。此條是汪隨商船至臺灣以後留下的記載：「地（臺灣）產沙金、黃豆、黍子、硫黃、黃蠟、鹿豹麂皮。」而中國大陸前來臺灣的商船則用「土珠、瑪瑙、金珠、粗碗、處州、磁器之屬」與之貿易。宋元時期中國與南海之間的貿易非常繁盛，與臺灣極為接近的泉州尤為中國對外貿易的主要港埠。[7] 中國有商船途經臺灣貿易是極有可能的。但有關記載何以如此薄弱？可能是因為當時臺灣尚屬待開發地區，臺灣島上又沒有當時國際貿易所重視的象牙、琉璃、香料、犀角、珍珠、琥珀等物，即使有中國大陸商人路過臺灣貿易，規模依然不大。[8]

　　相對於以上所說的臺灣本島情況，介於兩岸之間而轄屬臺灣的澎湖列島與中國大陸之間的關係則較密切。在以帆船為主要航海工具的宋元時期，澎湖是中國大陸沿海人民出海捕魚謀生的一個避風站，來到澎湖的漁民有部分即定居下來。宋元時期，澎湖且因「編戶甚蕃」，而成為福建晉江縣轄下的一個行政區。元代時，澎湖島民以漁、鹽產品易換中國大陸的糧食及生活用品。根據顧祖禹的《讀史方輿紀要》，已有「貿易至者，歲常數十艘」的景況。但到明洪武年間因沿海倭寇、海盜頻繁，除朝貢貿易之

----

　[7] 參見，黃福才，《臺灣商業史》，頁5，李東華，〈宋元時代泉州海外交通的盛況〉，《中國海洋發展史論文集》（臺北：中央研究院三民主義研究所，1984年12月），頁1-40。

　[8] 黃福才，《臺灣商業史》，頁4。

外，人民出海貿易一律禁止。澎湖居民即在此政策下盡被遷回中國大陸，原來設於澎湖的巡檢司亦告裁廢。[9] 但因爲這段期間海上漁、貿活動已成爲中國東南沿海人民的一種生活依託，所以中國大陸和臺灣間的商貿往來並未停止。人口被明太祖遷空的澎湖島，在明代被葡萄牙人稱爲漁夫島（Pescadores），即表示仍有漁民進駐。[10] 1558年，西班牙船長Francisco Gualle 在他的航海日記中曾記述到中國大陸的漢人Santy 曾九次進入臺灣，再由臺灣賣沙金、鹿皮到中國大陸。[11]

在這些零散的經貿關係之外，另有大規模的海上武裝集團於16世紀末由中國大陸進駐臺灣。1564年林道乾、1574年林鳳等因明朝的剿擊而退居於此。其中林道乾曾聚眾五千，擁船一百，進駐今基隆、淡水一帶，足跡且遍及安平、高雄、大甲、苑里、蘇澳等臺灣西部及東北部地區。林鳳集團曾聚眾萬人，其船隻聚於後來稱爲笨港或北港一帶的魍港。這些海上武裝集團曾以臺灣爲基地，與柬埔寨及呂宋貿易。[12]

這些海上武裝集團旋爲明朝政府所弭平，但因其進駐臺灣，也引起明朝政府對臺灣的注意。[13] 1587年明政府解除海禁，1589

---

[9] 曹永和，《臺灣早期歷史研究》（臺北：聯經出版事業公司，1979年），頁8；黃福才，《臺灣商業史》，頁6-7。

[10] 黃福才，《臺灣商業史》，頁7。

[11] 黃福才，《臺灣商業史》，頁8，引中村孝志，〈十七世紀荷人勘查臺灣金礦紀實〉。

[12] 林仁川，《明末清初私人海上貿易》，頁108-110；黃福才，《臺灣商業史》，8-10。

[13] 黃福才，《臺灣商業史》，頁10。

年福建巡撫規定到臺灣進行漁貿活動的船隻可以與由福建去廣東、浙江沿海的船隻一樣，不限定往返數目。當時（1589）一年往返於臺灣與中國大陸間的船隻「有四、五隻或七、八隻不等」。[14] 然至1600年左右已增至三、四百艘。[15] 因此，兩岸關係的擴張，17世紀是一個重要的轉捩點。分析其原因：　因明末有大量漁民到今日臺灣北港、高雄一帶捕撈魚類，並從事貿易活動；　因日本國內發生戰爭，大量需要臺灣的鹿皮來製造甲冑，刺激大批中國大陸的人民前來臺灣從事此項貿易；　因荷蘭、西班牙及鄭氏家族進駐臺灣的時期，在臺灣發展大規模的多角貿易，漢人紛紛由中國大陸前往臺灣從事此等貿易。

2. 1600年之後

　　1600年左右，先是因為明末中國大陸漁民發現今天的北港、高雄一帶漁場之後，常拿所攜帶的米、鹽、雜物與臺灣先住民換取狩獵物。每年往來漁民所捕獲魚量約有一百至一百二十萬斤，漁夫則約有一萬名之多。這些漁夫有些是春間來臺，搭建草寮，兼事農作，至秋收後才又返回中國大陸，成為季節性移民。[16] 至荷治時期，因中國大陸戰亂頻仍，荷蘭東印度公司又需要漢人在臺灣為其提供米、糖、鹿皮諸貨，故漢人移臺定居者漸多，約有十萬。至明鄭時期，為了在臺建立復明基地，又再鼓勵漢人移

---

[14] 黃福才，《臺灣商業史》，頁11。

[15] 曹永和，《臺灣早期歷史研究》，頁10。

[16] 曹永和，《臺灣早期歷史研究》，頁10。

臺，臺灣漢人人口增爲二十萬。1683年清廷領臺至1860年的一百
七十七年間正值乾嘉人口激增時期，臺灣漢人又增爲兩百萬。[17]
目前臺灣人的祖先主要在這段期間移入，移入者主要爲來自福建
泉州、漳州的「福佬人」，及廣東潮州、惠州、嘉應州的「客家
人」。

　　在這一波波中國大陸人民移居臺灣的大潮流中，曾出現過一
次逆轉。其原因是：當1895年日本領臺至1945年臺灣改隸中華
民國政府統治期間，有臺灣人民移居中國大陸。根據《馬關條約》
規定，日本佔有臺灣之後，除住在臺灣的人民直接全改爲日本籍
之外，原來在外工作的臺灣人民及其子孫，或1895年以後由臺灣
移往外地的人，也可以取得日本國籍，並編入「臺灣籍」。故住
在福州、廈門等對岸地區的臺灣人民，被特別稱爲「籍民」。[18]
尤其是在中國於1912年改訂國籍法之前，[19] 臺灣籍民一面可以因

---

[17] 陳紹馨，《臺灣的人口變遷與社會變遷》，《臺灣研究叢刊》（臺北：聯經出版
　　事業公司，1979年5月），頁18、29；*British Parliamentary Papers: Embassy and*
　　Consular Commercial Reports (Irish University Press,1971), Area Studies Series, China:
　　Vol. 8-19, 22．以下簡稱BPP, Vol. 6, p. 116，1861年臺灣部分。)

[18] 臺灣總督官房外事課，《臺灣と南支》，南支那及南洋調查，第236輯（臺北：
　　聯經出版事業公司，1979年5月），頁18-19。此外，《臺灣近現代史研究》，
　　號3（1980），有1926年廈門領事井上庚二郎有關廈門臺灣籍民問題之詳細討
　　論。此項討論見於：中村孝志，〈「臺灣籍民」をめぐる諸問題〉，《東南アジ
　　ア研究》，卷18，號3（1980年12月），頁424。

[19] 民國元年新頒之國籍法規定要辦理喪失中國國籍才能皈依其他國籍。見：福建
　　省檔案館、廈門是檔案館編，《閩臺關係檔案資料》（廈門：鷺江出版社，
　　1992），頁7。

入日本籍而得到日本領事館的保護，一面因爲血統上是中國人，在血統爲國籍認定基礎的中國，他們也可以持有中國籍，從事中國各項職業，並享有土地所有權，而與其他外國人只能租用土地不同，這是1895年以後臺灣人民移往中國大陸的重要基礎。即使中國於1911年改訂國籍法之後，由於臺灣同胞原多來自中國大陸，不乏中國大陸親戚也常常享受雙重國籍的好處。[20]

因爲有這種雙重國籍的便利，廈門、福州、汕頭、廣州、香港、上海、滿州國均有「籍民」移住。華南籍民總數，1907年只有約三百三十五人，至1936年已增爲約一萬二千九百人。[21]（參見圖一）這是臺灣總督府公佈的有登記資料，如果加上未登記的七、八千人，福建一省在抗戰前夕，約有臺灣籍民二萬至二萬一千人，其中，廈門約有一萬八千人，福州約有二萬人，漳泉地區約有數百人。[22] 臺灣因和福州、廈門、汕頭較爲接近，籍民移往著者較多，其在福州、廈門、汕頭人數且超過日人。上述三地中的廈門因與臺灣只有一天航程，語言、習俗相近，移入尤多。廣州、香港則較偏遠，且言語大多不通，雖日治後期移入稍多，然整體而言，移入人數較少。[23] 上海的臺灣人多半由福建、廣東間

---

[20] 臺灣總督官房外事課，《臺灣と南支》（昭和10年），頁8。

[21] 林真，〈抗戰時期福建的臺灣籍民問題〉，《臺灣研究集刊》（廈門，1994年2月），頁71。感謝王震邦先生提供此一資料。

[22] 詳見林滿紅，〈臺灣資本與兩岸經貿關係（1895-1945）──臺商拓展外貿經驗之一重要篇章〉，頁74-77。

[23] 荻洲生，〈在滬臺灣人の近況〉，《臺灣時報》，5月號（昭和13.5），頁160。

圖一　廈門臺灣居留會全部職員（1936）

資料來源：廈門臺灣居留民會編，《廈門臺灣居留民會報：參拾周年特刊》（廈門：1936年九月），底頁。（原件典藏於中央研究院傅斯年圖書館）。

由左至右

前排：施純銳、王名純、山崎宗吉、盧文啓、周清照

第二排：康炳煙、陳溪水、楊葉五郎、王丕顯、楊氏謹、林氏秀鑾、江春濤、
　　　　陳東壁、陳乾德

第三、四排：陳木火、陳炳煙、施振鴻、黃祖性、李淵泉、吳添火、黃顯榮、
　　　　　　洪錦火、陳邦輝、劉水樹

末排（左二起）：高晉祿、黃德修、陳神鈔、黃映宗

接移入，1935至1937年間上海的臺灣人約在六百人至八百人之間。1937年前夕略減，1938年日本占領上海之後復增。[24] 中國東北方面，根據1926年的《臺灣日日新報》指出：「頗多臺灣商賈、醫生移往東北。」[25] 由於臺灣和日本屬於不同的法域，臺灣人由臺灣到中國大陸需要旅行券，而由日本到中國大陸則可以自由旅行，於是有很多本島人經由日本到中國大陸，再由中國大陸經由日本回臺灣，[26] 往中國東北的移民尤常如此。

　　除了臺灣籍民之外，也有未入日本籍的臺灣人移往中國大陸。其中以板橋林家和霧峰林家最為有名。如廈門電話公司，資本金三十萬元乃板橋林家未入日本籍之林爾嘉（二房林維源子）所出。[27] 在廈門工業統計表中，廈門電話公司是經營者林爾嘉註明是「中國人」，而非「臺灣籍民」。[28]

　　這些移往中國大陸的臺灣移民，有學生，有政治人物，有浪人，也有工商階層。根據1937年福建省政府統計室所編統計年鑑，以籍民最多的廈門而言，商人佔當地籍民之81.18%，醫生

---

24 荻洲生，〈在滬臺灣人の近況〉，頁159。根據許雪姬教授指出，《同盟旬報》、《臺灣時報》有臺灣移中國東北籍民之人數統計。《臺灣日日新報》（大正13.7.6）。詳見林滿紅，〈臺灣資本與兩岸經貿關係（1895-1945）——臺商拓展外貿經驗之一重要篇章〉，頁76-84。

25 《臺灣日日新報》（大正13.7.6）。

26 加藤晴治，〈廈門及汕頭の工業〉，《臺灣時報》，11月號（昭和8.11），頁109。

27 林真，〈抗戰時期福建的臺灣籍民問題〉，頁72。

28 高橋龜吉，《現代臺灣經濟論》（東京：千倉書房，昭和12年），頁397。

佔4.51%，其他除娼妓佔7.85%之外，所佔比例較少。在福州，則商人佔68.18%，醫生佔8.36%，公務人員佔7.84%，教員佔5.28%。[29]

　　相對而言，日治之後，每年約有一萬人的勞工來臺，擔任採茶、採礦及金銀工、漆工、鞋工、人力車夫、理髮師、廚師等工作。[30] 在臺灣人口於1800年達約二百萬之後，至1895年又增為約二百五十五萬，至1945年再增為六百萬。雖然臺灣人口繼續增加，但因為臺灣經濟的擴張，仍感到勞力不足，故有中國大陸勞工來臺。接下來由中國大陸到臺灣的移民，即1945至1956年十二年間移入的一百三十萬人口。[31] 根據中國大陸學者陳永山的研究，其中遷臺人數最多的五個中國大陸省份依序為浙江、福建、江蘇、山東和廣東。[32] 1949年之後，至少從臺灣退出聯合國以來，人口又多移出，以美、加、澳、紐、南非為主要移出對象。根據行政院主計處統計，目前在臺灣地區二千一百萬人口當中，每年約有兩萬人移至國外。[33] 故1895年開啟了臺灣由人口移入區轉而漸有人口移出的重要歷史起點。

[29] 臺灣主計處編，《臺灣省統計要覽》，期17，頁12，表5。
[30] 高橋龜吉，《現代臺灣經濟論》（東京：千倉書房，昭和12年），頁397。
[31] 臺灣省主計處編，《臺灣省統計要覽》，期17，頁12，表5。
[32] 陳永山，〈1945-1956年中國大陸人口遷臺問題淺析〉，《廈門大學學報》（哲社版）（季刊），1989年第3期（廈門：廈門大學，1989年7月），頁75。
[33] 《中國時報》，版34（民國83.8.3）。感謝王文裕先生提供此一資料。

（二）技術主要由中國大陸移入臺灣轉而頗多由臺灣移入中國大陸

　　由於臺灣是17世紀以來中國大陸移民建立的一個社會，在1895年以前，臺灣農工商各業的技術，除荷治時期及1860至1895年間英美勢力介入時期，有若干技術如荷領時期的印刷機、荷蘭人引進的芒果、清末英人引進的電報機、鐵路、榨蔗鐵磨、西方醫療知識等由西方引入之外，主要都來自中國大陸。如稻作所需的耕犁、牛隻、種子，製糖所需的蔗苗、熬糖技術，其他經濟作物所需的熬製樟腦、種桑養蠶技術，乃至各種水果如嶺南香蕉、南洋菠蘿、嶺南柑桔（包括桶柑、椪柑、文旦）、廣東荔枝、嶺南龍眼、由東南亞引進閩粵的木瓜、嶺南枇杷等均由閩南、粵東傳入。[34] 又例如茶葉生產方面，清末臺灣開港後，漳泉茶商認為烏龍茶更適合歐美人的喜好，在貿易上有利可圖，便紛紛在臺灣新竹一帶投資生產烏龍茶。[35] 根據日治時期《科學的臺灣》雜誌統計，清代傳入臺灣的蔬菜品種當中，80%來自閩粵。日治之前，傳入中國大陸的臺灣技術只見「番鴨」而已。日治之

---

34 廖淵泉、黃天柱，〈試論明清時期泉州移民對臺灣農業的墾殖〉，見江西省農業考古研究中心、江西省社會科學院歷史研究所，《農業考古》，期2（北京：農業出版社，1986年12月30日）；亦見廖淵泉、黃天柱，〈泉州人民與臺灣農墾〉，收入《泉州文史資料》新一輯（泉州：中國人民政治協商會議福建省泉州市委員會文史資料研究委員會，1986年9月），頁123-141。王禮陽，《臺灣果菜誌》（臺北：時報出版社，1994年）。

35 林仁川，《福建對外貿易與海關史》（廈門：鷺江出版社，1991年），頁197。

後，則轉而有大量技術由臺灣回流中國大陸。

　　到了日治時期，進口商品到中國大陸或在中國大陸投資的臺商，都可能引進新的技術。以1929年為例，籍民在商店方面的投資，食的部分，有米店、煙草店、茶店、酒店、人參店、水果店、糖果店、海產物店；衣的部分有布店、染料店、皮革店、橡膠鞋店、金飾行、花邊加工店；一般用品的部分有雜貨店、煤炭店、藥房、海產物店、玩具店、材木、古物、線香店、文具店、印刷店、玩具店、古物店、陶器店、家具店；現代用品店的部分，包括鐘錶、肥料、機械、化學藥品、眼鏡、水泥、酒精、腳踏車零件、醫療器具、船舶修繕、造船材料、乾電池等；在工廠的投資部分，有製香廠、酒廠、製釘廠、製冰廠、製藥廠、汽水廠、煉瓦廠、電池廠及礦山業等；在服務業的投資有旅館、飯店、酒家、房地產、金融業等。[36]

　　由當時在福建地區的臺商——板橋林家的投資也可看出臺商引進很多當時的尖端技術到中國大陸。廈門電話公司乃林爾嘉所設，[37] 1907年林爾嘉另曾協助廈門商會成立電器通用公司，安裝電燈。廈門的電燈公司，資本金一百二十萬元，約有一半係由林爾嘉所出。[38] 1909年，林爾嘉又應姻親陳寶琛（林爾嘉姪熊徵為

---

[36] 詳見：林滿紅，〈臺灣資本與兩岸經貿關係（1895-1945）——臺商拓展外貿經驗之一重要篇章〉，頁76-84。

[37] 林本源祭祀公業，《板橋林本源家傳》（1985年），頁55。

[38] 臺灣總督府，《熱帶產業調查：南支南洋に於ける新聞、南支南洋に於ける邦人的經濟的活動狀況》（臺北：臺灣總督府，昭和10年），頁19。

清宣統帝溥儀之師陳寶琛外甥，寶琛女又妻熊徵弟熊祥）之請，
爲福建籌建鐵路。[39] 1918年廈門商政局成立，林爾嘉受命修安海
至泉州間馬路。[40] 林爾嘉對泉州電氣公司的發展亦有貢獻，1913
年間孫中山倡導發展近代工業，泉州一帶擬置設電氣事業，雖由
當地九位知名人士集資一萬餘元，然而仍不敷所需。因爲板橋林
家與泉州的龔家有姻親關係，林家於是被邀入股，獨力投資八萬
餘元，占投資總額的85%。如此方得以購買120匹馬力煤氣發動
機，配75千瓦發電機一臺，泉州也因此開始有了電燈。1913到
1921年間該電氣公司的經理一直是林家的人擔任。[41] 此外，1915
年林爾嘉子熊徵與表叔福州商人蔡法平各出資五十萬元以中日合
辦公司之名開採安溪煤礦。[42] 林維源堂兄林維讓之孫林熊祥曾在
福州經營製材公司，也曾創立福馬民辦汽車公司。[43] 林本源亦在
同安縣水頭有一家製糖工廠，每天榨六十噸糖。[44]

　　其他臺灣大家族在福建地區的投資也曾引進新技術，如霧峰
林家林朝棟子林季商曾經營龍岩到華封的運河、泉州安海間的輕
便鐵道。林朝棟子林瑞騰與林季商曾在長樂縣置蒸汽唧筒三臺，
灌溉二千甲的土地。[45] 漳州商人亦曾邀林季商購置小輪船，由廈

---

[39] 林本源祭祀公業，《板橋林本源家傳》，頁55。

[40] 《海關十年報告》（1912-21年），廈門，頁159。

[41] 《泉州文史資料》，輯3（泉州：1987年10月），頁5-6。

[42] 中村孝志，《日本の南方關與と臺灣》，頁264。

[43] 林衡道教授口述。

[44] 《海關十年報告》（1902-1911年），廈門，頁109。

[45] 《臺灣日日新報》（大正6.1.7）。

門逕往漳州。[46] 另外如1919年臺南資本家在福建設置糖廠，即引進臺灣的機器製糖法。1936年泉州知名人士與四位臺籍富商引進臺灣機器製糖技術，創設溫陵製糖工廠，至今該廠仍爲泉州最大之製糖廠。[47] 1933年泉州華僑從臺灣購置爪哇蔗苗在泉州地區試種。此外，臺灣的藤器、大甲蓆、大甲帽技術也傳入泉州，而推動了當地這些方面的發展。[48] 1911年臺灣倉庫事業公司之所以到對岸發展業務，也是因爲中國大陸缺乏經營倉庫事業的經驗。[49]此等臺灣技術於1895年以後流入中國大陸，如與1895年之前技術普遍由中國大陸流入臺灣兩相對照，可以看出1895年是一個重要的轉捩點。戰後中國大陸移民大量移入臺灣時，亦曾引進重要技術，但爲時較短。

　　日治時期技術由臺灣流入中國大陸，且有中國大陸勞工來臺的情況與目前非常接近。1984年以後，中共中央的經貿單位將權責下放，允許國營及地方貿易公司自辦進口業務，使中國大陸短缺而有高需求的家電、汽車等耐久消費財大量進口，其他臺灣銷售中國大陸產品項目依次爲：機械產品、塑膠材料、電訊產品、皮革製品、工業機器及設備，中國大陸則出口紡織成品，非鐵金屬、無機化學品、皮革製品、辦公室設備至臺灣。加上，台灣政

---

[46]《臺灣日日新報》（明治37.10.9）。

[47] 中國人民政治協商會議福建省泉州市委員會文史資料研究委員會編，《泉州文史資料》，輯3，頁10。

[48]《泉州文史資料》，輯1，頁123。

[49]《臺灣日日新報》（大正6.4.5）。

府對中國大陸與臺灣較具競爭力的商品有所限制,中國大陸銷臺
產品原較臺灣出口至中國大陸產品屬於居劣勢的農工原料。[50] 另
外,中國大陸一直有勞工偷渡來臺。

　　而日治時期技術由臺灣回流中國大陸的情況也見於資本流通
方面,此即涉及臺灣資本家在兩岸經貿活動中的崛起。

(三)臺灣資本家在兩岸經貿活動中的崛起

　　在19世紀末至20世紀初期,曾有一段時間臺灣資本家崛起
活躍於兩岸的經貿活動中。以下分四部分探討此一局面的形成,
即1.中國大陸資本的衰落;2.英美資本的式微;3.日本資本未取
得絕對優勢;4.臺灣資本的崛起過程。

1. 中國大陸資本之衰落

　　自移民入墾臺灣以來,中國大陸資本即介入兩岸貿易。荷治
時期雖然中國移民種稻植蔗所需的資金、農具、種籽,主要是由
荷蘭東印度公司所提供。荷蘭東印度公司也掌握米、糖、鹿皮的
輸出,但荷蘭東印度公司並未能獨享貿易的控制權。當時農民所
生產的米、糖,社商所採集的鹿皮,乃由漳泉商人居間購買,而
非直接賣給荷蘭東印度公司。這些漳泉商人與當時壟斷閩海一帶
海權的鄭芝龍家族互相奧援,而對荷蘭東印度公司有所掣肘。[51]

50 歐陽承新,〈近年來臺海兩岸貿易之觀測〉,《臺灣貿易與匯率問題研討會》
　　(臺北:中央研究院經濟研究所,1989年4月),頁436-443。

51 曹永和,《臺灣早期歷史研究》(臺北:聯經出版事業公司,1979年),頁375。

鄭氏家族能輕易取代荷蘭東印度公司領臺，此亦原因之一。到了鄭領時期，兩岸貿易更是「唯鄭氏獨操之」。[52] 入清以後，有較多的一般商人加入兩岸貿易行列，稱為郊商。[53]

由於清代臺灣的郊商在地方上扮演非常重要的角色，包括平亂、禦侮、文教、救濟、廟會等等，一般會以為是臺灣本地的商人。事實上，如約1830年編的《彰化縣志》所說：「行郊商皆內地殷戶之人」。[54] 由於郊商掌控兩岸之間的航運，對臺灣的出口物資可以預付款方式掌握貨源，郊商本身又具有高度的世襲性，因此郊商相當程度地壟斷了清代的兩岸直接貿易。在1909至1990年間有十位研究郊商的學者，認為郊商在西力東漸之後因為不敵西力競爭，加上郊商本身的腐化而告衰弛。然而事實上，以往學者所用來說明清末臺灣郊商衰微的證據多半是19世紀上半葉的證據，而19世紀上半葉的中國曾經受到世界性經濟蕭條的波及，臺灣也連帶受到影響，其後咸豐後期一直到光緒20年間（約當19世紀下半葉），郊商即使有港口淤積的問題，就整體而言（個別商家之起伏及短期波動不包括在內），無論就其往來於兩岸之間的帆船數，在臺灣沿岸城市所設的郊行數目，都有所增加；郊商在商業管理方面也有若干現代化發展。此外，清末臺灣郊商

[52] 林仁川，《中國大陸與臺灣的歷史淵源》（上海：文匯出版社，1991年），頁141。

[53] 鄭領時期，操控兩岸貿易的中國大陸資本家與清初以來壟斷兩岸貿易的中國大陸資本家間的遞嬗關係，有待學界更細密的考查。

[54] 周璽，〈風俗志·商賈〉，《彰化縣志》，臺灣文獻叢刊第156種（臺灣銀行經濟研究室），頁290。

的資本非常倚重中國大陸上的山西票號與錢莊資本；清末臺灣由
對外貿易所賺取的財富也可以購買更多的中國大陸物資。這些發
展使清末的兩岸政治經濟關係更爲加強而非式微。

　　就清末臺灣的郊商來看，且與清朝的官僚體系有所關連。由
福建來到臺灣的郊商，其所從事的兩岸貿易原是福建商人由中國
東北、華北、華中、華南延展到東南亞的沿海長程貿易網絡的一
環。在福建地位高低有別的長程貿易商人的頂端，是一些官僚家
庭所投資的商行。他們與政府的深厚關係，使他們在整個長程貿
易中居於掌控的地位。福建商人從事北方貿易，所特別倚重的山
西票號，又有許多資本來自官方的稅收或官吏的私人儲蓄。即使
日治之後，仍有泰益號這種新興的中國大陸商人，前來經營兩岸
貿易，而泰益號是堅持不涉及政治的商號。[55] 臺灣的郊商，尤其
是北郊之於20世紀初衰頹，很可能和清末極爲鼎盛的山西票號隨
清王朝的覆亡而衰頹一樣，是此類官商結合體一種結構性的瓦
解。

　　郊商主要是在日治之後才不復活躍於兩岸貿易之中，日本占
領臺灣之後，即利用種種制度，打擊中國大陸資本。其中除了大
量津貼日商之外，最重要的是關稅的改訂。1895年以前的日本一
如中國，受列強值百抽五的進口稅率束縛。乘著1895年的戰勝餘
威，日本於1899年透過外交努力，將進口稅率增爲三倍，1911

---

55 朱德蘭，〈日據時期長崎臺北貿易——以長崎華商「泰益號」與三家臺商為
　　例〉，收入吳劍雄主編，《中國海洋發展史論文集》，輯4（臺北：中央研究院
　　人文社會科學研究所，1991年3月），頁224。

年更進而完全廢除此不平等關稅協訂，使得進口稅率又復提高。如此一來，中國大陸與其他國家產品進口到臺灣時，要比日本產品承受較高的稅率。臺灣的米、糖和茶等大宗出口品，出口到日本以外地區要徵課出口到日本無需支付之輸出稅。[56] 與華北貿易關係極爲密切的臺南郊商更因華北受日俄戰爭、義和團之亂摧毀而打擊更深。

　　1895年以後仍有從事陸臺貿易的商人由中國大陸來到臺灣，[57] 但以小商人居多。如1902年寓居安平臺南街市之「清國籍人」欲成立一「組合」——同業公會。在籌組階段，會長及重要議員尚須推舉隸屬日本籍之「臺灣人」。後因日本政府認爲清國人與臺灣人混一有失體統，進行磋商，臺灣人退會，該「組合」才正式成立。[58] 昭和年間，林本源第一房的經理郭廷俊也曾網羅中國大陸籍的小生意人及部分臺灣人成立「小賣商組合」。[59] 相對地，臺灣商人在整個兩岸貿易中，越來越顯出實力。1919年由廈門回到臺灣的商人曾指出：「籍民（即日本籍的臺灣人）漸多殷實商人。其由內地（日本）臺灣間輸入貨物于廈門者，海產一類，雖不能與金門幫（按：即泰益號）爭，而布疋則幾握其霸權。」[60]

　　除中國大陸資本在兩岸貿易中的萎縮之外，清末來到臺灣的

[56] 周憲文，《臺灣經濟史》（臺北：開明書店，1980年），頁624。

[57] 《閩臺關係檔案資料》，頁555-570。

[58] 《臺灣日日新報》（明治35.11.12）。

[59] 吉田靜堂，《臺灣古今財界人の橫顏》（經濟春秋社發行，昭和7年），頁13。

[60] 《臺灣日日新報》（大正8.2.4）。

英美資本到日治之後的式微，也留給臺灣資本家發展的空間。

2. 英美資本的式微

清末的英美資本在經由兩岸的轉口貿易中，雖與中國大陸資本、本地資本並存，但居樞紐地位。以茶葉爲例，臺灣的茶最後要透過外國輪船送到紐約、倫敦、香港、上海、德國、新加坡、澳洲、荷屬印尼、馬尼拉等地。[61] 英美洋行多半在世界各地設有分公司，如臺灣所設洋行中最大的怡和洋行，本店設在香港，支店設在廈門、漢口、福州、天津、上海、博多、馬關、長崎、神戶、橫濱、紐約、加爾各答、倫敦。[62] 這些洋行往往兼爲外國銀行與外國輪船公司的代理店，如英商德記洋行本店設在廈門，在臺北、臺南設有分店，爲香港匯豐銀行及印度特許銀行的代理店。[63] 臺南安平的Bain洋行，是德忌利士航運公司及匯豐銀行代理店，也因此涉及出口產業的資金融通與運銷。以1902年的大稻埕──全臺茶葉輸出中心情況爲例，英美資本仍佔臺灣茶葉出口資本之53%，華資占47%。[64]

---

[61] Shanghai Chinese Maritime Customs, *Chinese Maritime Customs Publications, 1860-1948*，1881：1-2，廈門，有其詳細路線説明。

[62] 《臺灣日日新報》（明治38.3.18）。

[63] 《臺灣日日新報》（明治38.3.24）；臺灣銀行，《第一次臺灣金融事項參考書附錄》，頁48、137。

[64] 由臺灣銀行，《第一次臺灣金融事項參考書附錄》，頁44-45算出，詳見林滿紅，〈臺灣資本與兩岸經貿關係（1895-1945）──臺商拓展外貿經驗之一重要篇章〉，頁113。

　　1880年代臺灣糖的歐美市場縮小。在陳中和壟斷臺糖輸出日本的貿易之後，臺灣南部的洋行，在改隸前夕即已衰微，安平、打狗兩地約只有二、三家洋行經手鴉片、砂糖等的貿易。[65] 日治以後，因爲鴉片改爲專賣，砂糖由於出口到別的國家要課徵輸出稅，轉多輸出日本，其他雜貨也改多由日本輸入；原來以廈門、香港爲基地的洋行乃失其作用。臺灣銀行設立，取代洋行的貸款、匯兌等業務，因此南部的洋行紛紛關閉，[66] 留下來的洋行多改做日本砂糖生意。[67] 幾家兼做兩岸貿易的洋行，其實是臺灣人所開設。如從事砂糖及其他中國大陸貿易的德記號，與德記洋行（Tait Co.）關係密切，店主是方慶佐。與Bain洋行有密切關係，從事砂糖、布料及其他中國大陸貿易的怡記號，店主是蔡植南。[68]

　　至於北部的洋行，清末多半在海峽對岸設有本店或支店。美商美時洋行，本店設在上海，支店設在廈門、漢口、臺北。英商和記（Boyd & Co.）洋行，本店設在廈門，支店設在臺北。怡和洋行，本店設在香港，支店設在廈門、臺北。日治以後，因爲整個臺灣的貿易對象已由中國大陸改爲日本，洋行們紛紛將對岸的生意轉向日本。[69] 北部洋行經過香港轉口的貿易也因日本占領臺灣而減少，如日本領臺前夕，怡和洋行曾由香港進口精製糖到臺

---

[65] 臺灣銀行，《第一次臺灣金融事項參考書附錄》，頁137。
[66] 臺灣銀行，《第一次臺灣金融事項參考書附錄》，頁137。
[67] 臺灣銀行，《第一次臺灣金融事項參考書附錄》，頁137-138。
[68] 臺灣銀行，《第一次臺灣金融事項參考書附錄》，頁140。
[69] 臺灣銀行，《第一次臺灣金融事項參考書附錄》，頁37-38。

灣，「因為關稅影響」，1905年的《臺灣日日新報》指出：「近
來香港砂糖已經絕跡而不再至本島。」[70] 關稅政策也使得怡和洋
行一位能幹的經理束手無策，原來推展的砂糖、水泥、石油、
煤、麻等生意，樣樣萎縮，最後只剩下茶葉貿易，他因此而引咎
辭職。繼起的經理只有與日商三井、高田，大倉等合作。[71] 其他
洋行在關稅政策，鹽、鴉片專賣，臺灣銀行取代其貸款功能的情
況下，也都日趨衰微。[72]

　　英美資本之退出兩岸貿易，以日本領臺之前壟斷兩岸輪船航
運的英商德忌利士公司最為明顯。德忌利士公司自1871年以後，
約壟斷兩岸間的航運三十年。由於1897年起臺灣總督府資助大阪
商船會社以低價與德忌利士公司競爭，並在地方報紙上予以醜
化，[73] 德忌利士公司不得已於1905年前後退出兩岸船運。這些英
美資本在退出兩岸貿易，而將殘餘的臺灣生意著重在日臺之間
時，仍繼續受日商排擠。如三井會社以豐富的資金直接採買臺灣
的砂糖，比洋行依賴買辦購糖方便，依賴買辦的歐美商人因而逐
漸喪失勢力。[74] 在洋行進行臺日貿易時，偶而也有經過日本的陸

---

[70]《臺灣日日新報》（明治38.3.19）。

[71]《臺灣日日新報》（明治38.3.24）。

[72]《臺灣日日新報》（明治38.3.24）；臺灣銀行，《第一次臺灣金融事項參考書附
　　錄》，頁54；東嘉生著，周憲譯，〈清代臺灣之貿易與外國商業資本〉，《臺
　　灣經濟史初集》，臺銀研究叢刊，第25種（臺北：臺灣銀行，1954年），頁126。

[73] BPP, Japan, North Formosa, 1897: 7, 1898: 9。

[74] 東嘉生著、周憲譯，〈清代臺灣之貿易與外國商業資本〉，《臺灣經濟史初
　　集》，頁126。

臺貿易,如怡和洋行神戶支店曾以日本銅輸中國大陸,再由中國大陸輸出大豆、豆粕至臺灣,但根據《臺灣日日新報》指出,此種情形,「爲數甚少」。[75]

在此同時,可以看到臺商相對於這些英美商人而言,仍保有較多實力,1900年極有勢力的茶商嘉士洋行倒閉,欠林維源十萬圓,[76] 1903年林本源在香港匯豐銀行寄存的錢款即有三百餘萬圓。[77]

3. 日本資本未取得絕對優勢

日本占領臺灣之後,日本資本之參與兩岸貿易,最重要的是掌握兩岸航權,其次爲日本政府本身及日商到對岸投資,兼做貿易。在這過程中,日本政府、商人對臺商的兩岸經貿活動固然有其影響,但日商未完全掌控兩岸貿易,留予臺商若干經營空間。

日本政府以臺灣爲據點設立的臺灣銀行,與兩岸經貿關係極爲密切。1899年臺銀設立,努力開展與兩岸貿易有關之匯兌與貸款。[78] 臺銀於廈門(1900)、香港(1903)、上海(1911年)、九江(1912)、大連(1936)均設有分行。[79] 臺銀服務對象以日人

---

[75] 《臺灣日日新報》(明治38.3.18)。

[76] 《臺灣經濟雜誌》,號25(臺北:臺灣經濟雜誌社,明治33.12.17),頁4。

[77] 《臺灣日日新報》(明治37.11.3)。

[78] 《臺灣日日新報》(明治33.6.16、33.6.1、33.6.28、大正11.11.14)。

[79] 黃瓊瑤,〈日據時期的臺灣銀行,1899-1945〉(台北:國立臺灣師範大學碩士論文,1991年6月),頁93;《盛京時報》(昭和11.6.25、11.10.2)。

爲先，由1899至1918年，華南的日人店舖由八十家增爲五倍，臺銀的資助是一大助力。[80]

　　除了臺灣銀行、大阪商船會社在許多城市，如廈門、福州、廣州、大連均有辦事處之外，大公司如三井公司在福州、廈門，興中公司在福州、廣州，三菱公司、大倉組在福州，菊元商店在廈門均有分公司經營貿易。[81]

　　日本政府對於兩岸貿易的開展，其先是希望割斷兩岸之間的紐帶，後來在南進政策之下，又希望以臺籍人士爲媒介，達成中日親善之目標，因此有若干鼓勵政策，尤其在1920、1930年代之後。[82] 但在財政方面，即使因此而有開發華南貿易方面的預算，然金額原已不多，而眞正資助臺商發展華南貿易的部分更是稀少。臺人除醫院、報紙、學校方面間接得到補助之外，直接受臺灣總督府補助以發展兩岸貿易的情形是很少的。[83]

　　在政治方面，日本政府對臺商在中國大陸的活動，正負影響兼而有之。中國大陸與日本間的差別關稅政策原不利於臺商之中國大陸貿易，但此政策又有利於臺商之滿州國貿易。臺商的日本籍身分，在中國相對日本處於弱勢的時期，有時是一種「護身符」。[84] 這個身分除使臺人可以得到日本領事館的保護之外，亦

---

[80] 黃瓊瑤，〈日據時期的臺灣銀行，1899-1945〉，頁94。

[81] 林滿紅，〈臺灣資本與兩岸經貿關係（1895-1945）——臺商拓展外貿經驗之一重要篇章〉，頁119-122。

[82]《臺灣日日新報》（大正13.1.19）。

[83]〈對於南支南洋費用途的批評〉，《臺灣民報》，卷2，號11（大正14.4.11）。

[84]《臺灣民報》，期76（大正14.10.25）；《臺灣日日新報》（大正14.10.25）。

可利用其所設立的學校、醫院及發行的報紙。[85] 但這個身分與權利也是臺商成為整個民國時期接二連三排日運動的犧牲者。[86] 尤其很多臺灣浪人利用其日本籍進行走私、開設煙館、妓女戶及在對岸騷擾，更常使臺商因為同是臺灣人而受牽累。[87]

　　整體而言，日商在日本政治勢力較強的中國大陸地區較當地臺商佔優勢。滿州國的貿易均是日商領先，在日本占領後之上海、廈門、廣州亦由日人控制整個經濟局面。以1938年日本占領廈門為例，臺灣銀行廈門分行曾經透過臺灣公會組織廈門的金融機構，控制局面，並使日本商社林立。

　　但在閩南，因為語言、習俗相近，又可與中國政府深入往來，加上日本的中國政策較為重北輕南，臺商勢力在1938年日本占領廈門以前尚凌駕日商之上。以1903年為例，廈門有洋行二百五十四家，其中二百三十家為洋籍華人，臺民一百五十家，根據《海關年報》指出：「其（日本籍臺民）牌號較大，於資本藉洋行之名，以剝殷實華商而奪真正洋行之生意。」[88] 在福州、廈門、汕頭等地，臺籍人數多於日籍。當然，臺商之凌駕閩商與閩南經濟勢力的衰弛，與臺灣經濟之崛起亦有關連。[89]

---

[85] 《臺灣日日新報》（大正14.10.25）。

[86] 《中華民國海關華洋貿易總冊》（臺北：國史館史料處，民國4年〔1908〕，1982年重印），汕頭，1919：997，1920：19，溫州；《臺灣日日新報》（明治35.3.9、大正8.10.31、8.11.1、8.11.2）。

[87] 《臺灣民報》，期76。

[88] 《中華民國海關華洋貿易總冊》，1903年：759。

[89] 林滿紅，〈臺灣資本與兩岸經貿關係（1895-1945）——臺商拓展外貿經驗之一重要篇章〉，頁125。

4. 臺灣資本的崛起過程

　　在清代臺灣社會的發展過程中，已見臺灣資本家的崛起。1860年對西方開放通商口岸以前，臺灣經濟以種植米、糖為主。社會上最有地位的臺灣資本家即為地主，與將米糖輸出中國大陸的郊商並為社會領袖。到了1860年對西方開放通商口岸以後，有兩種類型的臺灣資本家崛起於臺灣的對外貿易活動之中：一是由於開港後貿易對象由中國大陸擴大而包括歐美、日本，貿易品由米、糖轉而為茶、糖、樟腦。為與外商交易，塑造了為外商及本地生產者中介的買辦人物；另一則是由於茶、樟腦的生產，使防番的需要更為迫切，擁有武力的豪族亦應運而生。如李春生、陳福謙等買辦因與外商接觸，洞悉市場行情，常可由受僱於外商轉而自己經營致富。又如霧峰林朝棟、新竹林汝梅、士林潘永清、苗栗黃南球、板橋林維源等豪族，因擁有武力，原可優先取得製茶地、製腦地，又因茶、腦產地多在山區，涉及撫「番」，豪族的武力又常為政府所援引，而可獲取官職。

　　根據日治時期的《舊慣調查會經濟調查報告》記載：1905年臺灣一般中層階級的人資產約在四千至一萬元之間，但全臺有500,000元以上資產者有板橋林本源、臺北李春生、新竹鄭如蘭；中部阿罩霧（今霧峰）林烈堂（林朝棟堂弟）、林季商（林朝棟子）、新庄仔吳鸞旂、清水蔡蓮舫；南部苓雅寮庄陳中和。其中板橋林本源、阿罩霧林烈堂、林季商為典型之豪紳。臺北李春生、苓雅寮庄陳中和則為買辦，其致富與茶、糖、樟腦業有關。板橋林本源是北部臺灣最大的茶園地主，其與王家壽、許論

潭在大稻埕設立的裕記謙棧是茶業之一貸款機構。霧峰林家的林朝棟在1890年時雖曾出名負責臺灣之樟腦專賣，實際上則由德商公泰洋行承包，至1895年才完全由林朝棟承包。李春生原為寶順洋行買辦，輔佐杜德經營茶業，「既而自營其業，販運南洋美國，歲卒數萬擔，獲利多」。至於陳中和原是陳福謙手下，陳福謙曾為洋行買辦，習得掌握糖市場行情，又以低利貸款給蔗農，比洋行更能取得原料來源。故由1870年代以來便極為興盛，其後，陳福謙的事業為陳中和取代，至1890年代陳中和已幾乎壟斷整個打狗（高雄）區的蔗糖出口。[90] 以上這些財富即是日治時期臺灣商人參與兩岸經貿活動之一重要資金來源。[91]

　　清領臺灣後期，臺灣本地崛起的大家族也有加入兩岸直接貿易者。如清末板橋林家設在大稻埕的建祥號、裕記、謙棧等匯兌行係以廈門為根據地，從事臺灣茶葉輸出及各種輸入品進口到臺灣的匯兌工作。[92] 1832年修的《彰化縣志》在敘述漳泉等地前來鹿港的郊商之後，也提及本土資本家的崛起與參與貿易：「其在本地囤積五穀者，半屬土著股戶。其餘負販貿易，頗似泉、漳，惟載貨多用牛車，與內地不同耳。」[93] 霧峰林家在道光年間曾將

---

[90] 林滿紅，《茶、糖、樟腦業與臺灣之社會經濟變遷，1860-1895》，頁174-176。

[91] 林滿紅，《茶、糖、樟腦業與臺灣之社會經濟變遷，1860-1895》，頁176。

[92] 臺灣銀行，《第一次臺灣金融事項參考書附錄》（臺灣銀行：明治35年），頁47。

[93] 周璽，《彰化縣志》（約成書於1830年），臺灣銀行臺灣文獻叢刊，第156種，冊2（臺北：臺灣銀行經濟研究室，1952年），頁290。

米由鹿港、梧棲運至福建。[94] 新竹的鄭、林兩大家族於晚清時期均曾賴舊港（新竹外港）從事對岸貿易，其商行有鄭恆利、鄭吉利、鄭恆升、林泉興等。[95] 高雄陳中和所創的和興公司，清季業務曾遍及中國、日本、香港。[96] 但板橋林家的匯兌行所做主要是臺貨（茶）經中國大陸轉口至外國，或洋貨經中國大陸轉口至臺灣的兩岸間接貿易，兩岸之間的直接貿易可能不如中南部郊商經營者。

　　從臺商在廈門擁有土地之由1895年以前為二百七十六坪增為1935年的一萬多坪，[97] 亦可以管窺日治時期臺商在兩岸經貿關係中發展的幅度。在整個兩岸經貿活動進行過程中，前述臺灣幾個較大的家族及日治時期新崛起的家族均有參與。中南部的家族，如霧峰林家林獻堂三兄林階堂曾努力發展福州貿易，本店設在神戶，進口日本棉紗與棉布。[98] 糖業鉅子陳中和除繼續清末的臺日貿易之外，也向中國大陸發展糖業貿易。[99] 所有臺灣大家族的中

---

94 司馬嘯青，《臺灣五大家族》，上冊（臺北：自立晚報，1987年），頁97。

95 戴寶村，〈近代臺灣港口市鎮之發展——清末至日據時期（1860-1924）〉（台北：國立臺灣師範大學歷史研究所博士論文，1988年），頁180-181。

96 《臺灣私法商事篇》，頁133-134。該處亦指出和興公司亦營「打狗（今之高雄）的南北行九八生理」，九八生理意即在中介貿易過程中取2%佣金的生意。郊商常從事此種中介工作。南北行是指從事中國大陸沿岸貿易的商行。

97 《臺灣と南支那》，頁14、15。

98 《臺灣日日新報》（大正6.1.7）。

99 《臺灣日日新報》（大正6.1.7）；林進發，《臺灣人物傳》（臺北：赤陽社發行，昭和4年），頁8。

國大陸經貿活動，以板橋林家最爲突出。

　　早在日治之初，即有林本源家族遠到天津貿易的記載[100]。1898年板橋林家也曾投資日治時期有本島資本參與而規模最大之北辰航運。[101]日本占領臺灣之後，板橋林家部分遷至福建，並成其商界領袖。林維源於1895年之後內渡，一度曾被考慮受命爲福建商務大臣。[102]林維源子爾嘉本身也曾任廈門保商局總辦，兼商務會總理。[103]（參見圖二）1937年12月31日福建省政府向臺灣方面的捐款幾乎全借自林本源一族。[104]林熊祥在福州時曾借予福建省政府數百萬元。[105]至於留在臺灣的板橋林家，其第三房總管楊潤波在林家支持之下設泰豐行於大稻埕，除從事日本、英美貿易之外，也在福州、上海、汕頭、廈門設辦事處或代理店，從事兩岸貿易。[106]林本源第一房會計許智貴，得林熊徵信任，曾與黃有土一起經營酒精及其他商品貿易；1919年林熊徵與辜顯榮組振南商社，經手大稻埕與香港間的貿易。[107]林維源

---

[100]《臺灣日日新報》（明治31.11.13、明治31.12.15）。

[101]《臺灣日日新報》（明治31.6.23）。

[102]《臺灣日日新報》（明治38.5.26）。

[103]《海關十年報告》（1912-1921年），廈門，頁158；林本源祭祀公業，《板橋林本源家傳》，頁54。

[104]中村孝志，《日本の南方關與と臺灣》，頁264。

[105]林進發，《臺灣人物傳》，頁64；《臺灣と南支南洋》，頁17；中村孝志，〈華南における「臺灣籍民」〉，《南方文化》，輯17（1990年11月），頁139。

[106]上村健堂編纂，《臺灣事業界と中心人物》（臺北：臺灣案內社，臺灣日日新報印，大正8年），頁208。

[107]林進發，《臺灣人物傳》，頁50、56。

圖二　廈門商界領袖的板橋林家林爾嘉氏（約1910）

資料來源：名倉喜作，《臺灣銀行四十年誌》（東京：名倉喜作，昭和14〔1939〕），頁18。（原件典藏於國立臺灣大學圖書館）。

堂弟維德之子彭壽往來臺灣、廈門、上海間，多財善賈。[108] 彭壽弟鶴壽在上海曾設有鶴木公司，至1937至1945年中日戰爭期間仍擁有很多房地產。[109]

　　板橋林家在兩岸匯兌金融方面的地位更是突出。清治時期，大稻埕的匯兌行為本地銀行。在日治以前貿易鼎盛時期，係以廈門為根據地，從事茶葉輸出及各種輸出入品的匯兌工作。改隸之後，臺灣居民有些搬到中國大陸，有些轉業，加上樟腦、鴉片兩者改歸專賣，所以整個局面顯著衰頹。1902年以前數年，匯兌行

---

[108] 林本源祭祀公業，《板橋林本源家傳》，頁70。

[109] 林衡道教授口述。

約有十八、九戶。後來有十幾戶廢業，至1902年只留建祥、裕記、
謙記、發記及大裕等幾戶而已。其中建祥號資本約十萬圓，由林
鶴壽出資，林冠英掌管。其次爲裕記謙棧，原稱謙裕，遷屋而改
稱，由1901年成立的林本源公業、王家春、許論潭等合資。[110]
資本金爲六萬圓，由王金泉掌管。另外發記，由陳建寅、洪壽卿
合資一萬圓，洪蘊玉掌理。大裕，資本金一萬圓，辜顯榮出資，
張敬修掌理。以上各店之中，大裕號本店在臺北，分店在臺中，
其他三店，本店在廈門，分店在臺北。此外，有利義號、豐源經
營典當，兼做茶業貸款。[111] 以上各店以板橋林家的建祥行最爲
重要。到1902年建祥行還曾邀集廈門錢莊集議改進之道，可見其
在廈門錢莊界亦居領導地位。1904年舊曆年關將至時，很多貿易
需要結帳，由1月1日至11日有五十萬二千二百七十元的銀元輸
出對岸，其中建祥號「一手匯兌，有五十萬五十圓」。由此可見
建祥號居兩貿易匯兌業之牛耳。[112] 除廈門之外，上海、神戶也
有林鶴壽設立的匯兌錢莊。[113] 鶴壽弟嵩壽也曾於1910至上海經
營匯兌生意。[114]

　　傳統的錢莊有其缺點，如建祥行因管理人挪用公款等等問題

---

[110] 板橋林家公業成立於1901年，見林本源祭祀公業，《板橋林本源家傳》，林本
　　源公業設定店書謄本。

[111] 臺灣銀行，《第一次臺灣金融事項參考書附錄》，頁47。

[112] 《臺灣日日新報》（明治35.4.6）。

[113] 上村健堂，《臺灣事業界と中心人物》，頁190。

[114] 林進發，《臺灣人物傳》，頁1。

疊出而廢業。[115] 錢莊因爲多信用貸款，利率一向較高。1926年板橋林家二房的林柏壽（爾嘉之弟）鑒於臺灣金融若非控制在日本人手中，即有此等民間金融之流弊，乃創設臺灣工商銀行。[116] 板橋林家更在日人鼓舞之下創設資本1,000萬圓之華南銀行。[117] 華南銀行於1919年在臺北開業，在廣東、廈門均設有分行。[118] 目的在振興日本的華南、南洋貿易，也從事陸臺之間的匯兌。[119]

　　臺灣工商銀行（或其前身的新高銀行）在廈門設有分行。原爲小學教師的林木土，是板橋林家鄰居，林熊徵好友，因擔任廈門臺灣工商銀行分行行長而至廈門。1927年在廈門有資本金、公積金各十萬元，一年所從事廈門、臺灣兩者間的匯兌即有五百萬元的豐南信託公司即爲林土木所開。[120] 林木土並曾在上海任新興銀業董事長。林木土女婿周煥章（曾任職於新高銀行）及姪林德旺均曾由臺灣至新興銀業任職。曾任職於新高銀行的林坤鐘

---

[115] 許雪姬，〈日據時期的板橋林家——一個家族與政治的關係〉，《近世家族與政治論文集》（臺北：中央研究院近代史研究所，1992年1月），頁21；《臺灣日日新報》（大正11.8.4）。

[116] 林本源祭祀公業，《板橋林本源家傳》，頁45-46

[117] 上村健堂，《臺灣事業界と中心人物》，頁214。

[118] 樋口弘，《日本對支投資研究》，生活社版（慶應書坊，1940年）。

[119] 《臺灣日日新報》（大正8.3.15）。

[120] 林進發，《臺灣人物傳》，頁15；戴國煇，〈日本の殖民地支配と臺灣籍民〉，《臺灣近現代史研究》，號3（1980年），頁107、124謂豐南信託公司乃林木土所開。林1893年生於臺北海山郡，曾任職板橋公學校，1918年至廈門任新高銀行分行行長，林木土亦爲張光直教授尊翁張我軍之知己。豐南信託公司營運資料，見《臺灣と南支那》，頁21。

（今內湖地區清代重要墾戶林成祖之後）亦曾因周煥章之介紹任職於新興銀業。1936年林坤鐘與臺南名人王開運（曾任第一銀行副總經理，省議員）之姪，東京帝國大學畢業即至上海的王柏榮，及王開運之孫王東嶽合辦振亞銀行。除振亞銀行之外，約同時在上海成立的臺灣人銀行，另有：大溪人江汝舟的中日銀行、外交官顏惠慶任董事長，陳重光任常務董事，偏重煤炭融資的通華銀行。三家銀行業務互有往來，以振亞銀行為最大。在當時上海的銀行中，振亞銀行的規模雖不是最大，但可放款額最多。當時上海金融界有一項規定，在每天下午三點半之後，上海各銀行的錢倉儲錢不夠者，可向振亞銀行恰借。除了臺灣同鄉的存款之外，在中日戰爭以後，日本政府對外匯的管制很嚴，許多日本人將錢存到振亞銀行以利外匯。由於三家臺灣人所設銀行均為汪精衛政權所批准成立，至中國對日戰爭勝利，乃結束營業。[121]

　　日治時期灣各地新崛起的家族參與兩岸經貿活動，有些在中國大陸設店，有些不設店。例如，辜顯榮1920年成立的集大成材木商行曾運銷木材到中國大陸。[122] 中部的楊世英與鄭有福曾至福建永定輸出煙草。[123] 桃園的簡阿牛在大連設有商行出口肥料至臺灣。[124] 臺南的金足成、孫清波到華南、華北視察商業，並

---

[121] 中央研究院近代史研究所，《口述歷史》，期5（1994年）【該期以許雪姬任執行編輯，重點之一為「日據時期臺灣人赴中國大陸經驗」】，頁65-68。
[122] 司馬嘯青，《臺灣五大家族》，上冊，頁110。
[123] 《臺灣日日新報》（大正6.1.7）。
[124] 《臺灣日日新報》（大正6.3.29）。

在廈門開設復華洋行，專辦糖米雜貨金銀生意，並受委託從事其他販賣。嘉義的張濤臣氏，自少渡廈，從事商業，爲某洋行經理，任廈門臺灣公會評議員。[125] 大稻埕源泰行林振國，專做汕頭貿易，並在汕頭設分行。[126] 基隆商人曾直接至福州購買杉木。[127]

　　臺商在兩岸貿易的金融匯兌方面，於日本領臺初期雖然稍有頓挫，但在大正年間及昭和初期，都曾有過蓬勃的發展。1905年前後錢莊融資於對岸貿易者獲利頗多，鹿港施家、彰化吳家、霧峰林家、以及大稻埕曾爲臺灣茶業公會會長的陳天來（前臺灣警備總司令陳守山之祖）均曾到對岸開設錢莊。[128] 1920年《臺灣日日新報》也指出：「臺商放帳於廈門者頗多」。[129] 至1935年，整個以臺灣資本爲主的錢莊業仍經手約70%的兩岸貿易，而領先臺灣銀行。[130]

　　分析其原因，可能與大量的兩岸經貿往來係以走私進行有關。根據廈門錢業公會主席、廈門海關副稅務司、在廈經營臺匯的金寶和錢莊及豐南信託公司等的統計，1934至1935年廈門匯往臺灣的款項每年在二千萬元以上。但臺商在廈投資總額據廈門

---

125 《臺灣日日新報》（大正 8.9.17）。

126 《臺灣日日新報》（大正 7.12.16）。

127 《臺灣日日新報》（大正 8.5.6）。

128 《臺灣日日新報》（明治 35.12.5、明治 35.11.19、大正 6.1.7）。

129 《臺灣日日新報》（大正 9.3.22）。

130 井出季和太，〈對支貿易の不振と臺灣貿易の振興策〉，《臺灣時報》10月號（昭和 6年 10月），頁 52。

臺灣銀行經理估計，約在一千萬元左右，所得利息如以10%計算，當有一百萬元，其中三分之二匯回，當有匯款六十餘萬元。其他特殊營業所得（如煙、賭、妓寮、舞場小押等），每年可以匯回臺灣之錢數，最多不能超過一百五十萬元。故以上因投資匯回的款項大抵不超過三百五十萬元，加上貿易部分臺灣對廈門約出超七十萬元，共四百二十萬元。如上所述，則其他一千五百八十萬元為由臺灣走私進口貨物的代價。[131]

在二次大戰期間，臺灣與中國之間的貿易雖已斷絕，但與淪陷區之間的貿易則在增加。1929年中國取得關稅自主權並提高關稅之後，兩岸之間的走私也更加嚴重。在1930年代大連、香港、臺灣三大走私據點中，臺灣最為嚴重。每天有幾十艘走私船往來，當時日本領事館讓一批臺灣與日本稱為「浪人」的地痞流氓從事走私。1938年廈門淪入日本人手中，浪人更將大量的日本布與海產物由臺灣搬入廈門。走私品代價的匯款由1934到1936年之維持在一千五百萬元左右，1937年降為一千二百七十萬，1938年則升為八千二百萬。相對地，貿易順差的匯款則由1934至1937年的一百萬元左右降為1938年的五十萬元。投資匯款由1934至1936年的三百五十萬元萬元左右降為1937年的二百三十萬元，1938年為一百七十五萬元。[132]

直至1938年廈門為日本占領，臺灣銀行廈門分行透過臺灣公

[131] 《閩臺關係檔案資料》，頁579-580。引自：鄭林寬，《福建華僑匯款》（1940年8月）。

[132] 《閩臺關係檔案資料》，頁579-580。引自：鄭林寬，《福建華僑匯款》。

會組織廈門的金融機構，控制局面，並使日本商社林立，方才使此局面改觀。[133] 即使臺商在廈門的投資曾短暫減退，但很多日常必需品及各種企業仍係由臺人設公司實行包辦與統制，如糧食由慶發、義泉、茂記三臺商所包辦，荼果由臺人陳學海所設之海南公司所包辦，自來水、電燈、電話由臺商陳長福、林木土所設之福大公司所包辦，漁業由臺商方炳輝之廈南海上漁業公司所包辦。[134]

這一發展與1895年以前主要由中國大陸資本家融通兩岸貿易資金的情形比較起來，已經開啓了當前臺灣資本流入中國大陸的歷史起點。

（四）臺灣的貿易對象由以中國為主轉而以美、日為主

由17世紀以來到1895年以前，即使其間歷經荷治、鄭領兩個臺灣與中國大陸分治及清末外商高度介入臺灣經濟活動等時期，除了鄭氏領臺後期，因為清初的海禁政策及明清鼎革之際戰爭破壞的影響，陸臺貿易較為萎縮之外，中國大陸一直是臺灣的主要貿易對象。荷治時期，適值中國與日本的正式貿易關係尚未展開，而日本迫切需要中國的絲綢、陶瓷、蔗糖，中國又急需日本的銀，臺灣乃成為中日貿易的轉口站。中國的絲綢、陶瓷和糖也經由臺灣轉口到東南亞、波斯與英國。鄭領時期，雖然因為清朝政

---

133 林仁川，《福建對外貿易與海關史》，頁286；宮川次郎，〈廈門〉，《全閩新日報》（1923年）。

134 《閩臺關係檔案資料》，頁578。引自：《華字日報》（香港，1939.2.12.）。

府抵制鄭氏政權實施海禁，而使兩岸貿易的規模減小，但留存的少數貿易仍依荷領時期臺灣爲中國大陸轉口站的模式進行。清末外商介入臺灣經濟時期，因爲很多外商爲臺灣開拓國際市場的出口品都由中國大陸轉口，國際市場開拓之後，臺灣賺取的財富也可以買取更多中國大陸的物資，所以兩岸貿易乃加強而非式微。但日治以後，臺灣的貿易對象由以中國爲主轉而以美、日爲主。

1. 17世紀

　　除了中國大陸漁民發現北港、打狗漁場之外，17世紀初葉日本的變化也促使此時陸臺貿易的擴張。此時正值日本戰國時代，日本武士急需臺灣土著部落所產的鹿皮以製造甲胄。日本於豐成秀吉統一全國之後，銀產驟增，可以大量購買中國的絲綢、皮毛、砂糖。但中國對日貿易仍未正式開放，臺灣便成爲對日走私的一個中點站。[135] 許多漢人進駐土著部落，專門從事鹿皮貿易。他們將鹿皮輸出日本之後，並將鹿肉製成鹿脯，運回中國大陸。[136] 再由中國大陸運出絲綢等物輸往日本。荷蘭、西班牙及鄭氏家族都先後以臺灣爲據點發展這種多角貿易。

　　荷蘭東印度公司爲發展此一多邊貿易，於1624至1661年間進駐臺灣南部。西班牙人則於1626年而至1642年間進駐今淡水、基隆一帶。

---

135 黃福才，《臺灣商業史》，頁12。

136 曹永和，《臺灣早期歷史研究》，頁11。

　　荷蘭東印度公司對開展臺灣與中國大陸間的貿易極為積極，他們貸款給中國商人，購買中國大陸或臺灣的商品，進行陸臺之間的貿易；並開闢泉州、漳州與安平間的航線，派船至福州、南京、朝鮮試圖拓展其與臺灣之間的貿易。[137] 荷蘭東印度公司一共闢有五條航線：中國大陸—臺灣，日本—臺灣，巴達維亞—臺灣—日本，馬尼拉—臺灣—日本，中國大陸—臺灣—日本。[138] 其中中國大陸與臺灣的直線航線有兩條，而在其他航線中，也包括中國大陸與臺灣商品的轉口貿易。

　　西班牙占領北部雞籠、淡水的時間很短，主要將臺灣北部的硫磺、鹿皮運銷日本、中國大陸，再由中國大陸運生絲。由西班牙人1626年的雞籠報告可知，其貿易規模比荷蘭人小很多。該報告指出：「航來本諸島五十艘船中，我人（指西班牙人）僅得不及生絲四千斤，而敵人（指在臺荷蘭人）除織物不計外，尚得九萬斤（指生絲）。」[139] 由中國大陸運進臺灣的生絲、絲織品主要供再轉口之用。除生絲、絲織品之外，中國大陸亦進口砂糖供臺灣再行出口。由於荷蘭東印度公司曾鼓勵中國人前來臺灣種稻植蔗，因此頗多由臺灣再出口的中國大陸蔗糖被誤以為臺灣本土所產。事實上，當時臺灣雖偶有米、糖出口，[140] 但其出口的糖很

---

137 黃福才，《臺灣商業史》，頁31。

138 曹永和，《臺灣早期歷史研究》，頁10、252。

139 黃福才，《臺灣商業史》，頁33。引賴永祥，《臺灣史研究初集》，頁148。

140 James W. Davidson原著，蔡啓恒譯，《臺灣之過去與現在》，臺灣研究叢刊第107種，頁10-11；1902-06年廈門常關年報。

多係由中國大陸轉口而來。荷蘭東印度公司所留下的《大員商館日誌》有許多中國大陸出口糖至臺灣的記載。如：1637年5月15日商船運載「白糖一千擔」，同年7月12日由廈門開出的大販糖船，載有「白砂糖二千三百簍」，在1637年7月的下半月份中，運進臺灣的白砂糖即有二千八百擔。[141] 此外，臺灣也由中國大陸輸入大量的糧食彌補自產之不足。1636至1638年間，臺灣曾由中國大陸的廈門烈嶼、安海、福州、銅山、金門等地輸入很多的米、麥。[142] 由於新開發的臺灣手工業尚屬落後，生活用品及建築材料很多是由中國大陸供應，臺灣則出口由日本進口的銀到中國大陸。[143]

此時期內往來於臺灣與中國大陸間的船隻至少有七、八十艘，最多時有四、五百艘。商船、漁船約各居其半。[144] 由於荷蘭東印度公司在臺灣經營的貿易實以中國大陸商品為主體，中國大陸商人是否充分供應商品給荷蘭東印度公司因而決定其在臺貿易的興衰。這些提供荷蘭東印度公司中國商品的商人中，以鄭芝龍、鄭成功家族最為有名。

鄭氏家族來自福建安平，安平自唐宋以來即有許多海商。鄭

---

[141] 黃福才，《臺灣商業史》，頁33；轉引自曹永和，《臺灣早期歷史研究》，頁180-209。

[142] 曹永和，《臺灣早期歷史研究》，頁180-209。

[143] Davidson（蔡譯），頁10；英文海關年報（1902-06年），廈門，頁86。

[144] 黃福才，《臺灣商業史》，頁32，摘述自曹永和，《臺灣早期歷史研究》，頁180-209。

芝龍的母親、續妻均來自安平海商家族。因母舅有貨託海商李旦
運至日本，鄭芝龍進而與李旦結合，並成爲其義子。李旦擁有大
批船舶從事日本、臺灣、福建沿海之間的貿易活動。當荷蘭東印
度公司進據澎湖時，李旦曾予以協助。根據《廈門志》指出，
1622年「紅毛夷據澎湖犯中左所、逼圭嶼，……海賊李旦復助
之。」[145] 根據曹永和的研究，鄭芝龍還曾擔任荷蘭進軍澎湖時的
司令翻譯。[146] 1625年鄭芝龍繼承李旦及曾經前往臺灣笨港開發
的顏思齊遺產，且不濫殺而較其他海商擴張得快，由原先只有幾
十艘船的勢力，至1626年已有一百二十艘，1627年有七百艘，
至1628年更有千艘。明廷在國內有諸多農民起義的威脅下，遂招
撫鄭芝龍以平定海盜的威脅。[147] 在鄭芝龍爲明朝政府安撫以平
定其他海盜之前，鄭芝龍即已與「夷人（指荷蘭人）往來如
故」。[148]

　　在鄭芝龍受招撫後至1635年，先後平定了其他六、七個海商
集團，且被明政府封爲平國公，享有閩海一帶貿易的控制權。[149]
在荷蘭東印度公司對中國大陸進行貿易時，廈門是最主要的據
點。1626年鄭芝龍進駐廈門，其後鄭成功、鄭經一直領有廈門，

---

[145] 周凱，《廈門志》，卷16，轉引自林仁川，《明末清初私人海上貿易》，頁114。
[146] 曹永和，《臺灣早期歷史研究》，頁375。
[147] 林仁川，《明末清初私人海上貿易》，頁116-117。
[148] 曹履泰，《靖海紀略》，卷1，轉引自林仁川，《明末清初私人海上貿易》，頁209。
[149] 林仁川，《明末清初私人海上貿易》，頁123；曹永和，《臺灣早期歷史研究》，頁375。

直至1680年。[150] 荷蘭東印度公司在臺灣要展開中國大陸商品為主體的多角貿易（轉口至日本、南洋等地），自然受到鄭芝龍家族的牽制。1628、1640年荷鄭雙方均定有貿易互惠條約。[151] 1646年鄭芝龍降清之後，鄭成功仍是荷蘭東印度公司在中國唯一的貿易對手。海牙現存荷蘭東印度公司的檔案留有1651至1657年間，每年鄭成功與熱蘭遮城（赤崁樓）的數通函件。[152]

在1628年鄭芝龍被明廷招撫至1635年其他東南海盜被鄭芝龍撫平之間，明政府又實施海禁。而後明清鼎革之際，江南絲織業遭戰爭破壞，臺灣與中國大陸間的貿易也受到很大的打擊。[153] 直至1646年鄭成功領導鄭氏海商集團之初，臺灣與中國大陸間的關係才較為和平，貿易也較順利進展。但從1652年以後，鄭成功與荷蘭東印度公司間的關係卻逐漸惡化。鄭成功發展的日本生絲貿易取代了荷蘭這方面的市場，鄭成功又捷足先登取走了荷蘭東印度公司夢寐以求的兩個東南亞港口的貿易權，並採取抵制外貨政策，[154] 荷蘭相對地常常襲擊鄭成功的商船。[155] 1652年臺灣郭

[150] 《英文海關年報》（1902-1906年），廈門，頁87。

[151] 曹永和，《臺灣早期歷史研究》，頁375。

[152] 胡月涵，〈十七世紀五十年代鄭成功與荷蘭東印度公司之間來往的函件〉，廈門大學臺灣研究所歷史研究室主編，《鄭成功研究國際學術會議論文集》（江西人民出版社，1989年），頁292-317。

[153] 黃福才，《臺灣商業史》，頁52-53。

[154] 胡月涵，〈十七世紀五十年代鄭成功與荷蘭東印度公司之間來往的函件〉，頁294；黃福才，《臺灣商業史》，頁53-54。

[155] 林仁川，《明末清初私人海上貿易》，頁209。

懷一起兵反抗荷蘭東印度公司的統治，結果失敗，荷蘭更加強對臺灣全島的控制。在鄭成功看來，荷蘭人已經棄信背義地將一小塊由鄭氏租借給他們用來通商、貿易用的熱蘭遮城，拓展到鄭氏原先在臺灣開發的其他土地上。於是1655至1657年間，鄭成功禁絕中國大陸和臺灣之間的貿易，[156] 這項禁運對荷蘭方面造成很大的打擊。1657年臺灣的荷蘭長官「遣通事何斌餽送外國寶物來求通商，願年輸餉銀五千兩，箭桿十萬枝硫黃一千擔」。[157] 鄭成功才答應恢復與荷蘭人的通商關係。

在此期間，清廷為封鎖鄭成功的經濟發展，於1655年宣布沿海省分片帆不許入海。但鄭成功所受影響不大，因仍有商船私下為鄭提供物資。鄭成功仍可用這些物資與日本、南洋、臺灣貿易，反而坐收壟斷貿易之利。清廷於是進而在1661年下令遷徙沿海居民到離海三十里以外的地方，並修上圍牆，離海三十里以內的地區盡成荒地。於是，鄭成功所居的金、廈兩島方才無人接濟，[158] 不得不興兵攻取臺灣。

鄭成功於1662年取代荷蘭東印度公司，在臺灣建立政權之後，歷經其子鄭經、鄭克塽三代，雖然中國大陸方面偶有商人秘密與之貿易，但因為清廷的遷界政策，加上很多物資被用來維持臺灣島內的軍隊及發動軍事行動，所以雖然臺灣與日本、南洋、

---

156 林仁川，《明末清初私人海上貿易》，頁210。韓振華謂鄭成功1652-1655年禁絕陸臺貿易，但其文註4所引資料卻指出1655年鄭成功才突然禁絕此項貿易。
157 阮旻錫，《海上見聞錄》，上卷，轉引自黃福才，《臺灣商業史》，頁210。
158 韓振華，〈再論鄭成功與海外貿易的關係〉，前引文，頁39-42。

乃至波斯的貿易依然延續荷領時期的情況，整個臺灣與中國大陸間的貿易則較荷領時期萎縮。[159]

2. 清代

在清領初期，中國大陸還可說是臺灣的唯一貿易對象。1717至1727年間清廷且曾頒禁通西洋之令，[160] 即使其後開禁，因臺灣少西洋所需之物，與西洋之貿易仍然不盛，與日本之貿易亦衰敝不振。以日本對臺糖需要之迫切，由1869年臺糖出口地93%是中國大陸看來，[161] 入清以後日本在臺灣貿易中的比重很小。至於南洋貿易，因常影響臺灣米的供需，而曾被斷絕一段時間，而後開通的時期，貿易比重也遠非臺陸貿易可比。[162] 故此時期中，中國大陸幾乎是臺灣貿易的唯一對象。

今宜蘭頭圍到屏東萬丹的臺灣北部及西部海岸線上的古港口，此時成為閩粵移民與中國大陸連繫的據點。[163]（參見圖三）

[159] 參見黃福才，《臺灣商業史》，頁81。

[160] 伊能喜矩，《臺灣文化志》，下卷（東京：刀江書院，1928原作，1965年西田書店複刻版），頁46。

[161] 林滿紅，《茶、糖、樟腦業與臺灣之社會經濟變遷，1860-1895》，頁25，表2.3。

[162] 《臺灣省通志稿》，卷4〈經濟志・商業篇〉。

[163] 根據《臺灣省通志稿》，卷4〈經濟志・商業篇〉，頁160指出，1792年（乾隆57年）以後，官方認可與中國大陸通航的臺灣口岸雖僅八里坌、鹿港、鹿耳門三港，實際上與中國大陸有貿易往來的港灣計有：基隆港、烏石港、竹塹港（今之舊港）、造船港（後來之香山港）、後龍港、梧棲港、笨港（北港）、東石港（今之旗後）、東港、萬丹港、媽宮港等。

圖三　與台灣有帆船貿易往來的大陸港口（1870年代）

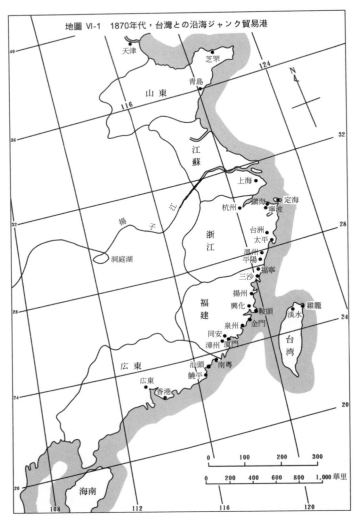

資料來源：濱下武志，《中國近代經濟史研究——清末海關政策：開港場市場圖》
（東京：東京大學東洋文化研究所，1989），頁421

透過這些港口，每年有載重在一百石到二百石之間、水手約十至二十人的帆船一、兩千艘，循著五條航線，載著米、糖等貨，開往福建，[164] 再駁接閩粵商人原有往來於渤海灣至南海間的中國大陸沿岸各口的帆船。臺灣開到福建的帆船可以循著已有的這個航線北到秦皇島，南到廣州、香港一帶，載回天津的棉花、寧波、福州、泉州的布、漳州的絲線、江浙的綢緞絲羅以供衣用；泉州的磚瓦石、福州杉木以供住用；浙紹的貨、龍岩州的紙、廈門的磁器以供日用；蓋州、錦州的豆餅以供農作施肥用。[165]

　　臺灣由1860年正式對西方開放貿易一直到1895年割日期間，其貿易對象漸次擴大而包括全球。臺灣的烏龍茶93%運銷美國，5%輸出英國，包種茶種主要輸往南洋；若干茶屑出口到福州、天津、煙臺、香港等地，茶屑運到福州之後，尚與福州茶合製成茶磚，運往俄羅斯。糖除了輸往開港以前即有的華中、華北市場之外，並輸及日本、美洲、澳洲和紐西蘭；樟腦則輸出德、英、美、印等國；鴉片與各種外國紡織品、金屬亦隨之進口到臺灣。但在此期間，臺灣北部因茶、樟腦等非糧食作物從業者增加，由開港前之原有二十幾萬擔米出口到中國大陸轉而漸需由中

---

[164] 臨時臺灣舊慣調查會，《第二部調查經濟資料報告》，下卷，頁71、319；林東辰，《臺灣貿易史》（1932年），頁253；東嘉生，《臺灣經濟史研究》（臺北：臺北帝國大學經濟學研究室，1944年），頁104。

[165] 臨時臺灣舊慣調查會，《第二部調查經濟資料報告》，下卷，頁71；東嘉生，《臺灣經濟史研究》，頁10；連雅堂，《臺灣通史》，〈商務志〉，卷25（古亭書局藏版，1918年），頁720。

國大陸進口,量多時亦達二十幾萬擔。但在此同時,臺灣中部每年又有五十萬石米出口到中國大陸,與18世紀臺灣米出口到中國大陸的數量相當。開港之後,每年運往華中、華北的蔗糖量,也維持在開港之初的水平——二十萬擔至三十萬擔之間。在洋貨進口量由開港至1894年增為六倍的同時,中國大陸華貨進口量也增為三倍。[166] 1860年以後臺灣主要出口到歐美的茶、糖和樟腦,分別在廈門、香港等港轉口,此係因臺灣本身缺少良港、電報及出口設備較不充足,遂借重中國大陸口岸。[167] 是故1860年臺灣對外開放貿易之後,臺灣與中國大陸間的商貿往來不但未曾淡化或式微,反而是有所加強。

3. 日治時期

日本占領臺灣以後,到1902年的前七年,臺陸之間密切的貿易關係尚少變動,1902年以後則急轉直下。以臺陸貿易值除以臺日貿易值,1902年為80%,至1914年僅為9.1%。1915至1929年間,因第一次大戰期間歐美各國退出中國市場,日本產品透過臺灣乘機湧入,故以上比例維持在10.3%左右。但在1930至1937年間,因世界經濟恐慌的發生,及中國大陸對日貨的抵抗,以上比例猛跌為2.9%,1937年抗戰發生,臺灣與中華民國間的貿易更

---

166 詳見:林滿紅,〈光復以前臺灣對外貿易之演變〉,頁56。

167 BPP,vol:15,pp. 646-647,1886年廈門部分;vol:13,p. 347,1879年淡水部分。

是完全中斷。[168] 除與日本占領以後的滿州國、上海、廈門等地進行貿易以外，日治以後的兩岸貿易，乃由國內貿易轉為國際貿易。[169]

如將1902至1937年間的貿易額加以統計，臺、陸貿易平均為臺、日貿易之7.4%，同時期臺灣對日本以外地區之貿易為臺、陸貿易之四倍，臺、日貿易又為臺灣對日本以外地區貿易之四倍。[170] 可見臺灣三百年來原以中國大陸為主要貿易對象，有時亦擴及西洋之情況，割日之後一轉而改以日本為主要貿易伙伴。

以上臺、陸貿易與臺、日貿易之比較乃就百分比而言，而同樣是百分比，日治時期臺陸貿易為臺日貿易之7.4%。較諸清代臺陸貿易與臺灣對外洋之貿易比例的15%以上為小。另就陸臺貿易的實際值加以觀察，清末臺灣出口到中國大陸的米、糖數量並未大幅減少，由中國大陸進口到臺灣的華貨增為3.27倍（尚不包括帆船載運者在內）。日治時期臺、陸之間每年的實際貿易值，除了1903至1915年、1933和1937年等年（共十六年）以外，其他各年顯然都低於1902年。而較1902年為多的十六年，最多也不過是1902年的三倍。而且在1902至1937年間的臺陸貿易中，由臺灣運到中國大陸的商品，多半是日貨的轉口。故在絕對數量方面，日治時期的臺陸貿易亦較清末之臺陸貿易增加得少。

---

[168] 臺灣省文獻委員會，《臺灣省通志稿》，卷4〈經濟志・商業篇〉，頁272。

[169] 感謝戴寶村教授之此一意見。

[170] 《臺灣省通誌》，卷4〈經濟志・商業篇〉，頁170b-171b。

臺灣貿易對象在日治時期的這一急劇轉變，除了中日戰爭期間係受戰爭影響而中斷之外，主要關鍵在於日本政府大量津貼日商、關稅改訂、專賣種種的制度安排。由於這些制度安排，臺灣成為日本所需的米、糖供應地，而日本紡織品及其他工業產品，則漸取代中國大陸手工業產品供應臺灣日常所需。誠如矢內原忠雄所指出：「這一變化的社會意義，是要切斷臺灣與中國大陸的紐帶，使與日本相結合。」[171]

4. 戰後

隨著日本在1945年8月的投降，臺灣在事實上重歸中華民國版圖。1946年1月12日中華民國政府宣告：「臺灣人民原係我國國民，以受敵人侵略，致喪失國籍，茲國土重光，其原有我國國籍之人民，1945年10月25日起，應即一律恢復我國籍。」[172] 由此，臺灣與中國大陸間的貿易又由國際貿易轉為國內區間貿易。改隸中華民國政府統治後承繼戰時控制臺灣對外貿易之日本機構的臺灣省貿易公司（1946年2月10日改稱臺灣省貿易局）規劃頗多臺灣與中國大陸間的商品交換與配售。[173] 因此1945至1948年間，中國大陸又成為臺灣對外貿易的主要對象。在此四年期間的臺灣進出口值中，中國大陸佔的比例分別為1945：26%，

---

[171] 矢內原忠雄，《日本帝國主義下的臺灣》（東京：岩波書店，1929原版，周憲文譯，臺北：臺灣銀行研究叢刊，第39號，民國45年），頁59。

[172] 唐曼珍、王宇主編，《臺灣事典》（天津：南開大學出版社），頁508。

[173] 《臺灣省通誌》，卷4〈經濟志・商業篇〉，頁196-206、283b。

1946：94%，1947：91%，1948：86%。[174]

　　由於國共戰爭的拓展，沿海海運又受影響，因此不少往來兩岸之間的商船、商貨被劫，導致商店倒閉的不少。[175] 隨著中國大陸的淪陷，1949年5月20日政府宣布臺灣進入動員戡亂時期，在臺灣地區戒嚴令的規定下，臺灣對中國大陸的貿易由此封鎖約三十年。[176] 在此期間，臺灣一直以日本與美國為最主要的貿易對象。在1950年代到1960年代中後期，日本在臺灣對外出口中的重要性大於美國，其後則美國領先日本。在進口方面，則大致在此之前美國領先日本，其後則日本領先美國。[177]

（五）臺灣與中國大陸生活方式由一致轉而分歧

1. 陸臺之間的區域分工及中國文化之深植臺灣

　　臺灣之所以在1895年以前與中國大陸保持三百年的密切經貿關係，除了因為早期操控兩岸貿易的商人多來自泉漳、兩岸之間距離很近、臺灣的島嶼地形適合貿易之外，最主要關鍵是中國大

---

[174] 楊清發，〈戰後臺灣經濟發展の研究〉（日本拓殖大學經濟學研究科博士論文，1993年），頁78。根據臺灣省主計處，《臺灣貿易五十三年表》（1949年），頁1-2算出。

[175] 中國民主建國會泉州市委員會、泉州市工商業聯合會、政協泉州市委員會文史資料研究委員會編，《泉州工商史料》，輯1（1983年6月），頁117-119。

[176] 《臺灣事典》，頁223。

[177] 谷浦孝雄，《臺灣的工業化：國際加工基地的形成》（臺北：人間，1992年），頁77。

陸與臺灣之間高度的區域分工。這種區域分工之所以形成是因明末清初臺灣這一移民社會建立之際，中國大陸的傳統手工業已相當發達。臺灣則因開發伊始，資本、技術均感欠缺，炎熱而潮溼的氣候又不宜於棉、桑的種植與加工，直至19世紀中葉，除了簡單的刺繡、製繩、縫衣、染布以及少許棉布、麻布的紡織之外，並無其他較為顯著的手工業發展。[178]

　　而在另外一方面，臺灣則因土地新闢，土壤較為肥沃，又是熱帶、副熱帶氣候，雨量較多，種稻植蔗，單位產量相對較高。如康熙末年來臺灣考察的清朝官吏黃叔璥所說：「臺地土壤肥沃，不糞種，不事耕鋤，惟享坐獲，每畝數倍內地。」雖然所闢土地的沃度會逐漸耗減，但農業技術的不斷改進，亦提昇其生產力。荷治時期僅有鋤耕，到鄭領時期漸有犁耕。至清領之初，耕作方式仍極粗放，蔗作係不同土地按年輪作而不施肥，灌溉的不便也使稻作只有春種秋收的晚稻收成。清領以後的一個世紀，水利工程的構築、秋種春收的早熟稻的引進，不但使臺灣不再如荷領、清初之有賴中國大陸進口米糧，且使臺灣至18世紀已成福建之穀倉。[179]

　　清初臺灣的蔗糖業亦相當發達，故可源源供應中國大陸之所需，這些米糖乃可與中國大陸的手工業品互通有無。黃叔璥1736年寫的《臺海使槎錄》也點出這種關係：「海壖彈丸、商旅輻

---

178 林滿紅，《茶、糖、樟腦業與臺灣之社會經濟變遷，1860-1895》，頁3；連雅堂，《臺灣通史》，頁721。

179 詳見：林滿紅，〈光復以前臺灣對外貿易之演變〉，頁52。

圖四　光緒末年客家人的傳統服

資料來源：黃晴文，《大甲河客家老照片集》（台中縣：台中縣立文
化中心，民國86年6月），頁46。

轅；器物流通，實有資於內地。」[180]（參見圖四）

　　16世紀下半葉林道乾、林鳳等海盜集團進駐臺灣時，其衣食
所需主要是以臺灣本土的鹿皮、硫礦等物與中國大陸前來的漁商
換取。荷治時期，由於新開發的臺灣手工業尚屬落後，生活用品
及建築材料主要由中國大陸供應。生活用品有布、粗瓷器、壺、
鐵鍋、蠟燭等。建築建料包括瓦、柱、板等。以1637年6月8-19
日為例，運至臺灣的建築材料即有赤瓦九萬九千片、柱三百八十

---

[180] 黃叔璥，《臺海使槎錄》，乾隆元年（1712）刊，臺灣銀行文獻叢刊，第4種
（臺北：臺灣銀行經濟研究室，1957年），頁48。

二根、板三百三十塊。[181] 1860年以前臺灣由中國大陸進口的物品有紡織品、建材、陶瓷、漆器、紙張、草蓆、鼎鐺、雨傘等，幾乎包括了所有日常用品，其中也多半是手工業產品；而臺灣出口到中國大陸的物品一直以米、糖為出口大宗。米、糖和其他出口品如麻、靛、花生、樟腦、鹿皮、藤、鹹魚等均屬於農產品。一直到日治時期，雖然日本想切斷臺灣與中國大陸之紐帶，中國大陸進口到臺灣的商品中，福杉、祭拜用的紙錢及毛筆書寫用的唐紙進口量一直持穩。對臺灣人民所慣用的錫箔、爆竹、食品等十四種產品，日本在1907到1911年間也紛紛降低其進口稅率。[182] 戰後的1945至1949年間，福建商人亦將當地之磁器、通書、日曆及各種竹製手工業產品運銷臺灣，換取臺灣之米、糖、鋼材、樹膠、香蕉、青菜、鳳梨等，獲利甚豐。[183]

　　長期以來，臺灣與中國大陸的區域分工使中國的民間文化深植臺灣。以日治時期為例，中國大陸進口的錫箔、紙錢、爆竹是臺灣民俗宗教所需。依然維持這些商品的陸臺貿易，反映出臺灣地區人民在日本統治下，對若干原有生活方式的執著。

　　由日治時期臺籍上層知識分子之積極參與迎神賽會，以促進包括中國大陸商品在內的商品流通，可見他們在情感方面對中國文化的眷念。迎神賽會中，除了獅陣、樂隊、蜈蚣座之外，最引

---

[181] 黃福才，《臺灣商業史》，頁35，摘述自曹永和，《臺灣早期歷史研究》，頁180-209。

[182] 矢內原忠雄，《帝國主義下的臺灣》，頁59。

[183] 《泉州工商史料》，輯1（1983年6月），頁117-119。

人注目的就是「藝閣」了。藝閣可說是臺灣民俗慶典的「遊行花車」，以山水亭臺樓閣爲布景，由人物化粧巧扮，佈置出富含詩意的情景，因此又稱「詩意閣」。詩意閣多由商家出錢推出，往往寓含廣告意味，如茶商的「敲冰煮茗」、酒樓的「太白醉酒」等。詩意閣上的人物，有不少是由「藝妲」妝扮，吸引許多人遠道前來參觀。日治中期，由於鐵道貫通南北，加強了人群流動的便捷，加上島內批發零售的民間商業更爲盛行，各主要城市的商店往往藉規模浩大的迎神賽會，吸引前來交易的人潮。祭典期間，商家招待與自己有商業往來的各地零售商，趁此機會順便聯絡感情，鞏固未來的合作關係。在慶典活動結束後，參觀的人既獲得心理的滿足，也不忘採買物品回去。許多零售商甚至在此時購回整年所需物資。因此一趟祭典下來，商家的獲利甚至是年中收入的總合。[184] 這類活動，大稻埕、新竹、臺南、基隆、臺中均有之。[185]

日治時期臺籍上層知識分子之積極參與迎神賽會，可由以下諸例略窺一二。以1920年新竹城隍繞境時的藝閣爲例，除小規模工業、食品業、衣著業、民間藝術、金融業共四十一個商團參加之外，另有篤志團、紳士團、保正團、西醫團、醫生團等政紳方面的團體參加。[186] 1919年臺南市媽祖祭所裝臺閣係「經連雅堂氏匠心獨運，各視其營業種目以爲改新而後，無不有廣告的意

---

[184] 《臺北歷史散步》，頁84-85。
[185] 《臺灣日日新報》（大正8.4.18、8.11.2、11.4.10、13.5.12）。
[186] 《臺灣日日新報》（大正9.8.25）。

味，因之較前亦益加出色。」[187] 1920年大稻埕城隍繞境時，對於含廣告意味之藝閣旗幟，贈與金牌的事前審查場所，擇在林本源第一房事務所前，審查員為林熊徵、洪以南、謝汝銓、連雅堂、魏清德、林朝儀、陳茂通、盧曉山諸氏。[188] 林熊徵亦曾以迎神賽會、詩意閣，招待訪臺之日本秩父宮太子，其中請來北港、鹿港、臺南、關渡各處媽祖，北港尤請最為靈驗之「二媽」。[189] 至於身為日本貴族院議員的辜顯榮則是臺北孔廟的捐建人，也熱衷於從中國大陸請戲班子來臺。[190] 由此可見在1895年以前深植臺灣的中國文化，尤其是中國民間文化，在日治時期臺灣人民心中的激盪。

2. 1895年以來陸臺兩地生活方式的諸多歧異

　　向來有不少學者以一些不願剪辮子表示不忘漢衣冠的特例，概論日治時期的臺灣仍固守中國式的生活方式，事實上不負忽略了在日本殖民政府嚴密的控制下，臺灣地區的中國人在生活方式方面已受到改造。日治以前，臺灣所需布帛原多取給於中國大陸，1902年以後則漸為日本布帛所取代。島內消費的日本紡織品輸入值，1921至1926的五年平均為五百五十萬圓，1936年則有一千五百五十萬圓，約增加三倍。至日治後期，中國大陸布帛已

---

[187]《臺灣日日新報》（大正 8.4.18）。

[188]《臺灣日日新報》（大正 9.6.21）。

[189]《臺灣日日新報》（大正 14.6.7）。

[190] 司馬嘯青，《臺灣五大家族》，下冊，頁 101。

告絕跡。以往一步出市街，所見皆是一式的頭布、淡青色的棉布衣以及赤腳的住民。至1936年所見的則是以帽子代替包頭布，洋服代替淡青色的棉布服，襪子和布鞋代替赤裸的腳，留辮子的男人比日本明治時代還留著髮髻的男子更少。婦人纏足，除了特殊職業老婦人以外，都不時興了。而臺灣中南部咬檳榔的特殊習慣，與日本婦人牙齒塗黑同樣地減少。中國式鞋廠已漸廢除，西式鞋廠則漸增多。[191]

　　日治時期從日本輸入的商品，除海產物、鹹魚、魚乾、清酒、糕點、綢布、陶瓷等日式生活用品之外，也有西式生活用品如啤酒、雪茄煙、衛生衣、肥皂、罐頭等及西式生產原料或設備，如西式的紙、水泥、自行車零件、汽車零件、電器及其零件等。由日本本國移入的食品大為增加，尤其海產品在1931至1936年間，由一千萬圓增至二千四百萬圓。就臺灣使用仍多的中國大陸紙和木材而言，其進口量已不如由日本進口者多。咬著竹製長煙管的悠閒轉成吸著洋煙的「時髦」住民。在臺灣鄉下農人的便當中也可看到罐頭食品。由1921至1936年的十五年間，自行車年輸入值由二十三萬圓增為二百萬圓。1927至1936年等九年，連同零件累計則又達二百八十萬圓。汽車在1921年以前仍未見輸入，至1936年則輸入值達二百萬圓。以前走十里長路途是很普通的事，至1936年則都利用汽車（即「巴士」）當交通工具，農人到田裏工作也有人騎自行車。電燈則由約每人三燈，六十三

---

[191] 臺灣銀行調查課，《臺灣金融經濟月報》（昭和10年〔1936〕2月）。

燭光，增加到十一燈，三百燭光，其中燭光數增到五倍之多。電話的利用由年平均二千四百萬通增為七千萬通，電話費年平均額由五十萬圓增至二百萬圓。都市、鄉村生活方式全都改觀，就都市人的服裝、言語來說，日本人與臺灣人已區分不出來，初次來臺的日人住於都市之內，原想要感受異鄉的旅遊情趣，反而大失所望。商家收賬雖仍在舊曆年進行，但已改採新曆新年，少在舊曆年放鞭炮或是賭博。[192] 民間實業界出名的人物輩出，不讓日人專美於前。上層的本地人住洋樓或日式房屋，中層階級本地人舉家過日本式生活的也不少。以前洋雜貨店只有日本內地人來消費，1936年時則有六成以上的洋貨店顧客是本地人。在臺灣各地所設的神社（參見圖五），其祭禮儀式之中，穿著一式的服裝、頭巾、腰際插著黃色的圓扇，吟唱著伐木歌，抬著神轎的，大半是臺灣本地人。在1936年，臺灣人日本化的程度已令人驚異。[193]（參見圖六、七、八）

　　這些日本化的生活方式有些會隨著戰後將神社改為忠烈祠等文化政策而消失，但很多對文化深層結構的影響是延續至今的。以與經貿極為相關的經濟統計而論，黃仁宇、余英時等學者常強調：中國文化的最根本問題在於數字方面無法管理。而日本殖民政府在臺灣這個中國人社區所建立的統計制度，據戰後臺灣行政長官公署統計室主任胡元璋指出：「要比日本本國強得多。」[194]

---

[192]《臺灣日日新報》（大正 6.1.21）。

[193] 臺灣銀行調查課，《臺灣金融經濟月報》（昭和 10 年〔1936〕2 月）。

[194]《福建時報》（民國 36.4.16；36.4.30）。

圖五 昭和時期的台中東勢神社

資料來源：黃晴文，《大甲河客家老照片集》，頁13。

圖六 為慶祝日軍攻陷馬尼拉，化妝遊行者攝於台中東勢公所前：
（1943）

資料來源：黃晴文，《大甲河客家老照片集》，頁154。

圖七　為慶祝日軍攻陷新加坡，台中各街庄舉行的話劇表演之一
　　　（1943）

資料來源：黃晴文，《大甲河客家老照片集》，頁154。

圖八　為慶祝日軍攻陷新加坡，台中縣各街庄舉行的話劇表演之二（1943）

資料來源：黃晴文，《大甲河客家老照片集》，頁152。

這套由中央的總督府官房到各部局、各地方街莊、各保甲都有統計人員的制度，爲當時的臺灣留下戶口、農業、林業、商業、工業、警察、土地、金融、貿易、交通、社會事業、宗教、衛生、財政等二十餘類的統計資料，也影響及戰後臺灣的統計制度；而完整的統計是目前的中國大陸所極度欠缺的。以下將談到的日本統治造成臺灣人民的政治文化認同危機，與發展跨國經貿能力，也是較深層的影響。[195] 而臺灣如此的轉變，自非肇始於臺灣人民的自我安排。

1945年以後，臺灣在輸入更多中國大陸上層文化和民間文化的同時，因爲1949年以後中國大陸採取打擊傳統文化政策，而臺灣的貿易對象又以美、日爲主，加上臺灣經濟的快速發展，也使臺灣的生活方式與中國大陸越拉越遠。目前臺灣的每人所得爲一萬美元，中國大陸即使引用國際貨幣基金（IMF）的高估計，也不過一千美元，而近日中共政府公佈之估計爲三百二十六美元。這類數字指標實未足以說明兩岸生活方式歧異之深層結構。

三、1895年前後兩岸經貿轉折的意含

貫穿在以上轉變背後的意含是：㈠日本強化了臺灣人民的跨國經貿能力；㈡日本早已埋下兩岸政治文化認同的困難。

---

[195] 其他較深層的影響，參見：林滿紅，〈評介陳著《臺灣的人口變遷與社會變遷》〉，《臺灣風物》，卷29，期4（1979年12月）；林滿紅，〈日據時代臺灣經濟史研究之綜合評介〉，《史學評論》，期1（1979年7月）。

（一）日本強化了臺灣人民的跨國經貿能力

　　1895年日本領臺之後，臺灣與中國大陸雖由不同政府統治，兩岸之間卻不像1955至1979年間的隔絕。[196] 隨著：1.臺灣由人口移入區轉而漸有人口移出；2.技術由中國大陸移入臺灣轉而頗多由臺灣移入中國大陸；3.臺灣資本家在兩岸經貿關係中明顯崛起，在幾項轉變發生的同時，臺灣人民的跨國經貿能力也在加強。

　　當漢人歷經三百年由中國大陸移徙臺灣，再於1895年之後回到中國大陸時，這個祖國卻已經變成了外國。前往中國大陸投資之臺商，多隸屬日本籍。根據1900年《臺灣日日新報》指出：「臺廈間貿易商人，隸本邦籍居多。」[197] 1895年以後臺商常以插著日本旗的船隻開進中國領海。[198] 臺商在中國大陸所開的店與不平等條約之下外商在中國設的公司一樣，稱做「洋行」，如臺商饒維珍在汕頭開的菸酒店，名「神州洋行」。[199] 直接到貿易國設店售貨、購貨，清末臺灣曾有打狗的陳福謙、陳中和等至日本

---

[196] 1949至1955年間走私很多，而後接近絕跡的情形見馮曉、陳家環、張孝先〈福建海上走私活動的歷史回顧〉，收於《福建文史資料》，輯10，閩海關史料專輯（福州：中國人民政治協商會議福建省委員會文史資料研究委員會，1985年），頁73-74。

[197] 《臺灣日日新報》（明治33.11.25）。

[198] 《中華民國海關華洋貿易總冊》，1908：89a，1914：919，1915：965。

[199] 其他臺商在中國大陸所設的洋行，詳見：林滿紅，〈臺灣資本與兩岸經貿關係（1895-1945）——臺商拓展外貿經驗之一重要篇章〉，頁77、79、80。

售糖購貨，[200] 但較屬少數個人的發展，日治之後臺商到中國大陸乃至其他國家的直接貿易、投資則為一群人的發展。

　　臺商之參與此項經貿活動，多少有其「血濃於水」的民族情懷。如民族運動家林獻堂1920年之所以願意在總督府及臺灣銀行策劃下，創辦南洋倉庫公司，經營華南及南洋的貿易，並且在創立大會上表明將為此一日人提倡的公司「鞠躬努力」，乃出於一種民族情懷。[201] 而這種民族情懷在日本政府看來，又可用來推進其對岸的南支南洋或南進政策。[202] 中日兩棲的政治文化屬性，使臺商闖出兩岸貿易這個對「外」貿易的空間。在兩岸貿易方面，日本政府在財政方面給予臺商的補助少之又少，然而若干日本政府、日商開闢的市場，倒提供臺商跟進的機會。日本籍的身分也使臺商在中國大陸免於被徵課釐金，並享有治外法權，這使日治時代在中國大陸的臺商，與今天在中國大陸上的臺商，在政治地位上有很大不同。此外，1912年以後原來壟斷兩岸貿易之中國大陸資本家，在受日本政府差別待遇政策之外，亦隨清朝官僚體系以俱亡；而英美資本又抵不過日本政府壓制而式微，使臺商有了發展兩岸經貿的空間。很多臺商將其由清末以來積蓄之財富，轉至中國大陸投資。在經濟力量因本身所產的茶市場喪失，及轉口臺茶的貿易權又為基隆取代而衰弛的閩南，臺商因語言、

---

[200] 林滿紅，〈臺灣資本與兩岸經貿關係（1895-1945）——臺商拓展外貿經驗之一重要篇章〉，頁55。

[201] 司馬嘯青，《臺灣五大家族》，上冊，頁110。

[202] 中村孝志，〈「臺灣籍民」をめぐる諸問題〉，頁435。

習俗相近，無論在金融，在現代工業投資，乃至一般商業貿易方面，都有超乎當地商人之上的成就。在日本占領閩南之前，臺商勢力也在許多方面超越日商。在福州、汕頭、廣州、上海和中國東北（或滿州國），臺商勢力雖不若在閩南強大，但也有許多直接貿易的開展。1918年《臺灣日日新報》指出：「近年本島商人多向海外活動、發展者不乏其人。」[203] 這些臺商因而累積了以下直接對外拓展經貿活動的經驗：

1. 掌握航權：1895年以前兩岸直接貿易航運多由中國大陸資本家壟斷，其他人不得租用、購買民帆。到1895年以後臺商除了能租用他人船隻之外，還可以購買船隻開展貿易。[204] 1898年日本政府規訂商人可向辦務署轉縣廳再轉總督府申請帆船執照。[205] 1917年艋舺歐陽光輝曾由對岸購買帆船五隻，經營船頭行搬運木材。[206] 臺商所買船隻還可以是輪船，據《臺灣日日新報》指出：「1904年臺紳陳有文（俗稱陳亞順），以白手起家，購買輪船而積有業產，寓廈充當同文書院紳董，捐金助教，幾與廈之富商相伯仲，地方義舉，皆踴躍急公。」[207]

2. 發展多邊貿易：根據1919年的《臺灣日日新報》，臺灣將日本布匹轉口到中國大陸的生意，幾乎都控制在臺商手中，[208]

---

[203]《臺灣日日新報》（大正7.11.24）。

[204]《中華民國海關華洋貿易總冊》，1908：89a，1914：919，1915：965。

[205]《臺灣日日新報》（明治31.11.1）。

[206]《臺灣日日新報》（大正6.10.23）。

[207]《臺灣日日新報》（明治37.11.5）。

[208]《臺灣日日新報》（大正8.2.24）。

此處所說的臺商可能是周子文。1918年臺籍寓廈商人周子文組織仁美公司，採辦日本海產物、布匹輸出華南、南洋，其經理人陳某，僑寓神戶，熟悉日本情況。[209] 周子文之父原住臺北艋舺，道光年間移居廈門而通販各海口，獲巨利，但早逝，周子文乃繼承遺業。1895年，即日本領臺之年，周子文取得臺灣籍民身分，受廈門領事館保護，設置合股公司於上海、新加坡，家運愈昌，係在廈臺灣籍民第一個獲日本總督府頒予「紳章」者。[210] 1919年基隆顏國年、吳百川、杜潭中、張純甫、謝本、鄭如林等組華洋貿易公司，經手中國大陸及日本貿易。[211] 大稻埕陳天來的匯兌局在臺南、廈門、上海、福州、香港、神戶均有分店或代理店。[212] 日治中後期錦茂茶行行主郭春秧是臺灣籍民，從事包種茶出口到南洋的生意，佔全臺灣輸出包種茶總量之三分之一。並在南洋發展大規模糖業，除本店設在南洋之外，臺灣、廈門、漳州、上海、漢口、天津、香港均有分店，有數千萬圓家產。[213]

3. 嘗試與外商合作：泉州電氣公司表面上是由林爾嘉投資經營，機器材料卻有待大阪川北商會供應，開業時一切設備均由日本人技師著手完成。[214] 顏雲年曾與大倉組、三井合資輸出煤炭

---

[209] 《臺灣日日新報》（大正7.1.6）。

[210] 梁華璜，〈臺灣總督府與廈門旭瀛書院〉，頁283-284。引臺灣總督府編，《臺灣列紳傳》（1916年刊印），頁58。

[211] 《臺灣日日新報》（大正8.10.2）。

[212] 林進發，《臺灣人物傳》，頁33。

[213] 林進發，《臺灣人物傳》，頁56。

[214] 谷了悟，《南閩事情》，南支那及南洋調查，第32（臺灣總督府官房調查課，

到對岸。[215] 大阪商船公司曾任用臺籍紳商林麗生充當經理，林氏原任職於德忌利士公司多年，對於船務極有心得。[216] 擔任湧泉錢莊、鼎新公司主人的鹿港紳商施範其在廈門期間，曾是廈門臺灣銀行顧問，[217] 他也是廈門勞力介紹所南國公司及湯淺公司之買辦。[218] 日商拓展的市場有時臺商也隨後跟進，如三井、三菱在滿州國所開闢的臺茶市場，臺商即隨後跟入。

　　4. 修習貿易對手國的語言或將子女送外國留學：在臺商試圖開展與中國大陸貿易的過程中，也引發了學習北京語的動機。1919年的《臺灣日日新報》指出：「嘉義人士，渡航榕垣（福州）、鷺島（廈門）、南洋各地，多獲枝棲，然以不諳支那語故，致阻前途者，正自不鮮，頃者街之青年，深鑑及此，受邀同志，擬創圖南學會，研究北京語文。」[219] 1917年東洋協會臺灣商工學校也教授北京語文以便利對岸貿易。[220] 以日治時期之板橋林家為例，其子弟就讀的學校，包括林柏壽（林維源子）就讀經濟於英國倫敦大學、就讀法律於法國巴黎大學；[221] 林熊祥就讀哲學於東京學習院高等科；[222] 熊祥弟熊光修習經濟於東京帝國大

　　　1919年），頁396。

[215] 《臺灣日日新報》（大正6.2.1）。

[216] 《臺灣日日新報》（明治35.11.19）。

[217] 《臺灣日日新報》（明治37.12.10）。

[218] 《臺灣日日新報》（大正6.1.7）。

[219] 《臺灣日日新報》（大正8.3.22）。

[220] 《臺灣日日新報》（大正6.1.21）。

[221] 林本源祭祀公業，《板橋林本源家傳》，頁45。

[222] 林本源祭祀公業，《板橋林本源家傳》，頁81。

學；[223] 林鼎禮（爾嘉三子）畢業於英國劍橋大學經濟系等等，[224] 也反映出臺商對發展國際貿易的興趣。

5. 與貿易對手國不同派系的政治人物交往：民國初期的政治人物，孫中山、陳炯明、陳銘樞、林森、吳佩孚、閻錫山等等，均與臺商有所往來。[225] 這種政治投資有時比經濟投資更難預測其成果。1924年顏國年因為顏惠慶的介紹認識吳佩孚，擬以五百萬圓投資發展山西礦業。臺北九份臺陽礦業事務所現仍懸掛一幅閻錫山寫給顏雲年的字可以為證。[226] 吳佩孚失敗下野，日本政府多方阻撓，於是整個計畫胎死腹中。[227] 協助孫中山軍隊擊潰段祺瑞系統的李厚基，在福建的勢力為北洋軍閥所忌，林朝棟子林季商1917年擁護孫中山先生的護法運動，1925年為北洋軍系殺於漳州。[228] 在廣州擁有二十餘萬日元資產的臺籍富商林麗生曾為孫中山所重用。孫中山之後繼者李濟琛失勢，廣西派抬頭之後，林麗生逐次失去要職，1939年5月林麗生又為財政部長宋子

---

[223] 林本源祭祀公業，《板橋林本源家傳》，頁89。

[224] 林本源祭祀公業，《板橋林本源家傳》，頁96。

[225] 詳見：司馬嘯青，《臺灣五大家族》。又根據林衡道教授指出：今臺中縣后里鄉毘盧寺（臺中縣神岡鄉山腳村富家呂家所建之尼庵）懸掛有吳佩孚的字，可見臺人與吳之間有所來往。據戴寶村教授指出：高雄陳仲和家族留有段祺瑞題字。

[226] 林衡道教授口述。

[227] 司馬嘯青，《臺灣五大家族》，上冊，頁55-56。

[228] 《臺灣日日新報》（大正8.5.4）；司馬嘯青，《臺灣五大家族》，上冊，頁101。

文任命爲廣東省財政廳經濟會委員。[229] 中日戰爭期間，在上海的陳重光與明石元二郎總督之子合作，以日本馬達船載運大宗貨物至滿洲國出售獲利。此時一般在上海的臺灣人與汪政權較爲接近，有些臺灣人則與重慶政權較爲接近，有些臺灣人則在國民黨羽翼下爲共產黨做事，而不同政治立場的臺灣人彼此之間卻常有往來。[230]

6. 以開展覽會促銷商品： 1935年在臺北有兩個大型博覽會介紹臺灣、滿洲國、華南、南洋的產品給世界各國，耗資達150萬圓。舉辦時間共五十日，邀請參觀對象包括南洋、非洲、西歐、美國等。展出品包括農業、林業、水產業、機械及電氣、化學工業、紡織工業、商業、專賣、圖案、通信、土木、學藝、社會事業、美工、保健衛生、國防、觀光等等方面的產品。[231] 臺灣茶葉公會亦組臺灣茶宣傳隊到東北。[232] 大連亦設有臺灣物產介紹所，以促進臺灣與東北間之貿易。[233] 1935年滿洲國亦曾召開臺北州特產展覽會。[234]

7. 籌組貿易公會： 臺灣與兩岸貿易有關的同業公會，清代多

---

229 中村孝志，〈華南における「臺灣籍民」〉，《南方文化》，輯18（1991年11月），頁264。

230 許雪姬主編，《口述歷史》，期5（中央研究院近代史研究所，1994年），頁35、69-70。

231 《盛京時報》（昭和10.10.12）。

232 《盛京時報》（昭和13.11.2）。

233 《盛京時報》（昭和11.1.16）。

234 《盛京時報》（昭和11.5.8）。

由中國大陸來的郊商掌控。至日治之後，尤其是在一次大戰期間的東方經濟繁榮時期，臺商已組有貿易公會。[235] 1917年臺商組臺華公司，以促進兩岸貿易。[236] 高雄商人陳福全、蔡文等於1919年8月組南部貿易公司經營華南貿易。[237] 基隆商人於1919年組東華商會，經營華南、華北貿易。[238] 1919年臺北資本家與福州商人合組南國商事公司，本店在臺北，分店在大阪、基隆，擬促進日本與中國間之貿易關係。[239] 九一八事變後，頗多本島人設立臺灣與滿州國間的貿易公司。臺灣有力茶商林建寅、王作舟於1934年成立永安公司，以開展臺茶之奉天市場。[240] 1935年2月臺灣臺中州豪商，在奉天設立專門辦理處，以銷售臺灣香蕉、鳳梨、青果、地瓜、樟腦至東北。[241] 1937年營口亦有臺灣茶進口公會——公益公司成立，以協助大連臺灣物產介紹所，振興臺茶出口。[242]

8. 凝塑工商領導階層：日本領臺前夕崛起的豪紳與買辦兩種臺灣本土工商領導階層，在日治時期兩岸貿易的發展過程中，有了進一步的凝塑。1904年福建地方官為慈禧太后辦的生日晚宴，

---

[235] 《臺灣日日新報》（大正8.5.3）。

[236] 《臺灣日日新報》（大正6.1.4）。

[237] 《臺灣日日新報》（大正8.5.25）。

[238] 《臺灣日日新報》（大正8.4.12）。

[239] 《臺灣日日新報》（大正8.9.27）。

[240] 《盛京時報》（昭和10.1.15）。

[241] 《盛京時報》（昭和11.2.2）。

[242] 《盛京時報》（昭和13.1.27）。

有四十餘名紳商參加，林維源、洪輔臣均在其中。[243] 同年，廈門商會成立，以洪輔臣充當翻譯，指陳興利除弊方向。[244]洪輔臣為臺灣和記（Boyd & Co.）洋行買辦。[245] 林維源所代表的豪紳資本，在兩岸貿易中，如前所述，無論金融、航權、貿易，均極突出。其在島內的經濟實力，由日俄戰爭期間臺灣紳商的捐款數額可以看出一斑。其中，林維源：八十萬圓，辜顯榮：三十萬，陳中和：十二萬五千，林烈堂（林獻堂長兄）、林季商、李春生：各三萬，容祺年、吳□□：各一萬五千，林獻堂：一萬二千，黃光階、鄭悅南等：各一萬。[246]

　　除辜顯榮是日治時期所崛起並與板橋林家有極密切的婚姻關係之外，以上林維源、林烈堂、林獻堂、林季商等人代表日本領臺以前臺灣已有的豪紳資本的延伸，陳中和、李春生、容祺年（怡和洋行買辦）則為日本領臺以前已崛起的臺灣買辦資本的延續。而在日俄戰爭時臺商所提供的七百六十九萬九千零七十五圓捐款中，臺北即捐六百二十六萬五千三百七十五圓，臺中、打狗、臺南各為三十五萬、三十三萬、二十五萬左右，[247] 也延續日本領臺以前北部紳商財富凌駕南部的情況。雖然在兩岸貿易的發展過程中，也見彰化、嘉義、臺南、高雄、基隆等地商人的崛

243 《臺灣日日新報》（明治 37.11.25）。

244 《臺灣日日新報》（明治 37.3.25）。

245 臺灣銀行，《第一次臺灣金融事項參考書附錄》，頁 35。

246 《臺灣日日新報》（明治 37.3.10、37.3.12）。

247 《臺灣日日新報》（明治 37.3.12）。

起，但就其財富累積程度而言，仍以延續日本領臺以前豪紳、買辦資本的家族較為卓著。

這些家族個別與日本政府的關係固有所不同，且在商貿發展方面也有過競爭，但這些家族之間的密切往來仍然可見。當板橋林家的林爾嘉、林鶴壽、林彭壽陪同福建的官紳參觀臺灣時，臺北部分由板橋林家招待，臺中部分則由霧峰林家招待。[248] 林朝棟子季商由廈門返臺時，在臺北即住辜顯榮之大和行。[249] 林季商託辜顯榮賣樟腦有所損失，但沒有得到辜合理的賠償時，兩家曾對簿公堂。[250] 此乃明治年間事，而於大正年間，林熊徵、辜顯榮合組振南會社時，其香港分店，選用張舜徵擔任店主，[251] 張乃林朝棟幕友，至香港因經營樟腦貿易致富，為香港之閩商翹楚。[252] 1936年霧峰林家林獻堂等一行走訪中國大陸時，也在廈門鼓浪嶼的板橋林家留下照片。[253]

往來兩岸的工商鉅子，由以下一則故事亦可見其在臺灣本島工商界的領袖地位。大稻埕茶商公會在日治時期臺灣工商界極具勢力。1904年該公會選會長，吳文秀、陳瑞星互相競爭。陳希望連任，但吳以外國洋行買辦助己，且依附「對岸商人」以遊說會

---

[248] 《臺灣日日新報》（明治38.1.13）。

[249] 《臺灣日日新報》（明治34.11.7）。

[250] 《臺灣日日新報》（明治38.4.15）。

[251] 《臺灣日日新報》（大正8.10.3）。

[252] 《臺灣日日新報》（大正8.2.11）。

[253] 賴志彰編，《臺灣霧峰林家留真集——近現代史上的活動，1897-1947》（臺北：自立報系文化出版部，1989年6月），頁235。

員，遂獲勝。[254] 而在臺島內部，大稻埕的江山樓、春風得意樓、臺中新盛樓以及全省連鎖的大稻程東薈芳（後來改爲「蓬萊閣」），臺南西薈芳、北投新薈芳等酒樓，都是日治時期臺灣商人聯誼洽商的重要據點。[255] 由對岸板橋林家花園的探訪、本島各地酒樓的聚飲，到參與各種公共活動，本島工商領導階層都有了進一步的凝塑。

這些日治時期參與兩岸貿易的臺商，幾個大家族如板橋林家、霧峰林家、鹿港辜家、高雄陳家、基隆顏家，在改隸中華民國政府統治以後仍有著很大影響。即如至中國大陸廣設錢莊的陳天來即爲前警備總司令陳守山之祖。這種影響也見於其他較小的工商業者。生於臺北市延平區迪化街的董秀琴女士，於日本大東亞戰爭時期的民國25年之後偕夫遊行於中國大陸沿海各省，從事於物產、五金類貿易，歷經廣東、香港、寧波、徐州、上海等地，輾轉九年期間生意蒸蒸日上，而奠下中國大陸事業拓展之基。於臺灣改隸中華民國政府統治後遷移回臺，先後投資經營五堵、大來、樹林鎮海山化工公司，獨創正泰化工公司，發展酸鹼工業，另外副創關係企業正英建設公司、首利建設公司等事業。[256]

有些現在從事對岸投資貿易的企業，亦可追溯其先人在日治時期的對岸貿易。如目前從事對岸貿易的聲寶董事長陳盛沺謂其父陳茂榜——聲寶企業之開創者，三十年代經常往來於中國大

---

[254]《臺灣日日新報》（明治37.11.9）。

[255]《臺灣日日新報》（大正6.1.31、8.10.8、12.6.17；昭和2.1.22）。

[256] 董秀琴女士墓誌銘。

陸、臺灣兩地，與廣州、上海等地均有業務往來。[257] 已經展開中國大陸、美國投資之味全公司創業者黃烈火，1945年以前曾至中國大陸及日本經商。[258] 而由陳重光的例子，可以看出戰前累積的跨國經貿經驗如何影響到戰後。日本前首相岸信介於戰後來到臺灣時，曾向臺灣方面指出，由於東南亞的抗日情緒高漲，日本貨很難銷到東南亞。陳重光向岸信介建議，讓日商到臺灣設廠，將日本的原料、技術引進臺灣，再將中日合作下的「臺灣製」產品賣到東南亞。岸信介請陳重光到日本國會說明這項建議，並得到日本的熱烈回響。[259]

　　當臺商於日治時期在中國大陸發展跨國經貿經驗的同時，在中日關係惡化及臺灣浪人不良行為的牽累之下，臺商的處境也有極其艱難的一面，此即涉及兩岸政治文化認同問題在日治時期的變化。

（二）日本早已埋下兩岸政治文化認同問題的困難

　　由於1895年的日本領臺，臺灣的貿易對象由以中國為主轉而以日本為主，臺灣與中國大陸的生活方式也由一致轉為分歧，長年所熟悉的中國文化與新引進的日本文化或接引進的西洋文化，

[257] 陳盛沺，〈紀念先父陳茂榜逝世周年感言〉，《工商時報》（1992.7.4）。
[258] 中國社會科學院臺灣研究所資料室編，《臺灣工商名人錄》（北京：時事出版社，1988年），頁5。
[259] 許雪姬主編，《口述歷史》，期5（中央研究院近代史研究所，1994年），頁141。

在臺灣人民必然面對一些文化認同的抉擇。到中國大陸經商的臺灣人民又遭遇何種政治認同問題,由以下幾點看出:

1. 子女就讀學校的選擇前後有變

在中國廢除科舉之前,臺商或臺籍子弟尚有參加傳統科舉考試的。1902年的《臺灣日日新報》指出:泉州府五縣中以晉江縣人才最多,而該縣歲科三試常由臺籍子弟奪魁。1900年為施靜山,1901年為新竹葉姓,1902年為臺中鹿港街施捷修,其弟施豫亦名列前茅。[260] 鹿港施範其曾指出鹿港施家與錢莊業有關,此等在大陸參與科考的臺籍子弟可能與臺商有關。日治時期若干心懷抗日而寓居上海的臺灣籍民,其子弟多半就讀中國人辦的小學。該地臺籍子弟有三十名就讀中國人辦的小學,就讀日本人辦的小學只有十三名。臺灣籍民青年子弟至1934年仍有九十五名就讀上海的大學,如上海的中國醫學院、新中國醫學院、聖約翰學院、南通學院醫學部、中法國立大學院、同濟大學、暨南大學、華夏大學等,與上海的高中如新亞中學、泉清中學等。1938年上海淪陷之後,臺籍子弟唸日本人辦的小學比例增加,很多臺籍青年也轉而就讀日本辦的大學與高中。[261]

---

260 《臺灣日日新報》(明治35.11.16)。

261 荻洲生,〈在滬臺灣人の近況〉,頁157-159。以中央研究院院士、前文化建設委員會主任委員陳奇祿為例,其父在廈門經商,陳院士生於廈門,並在該地唸完中學之後,轉就讀上海聖約翰大學。

2. 中日交戰前後赴中國大陸臺商忠奸難判

　　日治時期心懷抗日而寓居上海的臺灣籍民，原設法隱瞞自己的「日本人」身分，而以福建人或廣東人名義出入上海。上海於1938年淪陷之後，情況顯著改變，臺灣籍民改說自己是「日本籍民」。此類籍民，不少與日本人、朝鮮人一樣當起日本政府的「御用商人」，利用臺灣人與中國人間的人脈關係及語言上的便利，走私戰爭所需物資，[262] 這種情況也發生在其他日本占領的中國大陸地區。

　　1945年中國對日戰爭勝利之後，中國陸軍總司令部頒布關於韓臺人產業處理辦法：「朝鮮及臺灣人民之私產，由處理局依照行政院處理敵僞產業辦法之規定接收保管及運用。朝鮮或臺灣人民，凡能提出確實籍貫，證明並未擔任日軍特務工作，或憑藉日人勢力凌害本國人民，或幫同日人逃避物資，或並無其他罪行者，經確實證明後，其私產呈報行政院核定，予以發還。」[263] 在這樣的時代裏，顯然連要證明「並未擔任日軍特務工作，或憑藉日人勢力凌害本國人民，或幫同日人逃避物資」都不容易，1947年福建省省政府卻仍發電說：「發還臺民產業……期限業已屆滿，尚有多起產業未據申請，茲爲體恤臺胞早日清理起見，特再展限兩個月。」[264]

---

[262] 荻洲生，〈在滬臺灣人の近況〉，頁157-159。

[263] 《閩臺關係檔案資料》，頁152。

[264] 《閩臺關係檔案資料》，頁155。

3. 政治分裂時期經貿經驗的遺患

　　因為治外法權的保護，日治時期在中國大陸的臺灣籍民較中國大陸人方便從事於一些非法行業。廈門的鴉片商約有半數是臺灣籍民，[265] 鴉片稅亦是由臺灣籍民包收包納。[266] 在廈門的臺灣籍民有四分之一從事鴉片、娼妓等特殊營業，其中頗多為由臺灣總督府遣送到福建戴罪立功的流氓。[267] 他們所經營的妓女戶，常是為日本收集情報的場所。[268] 日本占領廈門，日籍的臺灣浪人為其先導。[269] 由於日本籍牌可以免於向官廳納稅，可免於官僚敲詐，也可以做不法生意，連中國的地痞流氓也租用日本籍為非作歹。[270] 很多中國大陸人千方百計想透過購買臺灣人民到中國大陸所持之旅行券，以取得臺灣籍民身分，1909年在福州的三百名臺灣籍民中，仿冒者竟佔三分之二。[271] 雖然臺灣籍民有與福建官吏、地方士紳合資現代企業或彼此有姻親關係而互相友好者，[272] 但也有臺商利用日本籍進行走私、開設煙館、妓女戶及

---

265 《閩臺關係檔案資料》，頁8。

266 《閩臺關係檔案資料》，頁10-11。

267 《閩臺關係檔案資料》，頁39。梁華璜，〈臺灣總督府與廈門旭瀛書院〉，收入中央研究院近代史研究所編，《近代中國區域史研討會論文集》，上冊（臺北：中央研究院近代史研究所，1986年12月），頁285-287，引自「廈門日籍浪人記述」。

268 《閩臺關係檔案資料》，頁57。

269 《閩臺關係檔案資料》，頁71。

270 《閩臺關係檔案資料》，頁50。

271 中村孝志，〈「臺灣籍民」をめぐる諸問題〉，頁427、430。

272 《閩臺關係檔案資料》，頁22。

在對岸騷擾，甚而提供日本軍方物資而爲福建官民所咬牙切齒者。1945年臺灣改隸中華民國政府統治之際，頗多赴閩臺商不敢返臺，亦不敢留居中國大陸，轉而逃向南洋。[273] 由1947年臺灣同胞的一則請願書可以看出，在日治時期到中國大陸活動的臺商特別遭到1945年以後由中國大陸來到臺灣的中國人憎恨：「竊查臺省改隸中華民國政府統治轉瞬經年，而各地對臺胞仍有嫉視輕蔑，……至隨軍來陷區營生者，則與在臺灣作日本臣民無異，尤不應濫罪其資敵或作敵產沒收。」[274] 七七事變後，日人強徵臺胞隨軍作惡，使中國大陸人仇視臺人甚於日人。臺人在陷區購地營商者，改隸中華民國政府統治經年尙罪其資敵，沒收其財產。[275] 是故，二二八事件背後臺人與中國大陸人間之心結，早結於日治時期臺商往中國大陸從事經貿活動之時。而這些心結及其他諸多因素所促成的二二八事件，又是當前臺灣統獨情結的一個根源。[276]

四、對兩岸關係長程發展的啟示

（一）生活方式歧異後之突然結合曾帶來不幸

有關兩岸經貿關係在歷史時期是分是合的認定，在學界之

---

[273] 《閩臺關係檔案資料》，頁76-77。

[274] 《閩臺關係檔案資料》，頁144-145。

[275] 《閩臺關係檔案資料》，頁144-145。

[276] 參見：張炎憲，〈戰後初期臺獨主張產生的探討——以廖家兄弟為例〉，《二二八學術研究論文集》（臺北：二二八學術研究出版社，1992年）。

外，常受統獨的現實主張所左右。獨派人士傾向於強調17世紀荷、西、鄭領臺灣時期及1860年開港至1895年間的臺灣脫離中國而發展世界貿易。本文強調在此等臺灣發展世界貿易的時期，除鄭領的二十年，兩岸貿易在若干年份稍有萎縮之外，中國大陸一直是臺灣最主要的貿易地區。由於兩岸之間長達三百年的區域分工，臺灣文化底層的中國文化特質甚深，但1895年以來日本刻意切斷兩岸之紐帶使臺灣與日本相結合，又使臺灣文化深受日本文化影響，改隸中華民國政府統治以後兩岸之間長達三十年的完全隔離也使兩個社會更增歧異。統派人士則常忽略本文所強調的：1895年之日本領臺如何深刻影響臺灣與中國大陸生活方式之由一致轉而分歧。

　　荷、西、鄭領時期貿易對象雖遠達日本、東南亞、波斯、英國，但基本上，臺灣是一個以中國大陸物資和這些國家交易的轉口站。1860至1895年間，臺灣的貿易對象雖擴展而包括全球，然與中國大陸之間的經貿關係反而加強。17世紀，臺灣人民生活所需主要由中國大陸供應或鄭氏政權刻意在臺灣建立中國式的社會情況下供應的。因此由荷、西、鄭領時期過渡到18、9世紀之清領時期，臺灣的中國移民社區與中國大陸之間，大抵是合多於分。但1895年日本占領臺灣，兩岸的生活方式走向分歧，1945至1949年間的結合，因為中國大陸來臺的政府官員與臺灣同胞不了解臺灣與中國大陸已有的分歧，曾造成「二二八」的悲劇。1947年在臺灣的一位廈大校友說：「這項事變波及全省，究其主因不外受著日人長期教育所致」，實有其道理。[277]

　　「二二八」事件發生的同時，臺灣也因與中國大陸的結合而使經濟更為惡化。當時中國大陸惡性通貨膨脹正熾，戰時物資又極為匱乏，臺灣亦處戰後物資缺乏的時期，但因若干國營企業，如臺糖公司，為支應中國大陸的需要，以生產所得大量供應中國大陸需要，生產成本則由臺灣銀行發行大量鈔票支付，使臺灣的物價也因而高漲。臺灣與中國大陸間展開的互通匯兌，以及中國大陸法幣黑市價格偏高等因素，也助長了臺灣惡性通貨膨脹的發展。[278]

（二）兩岸經貿結合的歷史源遠流長

　　相對地，在荷治、鄭領及日治時期，臺灣與中國大陸雖分屬不同政權，臺灣曾扮演中國大陸與日本、東南亞或歐洲貿易之中介角色。1895至1937年間，在分屬不同政權的情況下，臺灣領先的資本累積與技術，不斷地支援中國大陸，中國大陸也提供臺灣勞力及傳統手工業產品。透過中國大陸與臺灣的高度區域分工，貿易及投資方面，與目前一樣，均有所成長。這些經濟交流，均例示兩個社會在不同政府統治之下，可以締造的互惠關係。

　　自17世紀中國大陸漢人在臺建立移民社會以來，兩岸經貿關係即有了大幅發展。在此四百年間，具體可見兩岸的經貿結合關

---

[277]《閩臺關係檔案資料》，頁414。

[278] 楊清發，〈戰後臺灣經濟發展の研究〉，頁71-77。

係要比政治結合關係持久。政治方面結合的時間是二百一十五年，分裂的時間是一百五十六年，統一的時間比分裂的時間只多五十九年。但就經濟結合關係而言，即使不計算1949至1979年間的走私，而將之劃歸兩岸關係完全封鎖的時期，兩岸經濟結合的時間也有三百四十一年之久，較諸1949至1979年封鎖的三十年多三百一十一年。是故，兩岸經貿結合的歷史源遠流長。在經貿結合之後，任何開明安定的政府仍將較具吸引力。1895年以後原來不想當日本人而由臺灣移住中國大陸的臺灣人，在1916年軍閥開始混戰之際，因為臺灣政府已由武人政府轉為文人政府，相對開明安定，紛紛皈依日籍，連原屬中國籍者，亦有設法取得日籍者。[279] 對中國文化屬性頗深的臺灣人而言，只要有開明安定的政府，都可放棄自己內心激盪的中國屬性而寧願做日本人，如果有開明安定的中國政府，其吸引力將會大於任何其他外國政府。

（三）當前的兩岸關係是國際問題，而不只是中國內部問題

　　有關當前的兩岸問題，一般都只強調1949年以來所造成的分歧，而將它視為一個中國內部的問題，由本文的分析，日本領臺對當前的兩岸問題有著深刻影響：1.日本強化了臺灣人民的跨國經貿能力；2.日本早已埋下兩岸政治文化認同的諸多困難。

　　由於造成以上事實的根源是日本在《馬關條約》中索取臺

---

[279]《日本外交史料》，臺灣總督府警視總長湯地幸平（大正5.6.13、19）。

灣，有關《馬關條約》中臺灣被割讓給日本，由於國人常由中國框架思考中國歷史的積弊，常只抱怨李鴻章「宰相有權能割地」，而忽略了日本占領臺灣，以延伸其國防線及分享台灣經濟資源的動機，以及整個國際史的背景。

　　策動甲午戰爭的伊藤博文與明治時期日本的諸多領導人係為幕末時期吉田松蔭所辦「松下村塾」之受業弟子。在日本被美國打開門戶的第二年——1854年，吉田松蔭即主張占領包括臺灣在內的東太平洋弧形島嶼群以為抗拒歐美的軍事防波堤。[280] 日本發動甲午戰爭原為「扶植韓國獨立」，本無信心同時進攻臺灣。但在日本於平壤、黃海獲勝而穩操勝券之後，內閣總理伊藤博文緊急請大本營：「直衝威海衛並掠奪臺灣」。在甲午戰後中日議和期間，日本的陸海軍將領曾有過激辯，陸軍堅持占領遼東半島，以為北進之一基地，海軍堅持占領臺灣，以為建立太平洋霸權之一跳板。結果遼東半島歸還中國，日本占領臺灣，海軍如願以償。海軍將領代表即首任臺灣總督樺山資紀。[281] 日軍在《馬關條約》簽定之日攻陷澎湖，對割臺提供極為勉強的占領事實。[282]

---

[280] 梁華璜，〈日本併吞臺灣的醞釀及其動機〉，《國立成功大學歷史學系學報》，號1，頁141、161《引吉田松蔭文集》。梁文亦曾被收入：《中國近代現代史論集》，第29篇：近代歷史上的臺灣（臺北：商務印書館，1986年），本文註解用成大歷史學報之頁數。

[281] 藤崎濟之助，《臺灣史と樺山大將》（東京；國史刊行會，1925年），頁754。感謝黃福慶先生示知此一資料。

[282] 梁華璜，〈日本併吞臺灣的醞釀及其動機〉，前引文，頁148-151、155。

　　除了軍事動機之外，日本領臺另有其經濟動機。1874年牡丹社事件時，美國公使狄龍即曾以臺灣資源豐富，慫恿日本外務大臣副島種臣占領臺灣。1894年主張割取臺澎的大隈重信，在其意見書中也提及臺灣物產的豐富。1895年日本參謀本部編纂的《臺灣誌》也提到臺灣可為日本之棉布市場。1892年日本駐福州領事更指出：「臺糖係日本輸入品之中最具重大關係者，其輸入日本之數量，每年約為三十萬擔，達海關銀六、七十萬兩。」而代表新興資本家的《東京經濟雜誌》則以日本對臺糖的依賴為由，主張占取臺灣。[283]

　　早在荷領、明鄭時期，日本已是臺糖的主要市場。[284] 日本之所以進口大量臺糖，乃因日本自身所產之糖不敷所需，及地理位置接近臺灣，交通方便。康熙末期，臺糖漸以華北為主要市場，日本市場因為鎖國之故而致重要性降低。1871年因中日修交條約的簽訂，日本人才可至安平、淡水貿易，臺灣人民得至橫濱、函館、大阪、神戶、新潟、長崎等港貿易。[285] 1860年代，高雄順和行的陳福謙開始自己運糖販售於橫濱，1870年在橫濱設商館，這是臺日貿易自日本鎖國之後最盛的時期。直到1896年，往來於臺灣與日本間的中國式帆船尚有一千五百艘。1868至1895年間，中國大陸進口臺糖總量為七百一十六萬擔，日本進口

---

283 梁華璜，〈日本併吞臺灣的醞釀及其動機〉，前引文，頁158-159。

284 見孫鐵齋，《臺灣之糖》，《臺灣銀行臺灣特產叢刊》，第1種（1949年），頁22-44。

285 《臺灣省通志稿》，卷4〈經濟志‧商業篇〉，頁164。

臺糖總量則爲六百一十九萬擔，而與中國大陸進口量相當。[286]
明治維新後，隨著經濟繁榮，日本對臺糖的需要量更爲增加，故
乘1895年甲午戰爭的勝利索取臺灣。

　　由於日本的占領臺灣，使臺商開始大幅度地走向跨國經貿活
動，但也造成兩岸生活方式（包括文化的深層結構）的由合轉
分。在絲毫不是自己主動的情況下被日本化的臺灣人，與抗日的
中國大陸人之間的心結，帶來了二二八，也輾轉鬱積了當前臺灣
的統獨情結，而使當前兩岸的政治文化認同問題，在政府及政治
體制不同之外，更加複雜。而日本之占領臺灣，又在於防禦歐美
勢力的入侵東亞，乃至威脅到日本的安全。因此目前兩岸之間政
治文化認同的困難，不只是中國本身的問題，而有其東亞史與世
界史的根源。而在歷史的諸多不幸之下增進的臺灣人民跨國經貿
能力，是臺灣更加發展的一個根基，也是臺灣協助中國大陸納入
國際經濟的一個張本。

　　因此，在深刻體察日本領臺爲兩岸長程關係所投下的變數之
後，當可以了解：目前的兩岸關係，如果是問題的話，也不只是
中國內部的問題，而是國際問題；如果善加利用，可以使它不成
爲問題，而使臺灣與中國大陸雙方都對國際社會做出更多貢獻。

---

[286] 林滿紅，《茶、糖、樟腦業與臺灣之社會經濟變遷，1860-1895》，頁27、
　　30。

附錄：

馬關、中日兩約
有關台灣主權與國籍的界定

		主　權	國　籍
馬關條約	中文	**第二條**　　中國將管理下開地方之權併將該地方所有堡壘軍器工廠及一切屬公物件永遠讓與日本。 （一）…（遼東半島部分） （二）台灣全島及所有附屬各島嶼。 （三）澎湖列島即英國格林尼次東經百十九度起至百二十度止及北緯二十三度起至二十四度之間諸島嶼。	**第五條**　　本約批准互換之後，限二年之內，日本准中國讓與地方人民願遷居讓與地方之外者，任便變賣所有產業，退去界外。但限滿之後，尚未遷徙者，酌宜視為日本臣民。
	日文	**第二條**　　清國ハ左記ノ土地ノ主權竝ニ該地方ニ在ル城壘兵器製造所及官有物ヲ永遠日本國ニ割與ス。 （一）、、、	**第五條**　　日本國ヘ割與セヲレタル地方ノ住民ニシテ右割與セヲレタル地方ノ外ニ住居セムト欲スル者ハ自由ニ其ノ所有不動產ヲ賣卻シテ退去スルコトヲ

馬關條約	日文	㈡台灣全島及其ノ附屬諸島嶼。 ㈢澎湖列島即英國「グリーンウイチ」東經百十九度乃至百二十度及北緯二十三度乃至二十四度ノ間ニ在ル諸島嶼。	得ヘシ其ノ爲メ本約批准交換ノ日ヨリ二個年間ヲ猶豫スヘシ但シ右年限ノ滿チタルトキハ未タ該地方ヲ去ラサル住民ヲ日本國ノ都合ニ因リ日本國臣民ト視爲スコトアルヘシ。
	英文	**ARTICLE II** 　China cedes to Japan in perpetuity and full sovereignty the following territories together with all fortifications, arsenals and public property thereon: 　(a) 、、、 　(b) The Island of Formosa together with all Islands appertaining or belonging to the said Island of Formosa. 　(c) The Pescadores Group, that is to say, all Islands lying between the 119th and 120th degrees of longitude east of Greenwich and the 23rd and 24th degrees of north latitude.	**ARTICLE V** 　The inhabitants of the territories cedes to Japan, who wish to take up their residence outside the ceded districts, shall be at liberty to sell their real property and retire. For this purpose a period of two years from the date of the exchange of the ratification of the present Act, shall be granted. At the expiration of that period those of the inhabitants who shall not have left such territories shall at the option of Japan, be deemed to be Japanese subjects.
中日和約	中文	第二條 　茲承認依照公曆一千九百五十一年九月八日，在美利堅合眾國金山市簽約之對日和平條約（以下簡稱金山和約）第二條，日本國業已放棄對於台灣及澎湖群島以及南沙群島及西	第十條 　就本約而言，中華民國國民應認爲包括依照中華民國在台灣及澎湖所已施行或將來可能施行之法律規章而具有中國國籍之一切台灣及澎湖居民及前屬台灣及澎湖之居民及其後

		中文	中文（右欄）
中日和約	中文	沙群島之一切權利、權利名義與要求。 **第三條** 　關於日本國及其國民在台灣及澎湖之財產及其對於在台灣及澎湖之中華民國當局及居民所作要求（包括債權在內）之處置，及該中華民國當局及居民在日本國之財產及其對於日本國及日本國國民所作要求（包括債權在內）之處置，應由中華民國政府與日本國政府間另商特別處理辦法。本約任何條款所用「國民」及「居民」等名詞，均包括法人在內。	裔；中華民國法人應認爲包括依照中華民國在台灣及澎湖所已施行或將來可能施行之法律規章所登記之一切法人。
	日文	**第二條** 　日本國は，千九百五十一年九月八日にアメリカ合衆國のサン・フランシスコ市で署名された日本國との平和条約（以下「サン・フランシスコ条約」という。）第二条に基き，台灣及び澎湖諸島並びに新南群島及び西沙群島に對するすべての權利，權原及び請求權を放棄したことが承認される。 **第三條**	**第十條** 　この條約の適用上，中華民國の國民には，台灣及び澎湖諸島のすべての住民及び以前にそこの住民でつあた者並びにそれらの子孫で，台灣及び澎湖諸島において中華民國が現に施行し，又は今後施行する法令によつて中國の國籍を有するものを含むものとみなす。また，中華民國の法人には，台灣及び澎湖諸島において中華民國が現に施行し，又は今後施行する法令に基いて

中日條約	日文	日本國及びその國民の財產で台灣及び澎湖諸島にあるもの並びに日本國及びその國民の請求權（債權を含む。）で台灣及び澎湖諸島における中華民國の當局及びその住民に對するものの處理並びに日本國におけるこれらの當局及び住民の財產並びに日本國及びその國民に對するこれらの當局及び住民の請求權（債權を含む。）の處理は，日本國政府と中華民國政府との間の特別取極の主題とする。國民及び住民という語は，この條約で用いるときはいつでも，法人を含む。	登錄されるすべての法人を含むものとみなす。
	英文	**ARTICLE II** 　It is recognized that under Article 2 of the Treaty of Peace with Japan signed at the city of San Francisco in the United States of America on September 8, 1951 (hereinafter referred to as the San Francisco Treaty) Japan has renounced all right, title and claim to Taiwan (Formosa) and Penghu (the Pescadores) as well as the Spratly Islands and the Paracel Islands.	**ARTICLE X** 　For the purposes of the present Treaty, nationals of the Republic of China shall be deemed to include all the inhabitants and former inhabitants of Taiwan (Formosa) and Penghu (the Pescadores) and their descendants who are of the Chinese nationality in accordance with the laws and regulations which have been or may hereafter be enforced by the Republic of China in Taiwan (Formosa) and

中日和約	英文	**ARTICLE III** The dispositions of property of Japan and of its nationals in Taiwan (Formosa) and Penghu (the Pescadores), and their claims, including debts, against the authorities of the Republic of China in Taiwan (Formosa) and Penghu (the Pescadores) and the resident thereof, and the disposition in Japan of property of such authorities and residents and their claims, including debts, against Japan and its nationals, shall be the subject of special arrangements between the Government of the Republic of China and the Government of Japan. The terms nationals and residents whenever used in the present Treaty include juridical persons.	Penghu (the Pescadores); and juridical persons of the Republic of China shall be deemed to include all those registered under the laws and regulations which have been or may hereafter be enforced by the Republic of China in Taiwan (Formosa) and Penghu (the Pescadores).

資料來源：「馬關條約」之中、日、英文版，見：外務省編纂，《日本外交文書（外務省藏版）》（東京：日本國際連合協會，1960），第 1 輯，頁 362-375；「中日和約」之中、英文版，見：外交部編輯，《中外條約輯編》（台北：商務印書館，民國 47 年初版，52 年再版），頁 248-263；「中日和約」的日文版，見：臺灣銀行史編纂室（在日本貿易信用株式會社內），《臺灣銀行史》（東京，1964 年 8 月 20 日），頁 95-108。

索引

一劃

一個中國／43, 49, 66-70, 72, 75, 77,
　86, 93, 112, 114, 117, 148, 350

二劃

人口／36-39, 120, 123, 128-130, 172,
　174, 180, 188, 207-208, 216, 218-221,
　224-225, 230-231, 234-235, 238, 245-
　246, 255, 257, 259, 261-262, 268, 273,
　275, 277, 279, 283, 332

三井／128, 136, 167, 265, 294, 296,
　335-336

三國干涉／30

三菱／128, 136, 167, 265, 296, 336

三劃

上海／50, 86, 134, 136, 148, 166, 255,
　280, 282, 292-293, 295, 297, 301-305,
　319, 334-335, 338, 342-345

大阪商船會社／294, 296

大東亞共榮圈／253, 254

大法國協／44

大英國協／44

大倉組／296, 335

大連／255, 295, 296, 305, 307, 338, 339

大裕號／303

大稻埕／292, 299, 301-302, 306, 325-
　326, 335, 341-342

大隈重信／352

山西票號／169, 186, 290

四劃

不平等條約／28, 134, 190, 332

中、小規模／229, 230, 237

中國框架／139, 177-179, 185, 192, 351

尹仲容／180-181, 191

天津／255, 292, 301, 317, 335

太平洋霸權／139, 351

孔廟／138, 163, 326

巴達維亞／310

方炳輝／308

爪哇／127, 255, 287

王作舟／339

王家壽／298

五劃

世界框架／177-179, 185, 191-193

主權／26, 28-31, 35, 42-44, 46-63, 66,
　78-81, 85-88, 93-105, 107-109, 116-
　117

以古論古／156-157, 175

加爾各答／292

包種茶／254-255, 317, 335

北辰航運／301

北京條約／26, 116

北京語／336

北港／138, 247, 277-278, 309, 326
史料即史學／156-157
史學整體性／144, 153
市場取向／39-40, 126-127, 158, 228-229
布／137, 166, 189, 209, 222-223, 227, 236, 247, 250, 285, 291, 293, 300, 307, 317, 322-323, 326-327, 334-335, 352
布勞岱（Fernald Braudel）／268-269
打狗／134, 185, 251, 293, 299, 309, 332, 340
民族主義史觀／123, 178-179, 186, 190, 195-197, 199-201
民進黨／42-43, 70-72, 116-117, 232
民間文化／139, 324, 326, 331
永居管理權／26, 46
生活方式／137, 139, 200, 218, 234, 273-274, 321, 324, 326, 328, 331, 343, 347-348, 353
生活用品／137, 276, 311, 323, 327
甲午戰爭／106, 119-120, 166, 182, 184-185, 187-188, 201, 351, 353
矢內原忠雄／226, 228, 260, 320
石見銀山／24

六劃
伊藤博文／30, 50, 106, 351
伐木歌／138, 328
休耕／213, 234
全民寫史／173, 176
共同體／23
共產黨／32, 42, 43, 66, 91, 109, 338
吉田松蔭／106, 351
吉田茂／266
同業組織／215

地方菁英／226, 262
安平／275, 277, 291-293, 310-312, 352
帆船／186, 276, 289, 316-317, 319, 334, 352
江山樓／342
江汝舟／305
汕頭／134, 136, 280, 297, 301, 306, 332, 334

七劃
吳文秀／341
吳百川／335
吳佩孚／337
吳鸞旂／298
呂宋／242, 245, 277
均富／117, 205, 206, 211, 219, 221, 233, 235, 237-238
技術／39, 62, 104, 123, 126-127, 136, 144, 161-162, 164, 168, 172, 189, 207, 212-215, 220, 222, 227-228, 230, 234, 236, 238, 257-258, 260, 264, 266-267, 273, 284-285, 286-288, 322, 332, 343, 349
李旦／312
李春生／298-299, 340
杜潭中／335
每人平均貿易額／40, 127, 229, 267
沖繩／255
狄龍／352
私有土地／39, 126-127, 162, 198, 212
走私／25, 297, 306-307, 309, 345-346, 350

八劃
兩岸／23, 30, 42-44, 49, 59, 73-75, 83, 86, 91-92, 94, 103, 105, 108, 115-117,

119, 124, 133-134, 136-137, 139-140,
144-147, 150-151, 154, 157, 166-167,
169, 178-179, 185-187, 190-193, 195,
200-202, 245, 271-276, 278, 288-296,
299-302, 305-309, 319, 321, 331-334,
338-343, 347-350, 353
和記／293, 340
周子文／335
周煥章／304, 305
官僚體系／26, 136, 205, 290, 333
岸信介／266, 343
忠烈祠／139, 328
怡和洋行／292-295, 340
拉丁美洲／169
東方專制論／205
東薈芳／342
林土木／304
林本源／286, 291, 295, 298, 301, 303,
326
林汝梅／298
林坤鐘／304-305
林季商／286, 298, 337, 340-341
林建寅／339
林柏壽／304, 336
林振國／306
林烈堂／298, 340
林朝棟／286, 298-299, 337, 341
林朝儀／326
林森／337
林階堂／300
林道乾／244, 277, 323
林熊祥／286, 301, 336
林熊徵／138, 301, 304, 326, 341
林爾嘉／282, 285-286, 302, 335, 341
林鳳／244, 277, 323
林麗生／336-337

林鶴壽／303, 341
板橋林家花園／342
河殤／158
波茨坦宣言／28, 30, 42, 49, 50, 59, 66,
86, 89, 95, 107, 109, 116
波斯／227, 248, 308, 315, 348
肥料／126, 189, 191, 222-225, 234,
260, 262, 267, 285, 305
迎神賽會／324-326
金足成／305
金門／27, 47-48, 60, 66, 291, 311
長崎／210, 249, 292, 352

九劃
南京條約／26, 116
南進思想／150, 165, 196, 251
城市／73, 127, 130, 148, 186, 198, 216-
218, 234, 236, 254, 268, 289, 296, 325
封建／29, 159, 211, 214
封鎖／314, 321, 350
帝國主義侵略論／31-32, 184
建祥行／303
思考習慣／172
政治文化認同／274, 331, 343, 350, 353
施範其／336, 344
春風得意樓／342
柬埔寨／245, 277
泉州／136, 244, 275-276, 279, 286-287,
310, 317, 335, 344
洋務運動／119, 184
洪以南／326
洪壽卿／303
洪輔臣／340
洪蘊玉／303
軍需工業／120
郊商／169, 289, 290-291, 298-300, 339

香港／23-24, 26-29, 45-46, 48, 82, 92, 104, 116, 239, 280, 292-295, 300-301, 307, 317-318, 335, 341-342

十劃
倫敦／166, 292, 336
倉庫事業／287
原住民／37-39, 127, 158, 219, 234, 245-246, 264
孫中山／66, 81, 286, 337
孫清波／305
家庭小農／211, 234
容祺年／340
振南商社／301
時空座標／145, 171
泰益號／210, 229, 290-291
浪人／134, 282, 297, 307, 343, 346
海上武裝集團／244-245, 277
海洋文明／158, 164
海禁／24, 215, 245, 249-250, 277, 308-309, 313
琉球／62, 244
畜力／207-208, 234
祖先崇拜／164
神戶／266, 292, 295, 300, 303, 335, 352
神社／138, 328-329
紐約／292
紐帶／217-218, 222, 296, 320, 324, 348
紙幣／129, 214, 234
草根民主／205, 224, 235, 261, 263
茶／131, 136, 146, 148, 180, 213, 223, 228, 255, 258, 283-285, 291-292, 294-295, 298-300, 302-303, 306, 317-318, 325, 333, 335-336, 338-339, 341
財產私有制／37
財閥／128, 223, 256

馬尼拉／292, 310, 329
馬關條約／26-30, 32, 35, 37, 42-43, 46-48, 50, 53, 55-56, 58-59, 62, 66, 78-80, 86, 106-107, 109, 116, 125, 147, 165, 179, 274, 279, 350, 351

十一劃
停滯／125, 160-161, 180, 213
剪辮／326
副島種臣／352
區域的分工／222
商人無祖國／146
商工會／122, 225, 262
商社／167, 256, 265, 297, 308
商照／34
唯心史觀／199
國民黨／32, 37, 42-43, 48, 88, 109, 115, 117, 120, 232, 237, 264, 338
國際法／30, 56, 66, 76-77, 79-80, 85-87, 102, 105, 109, 116
國際問題／95, 106-107, 151, 192, 350, 353
國籍／33-37, 42, 46-47, 51-52, 54-58, 66, 73, 82, 98, 103-104, 179, 190, 279, 280, 320
國籍法／34-35, 37, 47, 55, 103, 279, 280
娼妓／283, 346
宿命觀／180
專業商人／215
張純甫／335
張舜徵／341
張敬修／303
張濤臣／306
族群械鬥／198
現代用品／189, 285

現代性／226, 260

現代農業／120, 123-124, 235, 257,
258-260, 267, 269

移民／37, 129, 134, 163, 192, 198, 219-
222, 227, 234, 238, 245, 247, 275,
278, 282-284, 287-288, 315, 322, 348-
349

統一聯盟／45

統計／33, 123, 139, 143, 183, 200, 282-
284, 306, 319, 328, 331

紳章／335

組合／291

船頭行／334

莊園經濟／208, 217

荷蘭／25-26, 34, 39, 127, 169, 220-221,
227, 239, 245, 264, 278, 284, 288-289,
309-314

許智貴／301

許論潭／298, 303

連雅堂／197, 325-326

郭春秧／335

陳中和／134, 293, 298-300, 332, 340

陳天來／306, 335, 342

陳長福／308

陳建寅／303

陳炯明／337

陳茂通／326

陳茂榜／342

陳重光／266, 305, 338, 343

陳瑞星／341

陳福全／339

陳福謙／134, 298-299, 332, 352

陳銘樞／337

陳學海／308

魚場／247

鹿皮／214, 221-222, 227, 247-248, 277-
278, 288, 309-310, 323-324

鹿港施家／306, 344

傅斯年／182

十二劃

勞力密集產業／237

勞工／133, 136, 180, 189, 234, 283,
287-288

博多／292

博覽會／258, 338

惠格派歷史解釋／161

散居點／227

朝鮮／39-40, 89, 126-130, 163-164,
187-189, 199, 228, 237, 244, 252, 254,
259, 263, 266-267, 310, 345

結構／37-38, 73, 126, 129, 139, 155,
175, 208, 218, 233, 235, 269, 290,
328, 331, 353

絲／24, 25, 222, 227, 244, 247-250,
256, 308-309, 310, 313, 317

華南銀行／304

華僑／34, 131, 148, 232, 256, 265-266,
287

菊元商店／296

貿易對象／26, 137, 139, 186, 200, 265,
272-273, 293, 298, 308-309, 315, 317,
319-321, 331, 343, 348

辜顯榮／138, 301, 303, 305, 326, 340-
341

鄉土神信仰／198

開發獨裁／263-264

開羅宣言／28-30, 42-43, 49-51, 58-59,
62, 66, 86, 95-96, 102, 105-107, 109,
116

黃光階／340

黃有土／301

黃南球／298
黃烈火／343
黑潮／241-243, 247, 251, 254, 260,
　263, 269

十三劃
匯豐銀行／292, 295
媽祖／198, 220, 325-326
廈門／134-135, 147-148, 254, 279-282,
　285-286, 291-293, 295-297, 299-304,
　306-308, 311-312, 318-319, 335-336,
　340-341, 346
新加坡／73, 239, 255, 292, 330, 335
新品種／126, 224, 260
新盛樓／342
新潟／352
新興銀業／304-305
會館／210, 215
楊世英／305
楊潤波／301
經濟史觀／199
聖戰／73, 131, 148
董秀琴／342
資本主義化／226
農業成長率／120, 225, 236, 258, 261
電報／39, 126, 284, 318

十四劃
嘉士洋行／295
寧波／250, 317, 342
漳州／279, 286, 287, 310, 317, 335, 337
漢人／24, 37-39, 134, 192, 198, 212,
　219, 220-222, 227, 234-235, 243-247,
　249, 269, 271, 275, 277-279, 309, 332,
　349
漢口／255, 292-293, 335

滿洲國／128, 131, 134, 136, 146, 148,
　229, 230, 255, 338
福州／55, 134, 136, 250, 255, 279-280,
　283, 286, 292, 296-297, 300-301, 306,
　310-311, 317, 334-336, 339, 346, 352
福州茶／255, 317
臺日貿易／243, 247, 249, 251, 269,
　294, 300, 318-319, 352
臺灣工商銀行／304
臺灣與日本的貿易／223, 252
臺灣銀行／181, 254, 293-297, 306-307,
　333, 336, 349
銀／24-25, 40, 188, 209-210, 214, 216,
　222, 227, 229, 247-250, 255, 267, 283,
　303, 306, 308-309, 311, 314, 352
銅錢／40, 208-209, 216, 234

十五劃
廣州／134, 136, 167, 244, 280, 296-
　297, 317, 334, 337, 343
德忌利士／292, 294, 336
德記洋行／292-293
樟腦／223, 228, 284, 298-299, 302,
　317-318, 324, 339, 341
潛在構成因素／147, 169, 171
澎湖／25-26, 46-47, 50, 53, 55, 57, 66,
　86, 91, 96, 98, 103, 219, 244, 276-277,
　312, 351
潘永清／298
蔡文／339
蔡蓮舫／298
蓬萊閣／342
賠款／32, 187
輪船／126, 187, 252, 286, 292, 294, 334
遷界政策／314
鄭如林／335

鄭如蘭／298
鄭成功／25-26, 163, 227, 249, 275,
　311-314
鄭有福／305
鄭芝龍／288, 311-313
鄭恆利／300
鄭悅南／340
鄭經／197, 312, 314
鄧小平／73, 180-181
鴉片／167, 182, 189, 196, 236, 293-
　294, 302, 317, 346
墨家／206
儒家／161, 163, 198, 206, 233, 237-238

十六劃

戰費／187
整體／63, 144, 146, 155, 168-171, 173-
　176, 186, 225, 261, 280, 289, 297
樺山資紀／27, 351
橫濱／27, 292, 352
澳門／23-26, 45-46, 116
盧曉山／326
糖／106, 127, 131, 134, 137, 140, 145-
　146, 165, 222-223, 226-228, 248-252,
　260, 263, 265, 278, 284-288, 291, 293-
　294, 29-300, 306, 308-311, 315, 317-
　320, 322, 324, 333, 335, 349, 352-353
興中公司／296
遼東半島／30, 351
錢莊／169, 186, 216-217, 290, 303-304,
　306, 336, 342, 344
錦州／317
閻錫山／337

十七劃

營口／255, 339

謝本／335
謝汝銓／326

十八劃

檳榔／327
簡阿牛／305
糧倉／222
舊金山和約／30, 52-54, 58, 66, 91, 94,
　96, 99, 106-107
舊港／300, 315
豐南信託公司／304, 306
鎖國政策／250
雙元經濟／236-237
顏國年／335, 337
顏惠慶／305, 337
魏清德／326

十九劃

藝閣／325-326
關稅／126, 137, 187, 223, 252, 255,
　290-291, 294, 296, 307, 320
霧峰／163, 229, 282, 286, 298-300,
　306, 341-342

二十劃

饒維珍／332

二十一劃

鐵犁／212-213

二十三劃

竊據／24, 29, 59, 62, 78-79

二十四劃

鹽／252, 276, 278, 294

國家圖書館出版品預行編目資料

晚近史學與兩岸思維＝Historical Contemplations
on Relations between Taiwan and Chinese
Mainland／林滿紅著. -- 初版. -- 臺北市：
麥田出版：城邦文化發行, 2002[民91]
　　面：　公分. --（歷史與文化叢書：21）
含索引
ISBN 986-7782-09-7（平裝）

　1.史學 — 中國 — 論文，講詞等　2.經濟 —
臺灣 — 歷史　3.兩岸關係 — 論文，講詞等

601.92　　　　　　　　　　　　　91017092